北京市高等教育精品教材立项项目

21世纪教育技术学精品教材
·教育装备系列

教育装备运筹规划

李　慧　编著

北京大学出版社
PEKING UNIVERSITY PRESS

图书在版编目(CIP)数据

教育装备运筹规划/李慧编著. —北京：北京大学出版社，2010.3
(21世纪教育技术学精品教材·教育装备系列)
ISBN 978-7-301-16956-8

Ⅰ.教… Ⅱ.李… Ⅲ.教学设备—设备管理—高等学校—教材 Ⅳ.G484

中国版本图书馆CIP数据核字（2010）第031203号

书　　名：教育装备运筹规划
著作责任者：李　慧　编著
丛书主持：李淑方
责任编辑：李淑方
标准书号：ISBN 978-7-301-16956-8/G·2822
出版发行：北京大学出版社
地　　址：北京市海淀区成府路205号　100871
网　　址：http://www.jycb.org　http://www.pup.cn
电子信箱：zyl@pup.pku.edu.cn
电　　话：邮购部62752015　发行部62750672　编辑部62767346　出版部62754962
印刷者：三河市北燕印装有限公司
730毫米×980毫米　16开本　12.25印张　250千字
2010年3月第1版　2010年3月第1次印刷
定　　价：26.00元

前　言

教育装备的研制、定购、维护、保障直至装备报废的全部管理活动，是教育系统管理工作的重要组成部分，是保证教育教学活动顺利开展的基础. 本书为此提供了相应的优化理论和定量分析方法.

教育装备运筹规划的研究对象是教育装备领域的决策优化问题，包括：装备的研制、评价、定购、维护、保障直至装备报废的全部管理活动中的优化问题. 其最终目的在于寻求合理有效的教育装备资源运用方案或使方案尽可能地得到优化. 与其他学科相比，它从决策优化的角度研究教育活动，不仅定性地而且定量地提供可操作的决策理论和方法. 从总体上讲，教育装备运筹规划的研究内容主要包括以下两方面：一是对教育装备管理和保障活动中的决策优化理论、方法等进行研究；二是对教育装备领域的具体问题给出应用研究结果或者提出决策优化的建议. 这些不仅有利于教育装备的决策者或管理者合理有效地利用、管理、保障装备资源，而且为他们提供了决策支持、数据支持、模型支持和行动方案.

本书基于运筹学的理论体系，兼顾教育类专业的特点，以教育领域的实际问题为背景，选编了线性规划、整数规划、动态规划、图与网络分析、决策论、排队论等运筹学的基本内容，介绍了相应的概念、原理和方法，着重阐述它们在教育领域中的实际应用及案例分析，力求做到深入浅出、通俗易懂，适合于教学和自学. 本书可作为高等院校教育类专业本科生或研究生的教材或教学参考书，亦可供教育及其相关领域的教师、管理人员及工程技术人员阅读或参考.

本书共分为 6 章. 第 1 章介绍运筹学及教育装备运筹规划；第 2 章介绍采用线性规划研究教育装备运输问题；第 3 章介绍采用整数规划研究教育装备指派问题；第 4 章介绍采用动态规划研究教育装备资源分配问题；第 5 章介绍采用网络理论研究教育装备保障；第 6 章介绍采用对策论、排队论研究教育装备的计划管理. 这些内容涉及装备科研立项、装备评价、装备订购、装备日常管理、装备保障等一系列活动. 采用优化理论与定量分析方法研究教育装备资源的合理有效运用，为决策者提供辅助决策，是教育装备运筹工作者的主要工作. 由于教育装备资源的有限性，决策变量的离散性，最优方案的不稳定性，教育装备运筹工作者必须探索求解这一领域优化问题的新思路.

本书在编写过程中力求突出以下特色：

- 避免深奥的数学理论及公式推导，采用简洁的语言阐述运筹学的基本思想和理论，降低读者的阅读难度.
- 秉承“理论与实践相结合”的理念，着重阐述运筹学在教育装备领域中的实际应用案例，力求做到深入浅出、通俗易懂.
- 每一章围绕教育装备领域的一个专题展开，在介绍所需理论知识的基础上，详细介绍解决实际问题的思路、方法及案例分析，思路清晰，有的放矢，既适合于教学也适合于自学.
- 内容篇幅适中、难易结合，有利于根据教学的实际需要安排学时，能够满足不同院校不同层次人才培养的实际.

本书的编著得到了我的家人、同事和有关领导的支持，在这里表示真诚的感谢. 参与本书编写的人员有：胡又农、李缜、王宗锋、徐力、姚玉琴、张鸽、陈蜜. 本书是基于编著者和同事们多年的教案整理而成的，但由于编著者水平有限，加之时间仓促，书中难免存在不妥之处，敬请批评指正，以便今后改正.

编著者

2009 年 12 月

目　录

第1章 绪 论

【本章学习要点】

1. 运筹学的由来及发展趋势.
2. 运筹学的研究内容及学科特色.
3. 采用运筹学方法研究实际问题的一般步骤.
4. 教育装备运筹规划的研究内容.

【本章内容结构】

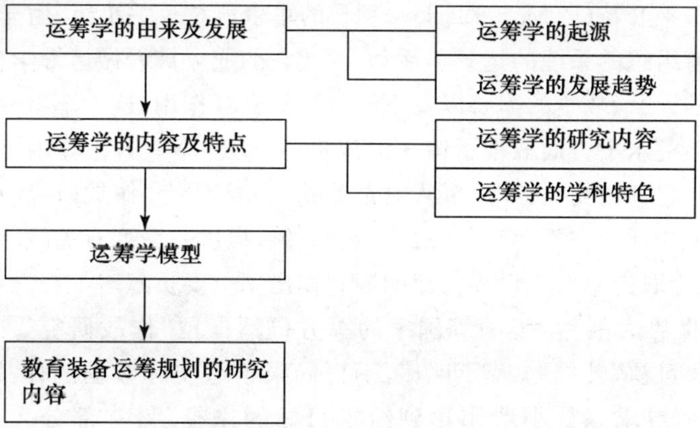

1.1 运筹学的由来及发展

运筹学是一门20世纪的新兴学科之一，在工业、商业、农业、军事、交通运输、政府部门等领域都有重要应用，现在已经成为经济计划、系统工程、现代管理等领域的强有力的工具.

1.1.1 运筹学的起源

自从人类社会诞生以来，人们一直经历着运用和筹划的决策过程，运筹学的朴素思想可以追溯到很久以前，我国史书上记载了许多运筹学思想的应用案例.我国古代伟大的军事思想家、春秋末期的齐国人孙武的不朽军事著作《孙子兵法》，就充分运用了"运筹帷幄"的思想.战国时期齐王和大臣田忌赛马的故事，在谋士孙膑的策划下，田忌以逊色于齐王马匹的劣势获得比赛的胜利，赢得千金. 北宋真宗年间，皇城失火，皇宫被毁，朝廷决定重建皇宫，在丁渭的精心策划下，巧妙地解决了“取土”、“外地材料的储运”和“处理瓦砾”三项亟待解决的任务. 在国外，由于阿基米德筹划有方，在保卫叙拉古、抵抗罗马帝国的侵略中作出了突出贡献，因此被推崇为运筹学的先驱人物.

但作为科学名词，运筹学（Operations Research）最早出现于 20 世纪 30 年代. 1935 年，英国对新研制成功的雷达系统进行作战使用方法的研究，由军事人员罗威（A. B. Rowe）领导，应用雷达实现对敌机的跟踪定位. 1937 年，英国科学家帮助皇家空军研究雷达的部署和运作问题，研究范围由技术实验发展到有效战术，通过大规模空中演习，进行战术评估和改进，为英国在第二次世界大战期间防空体制的建立起到了很大作用. 1938 年，英国作战研究部主任罗威把这项工作称为“作战研究”，以区别于技术方面的研究. 1939 年，英国皇家空军指挥总部成立了一个由布莱开特（P. M. S. Blacket）领导的军事科技攻关小组，由于该小组的活动是第一次有组织的系统的运筹学活动，因此它的成立被看做运筹学产生的标志. 由于科学家的天赋、战争的需要以及不同学科的交互作用，这一军事科技攻关小组在提高军事运筹水平方面取得了惊人的成功，并使运筹学迅速应用于整个军事领域. 自 1940 年起，英、美、加等国军队中先后成立了若干个“作战研究”小组，它们运用自然科学方法评估空军、海军的战斗行动效能，提供一系列有关战斗革新和战术计划的建议，为取得第二次世界大战的胜利作出了重要贡献.

第二次世界大战后，美国等国家的军方仍然保留“作战研究”小组，但应用重点从“战术问题”转向“规划问题”，不再局限于有实际数据的作战行动，而更多地研究如何寻求以最小费用达到给定目标的途径. 另一部分人员则根据第二次世界大战期间的军事实践和战后非军事背景的实践，对“作战研究”的理论和方法进行总结，并成功运用于非军事领域，被称之为“作业研究”或“运用研究”. 20 世纪 50 年代，运筹学理论、方法及其活动发展到了一个新的水平，运筹学开始成为一门独立的学科，其标志是运筹学学会的创建和相应期刊的问世. 继 1948 年英国创立运筹学学会之后，美国运筹学学会于 1952 年成立，它的宗旨是满足运筹学研究领域的科学家相互交流的需要，以促进运筹学理论与实践的发展. 1953 年，美国又成立了管理科学研究所. 美国运筹学学会和管理科学研究所这两个组织所创办的刊物《运筹学》和《管理科学》，将许多零散的研究成果系统化，为构建运筹学新学科的知识体系作出了突出贡献. 1956 年至 1959 年，法国、印度、日本等国家也先后成立了运筹学学会，并有 6 种运筹学期刊问世. 1957 年在英国牛津大学召开了第一届运筹学国际会议，1959 年成立了国际运筹学学会（International Federation of Operations Research Societies,

IFORS). 20世纪60年代以来,运筹学得到了迅速的普及和发展,运筹学细分为许多分支,许多大专院校把运筹学的规划理论引入本科教学课程,把规划理论以外的内容引入硕士、博士研究生的教学课程.

1955年秋,"航天之父"钱学森历尽曲折回国,与中国工程院院士许国志交流了在我国开展"作战研究"的设想."作战研究"在英国被称为"Operational Research",在美国被称为"Operations Research",直译为"作战研究"或"运用研究",这都不太妥当.1957年,在讨论译名时,清华大学周华章教授按照中国"运筹帷幄"的内涵,提出了一个新的学科命名——"运筹学",很快得到我国及日本学术界的认可,并一直沿用至今.结合我国的特点,运筹学得到了广泛的推广应用(如经济数学、质量管理等领域).以华罗庚教授为首的一批数学家加入到运筹学的研究队伍,使我国运筹学的发展很快达到了当时的国际水平.1956年,我国第一个运筹学小组在中国科学院力学研究所成立,1958年成立了运筹学研究室.1960年在济南召开了全国应用运筹学的经验交流和推广会议,1962年和1978年先后在北京和成都召开了全国运筹学学术会议,1980年中国运筹学学会正式成立,1982年《运筹学杂志》创刊,1997年改为《运筹学学报》.我国各高等院校的经济管理类专业已经把运筹学作为一门专业的主干课程列入教学计划.运筹学在我国虽然起步较晚,但发展却非常迅速,目前我国运筹学的研究和应用已逐步跟上了国际同行的步伐.

1.1.2 运筹学的发展趋势

运筹学作为一门学科,在理论和应用方面,无论就广度和深度来说都有着无限广阔的前景.作为一门处于发展时期的学科,运筹学的发展趋势主要如下:

(1) 运筹学的理论研究将得到系统深入的发展.数学规划起始于20世纪40年代末,到20世纪60年代,已经发展为应用数学的一个重要分支,各种方法和理论纷纷出现.与其他学科一样,数学规划要逐步走向统一,这种由分散到统一、由具体到抽象的过程正在形成,而且将得到进一步的发展.

(2) 运筹学推广应用于新的研究领域.运筹学的一个重要特点是应用十分广泛,近年来它正迅速地向一些新的研究领域或原来研究较少的领域发展,如研究世界性的问题、研究系统工程等.

(3) 运筹学与其他学科不断交叉、融合、发展.例如,数学规划方法应用于工程设计,被称为"最优化方法",已成为工程技术中的重要研究工具;数学规划应用于投入产出模型,已成为西方计量经济学派常用的数学工具等.

(4) 运筹学沿原有的学科分支向前发展.这是运筹学发展的一个重要方面,如规划论,从研究目标规划到多目标规划,从研究短期规划到研究长期规划,都可以看做深入研究的自然延伸.

(5) 运筹学中建立模型的问题将日益受到重视. 从事实际问题研究的运筹学工作者,常常感到他们所遇到的困难是如何把一个实际问题变成一个可以用数学方法来处理的问题,因此运筹学模型的构建非常重要.

1.2　运筹学的内容及特色

1.2.1　运筹学的研究内容

运筹学是一门综合性科学,也是最早形成的一门软科学,其内容丰富、涉及面广、应用范围大. 运筹学的主要内容包括线性规划、整数规划、动态规划、非线性规划、多目标规划、网络理论、排队论、对策论、决策论、存储论等,其中每一个部分都可以独立成册,具有丰富的研究内容.

线性规划、整数规划、动态规划、非线性规划和多目标规划统称为规划论,主要解决两方面问题: 一是对于给定的人力、物力和财力,怎样才能发挥它们的最大效益;二是对于给定的任务,怎样才能用最少的人力、物力和财力完成.

网络理论主要研究解决生产组织、计划管理中的问题,如最短路径问题、最小连接问题、最小费用流问题和最优分派问题等. 特别在设计和安排大型复杂工程时,网络理论是非常重要的工具.

排队现象在日常生活中屡见不鲜,如机器等待修理、船舶等待装卸、顾客等待服务等. 其面临的问题是: 当等待时间过长时,将影响生产任务的完成,或者顾客会自动离去而影响经济效益;如果增加修理工、装卸码头和服务台,固然能解决等待时间过长的问题,但又可能蒙受修理工、码头和服务台空闲的损失. 如何妥善解决这类问题是排对论的主要任务.

对策论是研究具有利害冲突的各方,如何制定出对自己有利并战胜对手的斗争策略,战国时代齐王与田忌赛马的故事是对策论的一个绝妙例子.

决策问题是普遍存在的,凡属“举棋不定”的事情都必须做出决策. 当着手要实现某个预期目标时,如果面临多种情况,有多种行动方案可供选择,人们往往举棋不定. 决策者如何从中选择一个最优方案,才能达到他的预期目标,这是决策论的研究任务.

人们在生产和消费过程中,都必须储备一定数量的原材料、半成品或商品. 存储少了会因停工待料或失去销售机会而遭受损失,存储多了又会造成资金积压、原材料及商品的损耗. 因此,如何确定合理的存储量、购货批量和购货周期至关重要,这是存储论需要解决的问题.

1.2.2　运筹学的学科特色

迄今为止，在推广应用中，运筹学逐渐形成了自己的学科特色.

(1) 引入数学研究方法. 运筹学是一门以数学为主要工具，寻求问题最优方案的学科，所以是一门最优化科学. 随着生产与管理规模的日益扩大，其间的数量关系更加复杂，通过数量关系研究问题，即引入数学研究方法，是运筹学的一大特点.

(2) 系统性. 采用运筹学研究问题是从系统的观点出发，研究全局性的问题，研究综合优化的规律，它是系统工程的主要理论基础.

(3) 着重实际应用. 在运筹学术界，许多学者强调运筹学的实用性和对研究结果的"执行"，把"执行"看做运筹工作中的一个重要环节，从理论上求得最优解之后，还要根据实际情况对所得的解进一步考察，并对所得最优解进行灵敏度分析等.

(4) 跨学科性. 针对实际问题，由不同学科的专家组成的运筹小组进行集体研究，是早期军事运筹研究的一个重要特点. 第二次世界大战时，英国在空军部门成立的防空运筹小组的成员包括数学家、物理学家、天文学家、生理学家和军事专家，任务是探讨如何抵御敌人的空袭和潜艇. 当采用运筹学研究其他领域的问题时，这种组织形式和特点以不同的形式保留下来. 从世界范围来看，运筹学的成败及应用的广泛程度，都与跨学科的组织形式及其工作水平有关.

(5) 理论和应用的发展相互促进. 运筹学的各个分支学科，都是由于实际问题的需要或以一定的实际问题为背景逐渐发展起来的. 初期一些传统的学科方面的专家对运筹学作出了贡献，随后新的人才逐渐涌现，新的理论相继出现，从而开拓出新的领域. 例如，在美国数学家丹兹格(G. B. Dantzig)发明了求解线性规划的单纯形方法之后，相继涌现出一批职业线性规划工作者，他们从事的大量实践活动，反过来又进一步促进了线性规划方法的深入发展，从而出现了椭球法、内点法等求解线性规划的新方法. 目前运筹学家们仍在孜孜不倦地研究新技术、新方法，使运筹学这门学科不断向前发展.

1.3　运筹学模型

采用运筹学研究实际问题的步骤如图 1.1 所示.

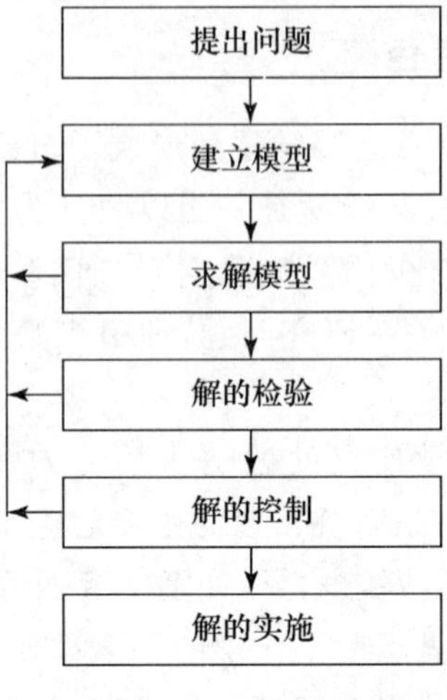

图 1.1　采用运筹学研究实际问题的步骤

(1) 提出问题.提出需要解决的问题,确定目标,分析问题所处的环境和约束条件.抓住主要矛盾,舍弃次要因素.

(2) 建立模型.选用合适的数学模型描述问题,确定决策变量,建立目标函数和约束条件,进而建立相应的运筹学模型.

(3) 求解模型.确定与数学模型有关的参数,选择求解方法,并求解(如最优解、次优解、满意解等).

(4) 解的检验.首先检查求解步骤和程序有无错误,然后检查所求得的解是否反映实际问题、符合现实情况.

(5) 解的控制.通过灵敏度分析等方法,分析和评价所求得的解,并据此对问题的提出和建模进行修正.

(6) 解的实施.提供决策所需的依据、信息和方案,帮助决策者决定处理问题的方针和行动.

运筹学的实质在于建立和使用模型.尽管模型的具体结构和形式总是与其要解决的问题相联系,但这里我们抛弃模型在外表上的差别,从最广泛的角度抽象出它们的共性.模型在某种意义上说是客观事物的简化与抽象,是研究者经过思维抽象后用文字、图表、符号、关系式以及实体模式对客观事物的描述.

建立模型是一种创造性劳动,成功的模型是科学和艺术的综合体,其过程是一系列的简化、假设和抽象.建立模型时需要回答的问题包括:模型中现实系统的哪些方面可以忽略,哪些方面应该合并,可以做哪些假设,以及模型应构造成什么形式等.在建立模型中常用的假设包括两种:一是离散变量的连续性假设,二是非线性函数关系的线性假设.显然,建立模型具有一定的主观性,从某种意义上说，面对同样的现实系统，不同的人能构造出完全不同的模型，而它们之间可能并无优劣之别. 虽然对具体的模型可能会有许多特殊的标准，但总的来说模型的好坏决定于其对实现系统目标的实用性.

模型有三种基本类型：形象模型、模拟模型和数学模型. 运筹学模型主要是指数学模型. 数学模型可以简单地描述为：用字母、数字和运算符来精确地反映变量之间相互关系的公式或公式组. 数学模型由决策变量、约束条件和目标函数三个要素构成，决策变量是问题中所求的未知量，约束条件是决策所面临的限制条件，目标函数是衡量决策效益的数量指标.

1.4 教育装备运筹规划的研究内容

随着装备现代化建设进程的不断加快，尤其是高科技在教育领域的逐步应用，装备分配、装备管理和装备保障等活动变得更加复杂. 如果不深入地从定性、定量两个方面研究其决策问题，那么不用说优化决策，就连最起码的可行性决策都不可能做出. 教育装备运筹规划就是从决策优化的角度研究教育装备的分配、管理、保障等活动，力求不仅从定性方面而且着重从定量方面提供可操作的决策优化理论与方法.

教育装备运筹规划的研究对象是教育教学活动中装备领域的决策优化问题，在教育教学活动中需要优化而且能够进行定量分析的各类问题构成教育装备运筹规划的研究领域. 教育装备运筹规划的独特之处在于它从决策优化的角度研究教育装备领域的各类活动，定量地提供可操作的决策理论和方法. 也就是说，运用运筹学理论与方法研究教育装备科研、订购、保障教学使用直至装备退役、报废的全系统、全寿命管理活动中的决策优化问题. 教育装备运筹规划研究的结果是为决策者提供辅助决策，其数量推导过程与表达成果的技术是研究的重要组成部分.

教育装备运筹规划的研究内容包括：对装备分配、装备管理、装备保障、装备运输等活动中的决策优化理论方法进行研究；对教育装备领域的具体问题给出应用研究结果或者提出决策优化的建议；开展装备运筹研究的环境建设，如装备数据库、装备管理与装备保障模型库的建设等. 其目的是实现决策的优化，为决策者在装备管理等活动中更好地做出运用教育资源的决策提供有数量根据的行动方案，强调目标的优化和对达到目标的可行性方案的优化.

第 2 章　教育装备运输问题与线性规划

【本章学习要点】

1. 线性规划问题及其数学模型.
2. 线性规划问题的可行域.
3. 求解线性规划问题的方法——图解法的基本思想及求解步骤.
4. 求解线性规划问题的方法——单纯形法的基本思想及求解步骤.
5. 教育装备运输问题的数学模型及求解算法——表上作业法.

【本章内容结构】

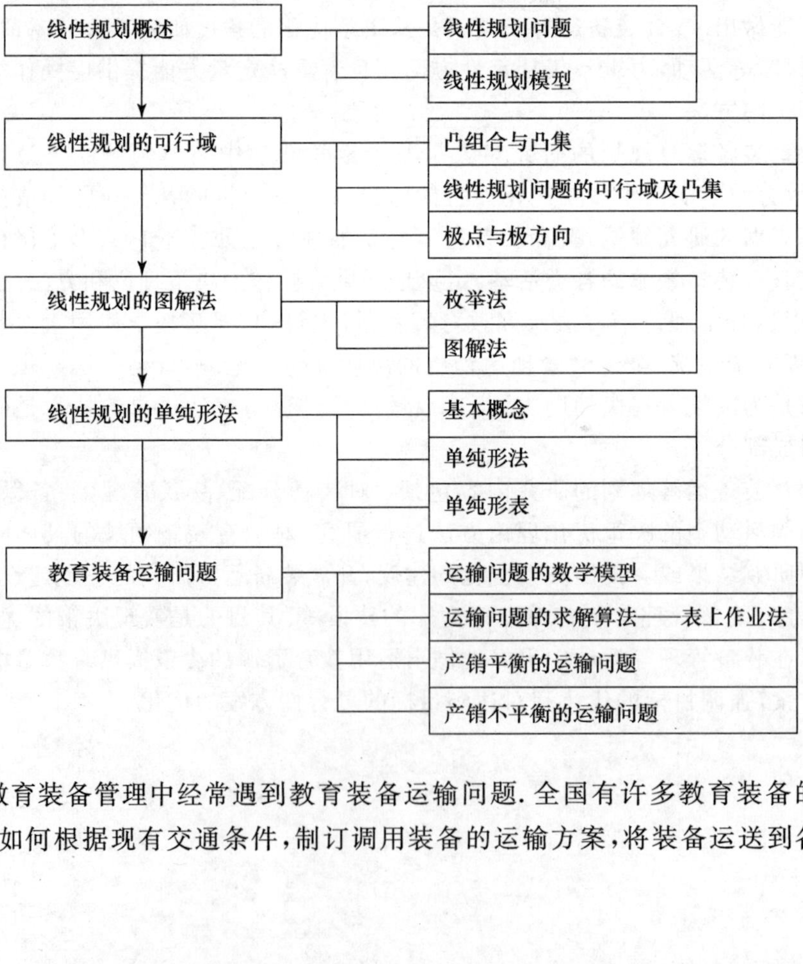

教育装备管理中经常遇到教育装备运输问题. 全国有许多教育装备的生产基地,如何根据现有交通条件,制订调用装备的运输方案,将装备运送到各教育

机构,使总的运输代价最小,这属于典型的教育装备运输问题,必须借助于线性规划的数学模型进行求解.本章首先通过例子归纳线性规划数学模型的一般形式,在介绍线性规划的基本概念、基本理论及求解算法的基础上,重点研究教育装备运输问题.

2.1　线性规划概述

数学规划是系统工程的最重要分析方法之一,是运筹学的主要分支,包括线性规划、非线性规划、整数规划和动态规划.线性规划(Linear programming)起源于20世纪30年代,自1947年丹兹格提出线性规划问题求解的一般方法——单纯形法之后,线性规划在理论上日趋成熟,应用上得以迅速发展和推广.随着计算机技术的发展和普及,线性规划问题的求解越来越快捷,大大拓展了线性规划的应用范围,目前在工业、农业、商业、军事、经济、能源、交通和科技等领域发挥了越来越重要的作用,产生了巨大的经济效益和社会效益,线性规划已经成为科学决策的有力工具.

2.1.1　线性规划问题

在生产过程中,提高工作效率和经济效益的途径一般有两个:一是进行技术改造,改进生产条件和技术手段,如添加设备、改进工艺、提高技能、挖掘潜力等;二是维持现有生产条件和技术手段不变,改善生产的组织、计划和管理,充分利用现有生产条件和技术手段,做出最优决策.线性规划方法通常用于求解第二类问题.

第二类问题又分为两个方面:一是在限制条件下,完成尽可能多的工作成果;二是为完成既定任务,消耗尽可能少的资源.下面首先列举几个线性规划问题的具体实例,并归纳线性规划问题的一般数学模型.

[**例2-1**]　下料问题.

某工厂要制造某种设备100台.每台设备中要用到长为1.2 m,1.8 m,2.6 m的钢管各一根.该厂钢管原材料的长度为7 m.请问:在满足制造要求的条件下(不考虑下料截口损耗),如何裁截原材料,才能使原材料的用量最少?

解: 显然,在每根原材料上裁截同一种规格的钢管的裁法不是好方法.组合的裁截方法将会使料头较少,从而使原材料的使用量降低.

选择七种使料头较少的裁截方法,将它们的三种规格的裁截数及剩余的料头数列于表2.1中,并建立数学模型.

表 2.1　下料方案

裁截方案 裁截根数		Ⅰ	Ⅱ	Ⅲ	Ⅳ	Ⅴ	Ⅵ	Ⅶ
规格/m	1.2	0	2	1	4	1	0	3
	1.8	1	1	3	1	0	2	0
	2.6	2	1	0	0	2	1	1
总用料/m		7	6.8	6.6	6.6	6.4	6.2	6.2
料头长度/m		0	0.2	0.4	0.4	0.6	0.8	0.8
钢管		x_1	x_2	x_3	x_4	x_5	x_6	x_7

令总料头为 f，决策变量 $x_1,x_2,x_3,x_4,x_5,x_6,x_7$ 代表 7 种裁截方案Ⅰ，Ⅱ，Ⅲ，Ⅳ，Ⅴ，Ⅵ和Ⅶ使用的原材料数. 目标是使总料头的长度最小，因而可得目标函数的表达式为：

$$f=0\cdot x_1+0.2x_2+0.4x_3+0.4x_4+0.6x_5+0.8x_6+0.8x_7.$$

该问题的数学模型为：

$$\min f=0\cdot x_1+0.2x_2+0.4x_3+0.4x_4+0.6x_5+0.8x_6+0.8x_7,$$

$$\text{s.t.}\begin{cases}0\cdot x_1+2x_2+x_3+4x_4+1\cdot x_5+0\cdot x_6+3x_7\geqslant 100,\\ x_1+x_2+3x_3+1\cdot x_4+0\cdot x_5+2x_6+0\cdot x_7\geqslant 100,\\ 2x_1+x_2+0\cdot x_3+0\cdot x_4+2x_5+x_6+x_7\geqslant 100,\\ x_i\geqslant 0,1\leqslant i\leqslant 7,x_i\text{为整数},\end{cases}$$

其中，符号 s. t. 是 subject to 的缩写，意为约束于，表示约束条件.

[例 2-2]　资源利用问题.

某工厂在某一计划期内准备生产甲、乙两种产品，生产需要消耗 A,B,C 三种资源. 已知该厂可利用的 A,B,C 三种资源分别为：8 kg，16 kg 和 12 kg，生产每件产品对各种资源的消耗量和每件产品所能获得的利润如表 2.2 所示，请建立该问题的数学模型，使计划期内的生产利润最大.

表 2.2　产品生产情况

资源	单位产品资源消耗量/kg		资源拥有量/kg
	甲	乙	
A	1	2	8
B	4	0	16
C	0	4	12
单位产品利润/百元/件	2	3	

解： 令决策变量 x_1 和 x_2 分别表示产品甲和乙的产量. 由于确定甲，乙两种产品产量时，必须考虑三种资源的消耗不超过其拥有量，以资源 A 为例建立相

应的约束条件. 资源 A 的拥有量是 8 kg，生产 1 件甲产品消耗 1 kg 资源 A，生产 1 件乙产品消耗 2 kg 资源 A，因此生产 x_1 件甲产品和 x_2 件乙产品消耗资源 A 的总数为 x_1+2x_2，因此资源 A 的约束为：$x_1+2x_2\leqslant 8$.

同理，资源 B 和资源 C 的约束分别为：

$$4x_1\leqslant 16,$$
$$4x_2\leqslant 12.$$

在资源限量的情况下，工厂获得最大利润的目标函数为：

$$\max f=2x_1+3x_2.$$

综上所述，该问题的数学模型可表示为：

$$\max f=2x_1+3x_2,$$
$$\text{s.t.}\begin{cases}x_1+2x_2\leqslant 8,\\4x_1\leqslant 16,\\4x_2\leqslant 12,\\x_1,x_2\geqslant 0.\end{cases}$$

［**例 2-3**］　运输问题.

设有甲、乙、丙三个仓库，分别存放某种货物 7 吨，8 吨和 10 吨，现要把这些货物分别送往 A,B,C,D 四个大型超市，其需要量分别为 5 吨，7 吨，6 吨和 7 吨，各仓库到各商店的每吨运费和收、发总量如表 2.3 所示. 请确定一个运输方案，不仅使各个超市都能得到货物需要量，各个仓库都能发完存货，而且总的运输费用最低？

表 2.3　货物收发情况

超市 / 库仓	A	B	C	D	发货量/吨
甲	5	10	3	9	7
乙	2	9	4	7	8
丙	6	5	11	8	10
收货量/吨	5	7	6	7	25

解：令总运费为 f，x_{ij} 为 i 仓库到 j 超市的货物量，其中 $i=1,2,3$ 分别代表甲、乙、丙仓库，$j=1,2,3,4$ 分别代表 A,B,C,D 四个超市. 目标是使总的运输费用最低，因此目标函数表示为：

$$f=5x_{11}+10x_{12}+3x_{13}+9x_{14}+2x_{21}+9x_{22}+4x_{23}$$
$$+7x_{24}+6x_{31}+5x_{32}+11x_{33}+8x_{34}.$$

由于题目要求各个超市都能得到货物需要量，根据表 2.3 可得，各超市收货量需满足的约束条件为：

$$\begin{cases} x_{11}+x_{21}+x_{31}=5, \\ x_{12}+x_{22}+x_{32}=7, \\ x_{13}+x_{23}+x_{33}=6, \\ x_{14}+x_{24}+x_{34}=7, \\ x_{ij}\geqslant 0, \quad i=1,2,3;j=1,2,3,4. \end{cases}$$

同样,题目还要求各个仓库都能发完存货,根据表 2.3 可得,各仓库发货量需满足的约束条件为:

$$\begin{cases} x_{11}+x_{12}+x_{13}+x_{14}=7, \\ x_{21}+x_{22}+x_{23}+x_{24}=8, \\ x_{31}+x_{32}+x_{33}+x_{34}=10, \\ x_{ij}\geqslant 0, \quad i=1,2,3;j=1,2,3,4. \end{cases}$$

因此,该运输问题的数学模型为:

$$\min f=5x_{11}+10x_{12}+3x_{13}+9x_{14}+2x_{21}+9x_{22}+4x_{23}$$
$$+7x_{24}+6x_{31}+5x_{32}+11x_{33}+8x_{34},$$

$$\text{s. t.}\begin{cases} x_{11}+x_{21}+x_{31}=5, \\ x_{12}+x_{22}+x_{32}=7, \\ x_{13}+x_{23}+x_{33}=6, \\ x_{14}+x_{24}+x_{34}=7, \\ x_{11}+x_{12}+x_{13}+x_{14}=7, \\ x_{21}+x_{22}+x_{23}+x_{24}=8, \\ x_{31}+x_{32}+x_{33}+x_{34}=10, \\ x_{ij}\geqslant 0, \quad i=1,2,3;j=1,2,3,4. \end{cases}$$

2.1.2 线性规划模型

上述各例,具有如下特征:

(1) 用一组决策变量表示某一方案,这组决策变量均为非负.

(2) 存在一定的约束条件,这些约束条件可以用关于决策变量的一组线性等式或线性不等式表示.

(3) 有一个用决策变量表示的目标函数,而该函数是一个线性函数,并且要求这个目标函数达到最优(最大或最小).

满足以上三个条件的数学模型称为线性规划数学模型.一般来说,线性规划问题的标准形式应满足如下条件:

(1) 所有的决策变量非负.

(2) 所有的约束条件都用等式表示.

(3) 目标函数为最大化(max)或最小化(min),本教材限定为最小化.

(4) 所有约束条件的右端项非负.

因此,线性规划问题的标准形式表述如下:

$$\min f = c_1x_1 + c_2x_2 + \cdots + c_nx_n.$$

$$\text{s. t.}\begin{cases} a_{11}x_1 + a_{12}x_2 + \cdots + a_{1n}x_n = b_1, \\ \cdots\cdots\cdots\cdots\cdots\cdots\cdots\cdots \\ a_{m1}x_1 + a_{m2}x_2 + \cdots + a_{mn}x_n = b_m, \\ x_i \geqslant 0, \quad i = 1, 2, \cdots, n. \end{cases} \tag{2.1}$$

上述标准线性规划问题表示为矩阵形式:

$$\min f = \boldsymbol{c}^{\mathrm{T}}\boldsymbol{x},$$

$$\text{s. t.}\begin{cases} \boldsymbol{Ax} = \boldsymbol{b}, \\ \boldsymbol{x} \geqslant 0, \end{cases} \tag{2.2}$$

其中 $\boldsymbol{c} = (c_1, c_2, \cdots, c_n)^{\mathrm{T}}$, $\boldsymbol{b} = (b_1, b_2, \cdots, b_m)^{\mathrm{T}}$ 和 $\boldsymbol{x} = (x_1, x_2, \cdots, x_n)^{\mathrm{T}}$ 均为列向量,上标 T 表示向量或矩阵的转置,以及

$$\boldsymbol{A} = (a_{ij})_{m\times n} = \begin{bmatrix} a_{11} & a_{12} & \cdots & a_{1n} \\ a_{21} & a_{22} & \cdots & a_{2n} \\ & \cdots & \cdots & \\ a_{m1} & a_{m2} & \cdots & a_{mn} \end{bmatrix}.$$

若令 $\boldsymbol{a}_j = (a_{1j}, a_{2j}, \cdots, a_{mj})^{\mathrm{T}}$,则式(2.2)还可以表示为:

$$\min f = \sum_{j=1}^{n} c_j x_j,$$

$$\text{s. t.}\begin{cases} \sum\limits_{j=1}^{n} \boldsymbol{a}_j x_j = \boldsymbol{b}, \\ x_j \geqslant 0, \quad j = 1, 2, \cdots, n. \end{cases} \tag{2.3}$$

除了线性规划问题的标准形式之外,还有其他形式的线性规划问题,但这些问题都可以通过一些简单代换化为标准线性规划问题.

1. 目标函数极大化问题

目标函数为极大化问题$\left(\text{如} \max f = \sum\limits_{j=1}^{n} c_j x_j\right)$,可以等价地转化为极小化问题,只需将目标函数两边同乘以"-1"即可,因为 $\max \sum\limits_{j=1}^{n} c_j x_j = -\left[\min\left(-\sum\limits_{j=1}^{n} c_j x_j\right)\right]$.

例如:目标函数 $\max f = 6x_1 - 9x_2$ 可以转换为 $\min f' = -6x_1 + 9x_2$,其中 f 和 f' 绝对值相等、符号相反.

2. 不等式约束问题

分两种情况讨论:

(1) 对于形如 $a_{j1}x_1+a_{j2}x_2+\cdots+a_{jn}x_n\leqslant b_j$ 的不等式约束,可以在不等式的左边加上一个新的非负变量 $r_j\geqslant 0$,将不等式约束转化为等式约束 $a_{j1}x_1+a_{j2}x_2+\cdots+a_{jn}x_n+r_j=b_j$,$r_j$ 称为松弛变量.

(2) 对于形如 $a_{j1}x_1+a_{j2}x_2+\cdots+a_{jn}x_n\geqslant b_j$ 的不等式约束,可以在不等式的左边减去一个新的非负变量 $s_j\geqslant 0$,将不等式约束转化为等式约束 $a_{j1}x_1+a_{j2}x_2+\cdots+a_{jn}x_n-s_j=b_j$,$s_j$ 称为剩余变量.

例如:不等式约束 $2x_1+3x_2\leqslant 10$ 可转换为 $2x_1+3x_2+x_3=10$,其中 $x_3\geqslant 0$ 是引入的松弛变量;不等式约束 $5x_1+6x_2\geqslant 50$ 可转换为 $5x_1+6x_2-x_4=50$,其中 $x_4\geqslant 0$ 是引入的剩余变量.

需要特别说明的是:当引入松弛变量和剩余变量后,由于它们在目标函数中的系数全部为 0,因此对目标函数没有任何影响.

3. 无非负约束条件问题

线性规划的标准形式总是要求变量是非负的,但在某些情况下,有些变量(如 x_j)的取值没有 $x_j\geqslant 0$ 的非负性限制,称为变量 x_j 无非负约束条件问题,x_j 称为自由变量.此时,可引入两个新的非负变量 $x_j^{(1)}\geqslant 0$ 与 $x_j^{(2)}\geqslant 0$,令 $x_j=x_j^{(1)}-x_j^{(2)}$,将其代入约束条件中消去 x_j,使所有的变量都满足非负条件限制.

例如:某投资者现有资本 100 万元,根据投资需要他还可以贷款.如果用 x 表示其投资的数量,那么投资约束可表示为 $x+s=100$,其中 s 的正、负取决于它代表的是存款还是贷款.令 $s=y-z$,其中 y,z 均为非负变量,则投资约束可表示为 $x+y-z=100$,此时三个变量均为非负.

4. 负约束条件右端项的处理

若原问题的第 i 个约束条件的右端项 $b_i<0$,则只需在约束条件的两端同时乘以"-1",即可使约束条件的右端项转换为非负.

例如:$x_1-3x_2\leqslant -7$ 可转换为 $-x_1+3x_2\geqslant 7$;$3x_1+7x_2-x_3=-11$ 可转换为 $-3x_1-7x_2+x_3=11$.

[例 2-4] 将下列线性规划模型转换为标准形式.

$$\max f=x_1-2x_2+3x_3,$$

$$\text{s. t.}\begin{cases}x_1+x_2+x_3\leqslant 7,\\ x_1-x_2+x_3\geqslant 2,\\ 3x_1-x_2-2x_3=-5,\\ x_1,x_2\geqslant 0,\\ x_3\ \text{无约束}.\end{cases}$$

解: 分别按照上述的标准化方法进行求解.

(1) 引入两个非负变量 $x_4,x_5\geqslant 0$,令 $x_3=x_4-x_5$.

(2) 在第1个约束条件中引入松弛变量 x_6，第2个约束条件中引入剩余变量 x_7.

(3) 第3个约束条件方程两端同乘以"−1".

(4) 将引入的变量代入目标函数和约束条件，将目标函数两端同乘以"−1"，实现目标函数极小化.令 $f'=-f$，把求 $\max f$ 变为求 $\min f'$，则得到该线性规划问题的标准形式：

$$\min f' = -x_1+2x_2-3x_4+3x_5,$$
$$\text{s.t.}\begin{cases} x_1+x_2+x_4-x_5+x_6=7, \\ x_1-x_2+x_4-x_5-x_7=2, \\ -3x_1+x_2+2x_4-2x_5=5, \\ x_i\geqslant 0, \quad i=1,2,4,5,6,7. \end{cases}$$

解此标准线性规划问题，得到 x_4，x_5 和 $\min f'$ 的值，然后根据 $x_3=x_4-x_5$ 和 $\max f=\min f'$，求得原线性规划问题的解.

2.2　线性规划的可行域

2.2.1　凸组合与凸集

定义 2.1　设 $S\subset\mathbf{R}^n$ 是 n 维欧氏空间中的一个点集，由任意的 $x\in S$，$y\in S$ 构成的组合 $z=\lambda x+(1-\lambda)y$ 称为 x 和 y 的凸组合，其中 $\lambda\in[0,1]$.

定义 2.2　设 $S\subset\mathbf{R}^n$ 是 n 维欧氏空间中的一个点集，如果对任意的 $x\in S$，$y\in S$ 和 $\lambda\in[0,1]$，都有 $\lambda x+(1-\lambda)y\in S$，则称 S 是一个凸集.凸集与非凸集如图2.1所示.

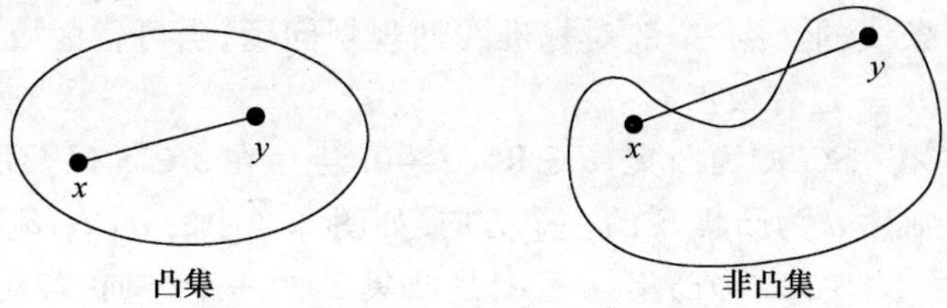

图 2.1　凸集与非凸集

2.2.2　线性规划问题的可行域与凸集

定义 2.3　对于标准线性规划问题，令 $D=\{\boldsymbol{x}\in\mathbf{R}^n\mid \boldsymbol{A}\boldsymbol{x}=\boldsymbol{b},\boldsymbol{x}\geqslant 0\}$ 表示它的可行域.

定义 2.4 给定 $\boldsymbol{b}\in\mathbf{R}^1$ 及非零向量 $\boldsymbol{a}\in\mathbf{R}^n$，称集合 $H=\{\boldsymbol{x}\in\mathbf{R}^n\mid\boldsymbol{a}^{\mathrm{T}}\boldsymbol{x}=\boldsymbol{b}\}$ 是 $\mathbf{R}^n$ 中的一个超平面.

定义 2.5 满足下式的集合

$$S=\{\boldsymbol{x}\in\mathbf{R}^n\mid\boldsymbol{a}_i^{\mathrm{T}}\boldsymbol{x}=\boldsymbol{b}_i,i=1,\cdots,p;\boldsymbol{a}_i^{\mathrm{T}}\boldsymbol{x}\geqslant\boldsymbol{b}_i,i=p+1,\cdots,p+q\}$$

称为多面凸集.非空有界的多面凸集称为凸多面体.

定理 2.1 线性规划问题的可行域 $D=\{\boldsymbol{x}\in\mathbf{R}^n\mid\boldsymbol{A}\boldsymbol{x}=\boldsymbol{b},\boldsymbol{x}\geqslant0\}$ 是多面凸集.

定理 2.2 由超平面 H 产生的两个闭半空间

$$H^+=\{\boldsymbol{x}\in\mathbf{R}^n\mid\boldsymbol{a}^{\mathrm{T}}\boldsymbol{x}\geqslant\boldsymbol{b}\},H^-=\{\boldsymbol{x}\in\mathbf{R}^n\mid\boldsymbol{a}^{\mathrm{T}}\boldsymbol{x}\leqslant\boldsymbol{b}\}$$

都是凸集.

2.2.3 极点与极方向

定义 2.6 设 S 为凸集，$x\in S$. 若对任意的 $y\in S,z\in S,y\neq z$，以及 $\lambda\in[0,1]$，都有 $x\neq\lambda y+(1-\lambda)z$，则称 x 为凸集 S 的一个极点. 如图 2.2 中的 A,B 点.

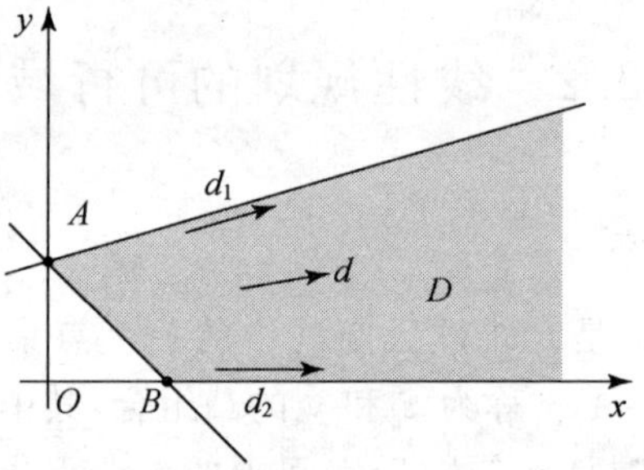

图 2.2 极点、方向和极方向的示意图

例如：平面长方形的四个顶点是长方形区域的全部极点. 平面图形中每个顶点至少是两条线的交点. 一般对标准线性规划问题，当可行区域非空时，可以证明其可行域 D 一定有极点.

定义 2.7 设 $S\subset\mathbf{R}^n$ 为凸集，$d\in\mathbf{R}^n$，$d\neq0$. 若存在 $x\in S$ 以及所有 $\lambda>0$，都有 $x+\lambda d\in S$，则称 d 为凸集 S 的一个方向. 如图 2.2 中的 d,d_1,d_2.

定义 2.8 设 $S\subset\mathbf{R}^n$ 为凸集，$d\in\mathbf{R}^n$ 是凸集 S 的一个方向. 若对凸集 S 的任何方向 d_1,d_2，以及任何 $\mu_1>0,\mu_2>0$，当 $d=\mu_1d_1+\mu_2d_2$ 时，必有 $d_1=\alpha d_2$ $(\alpha>0)$，则称 d 为凸集 S 的一个极方向. 如图 2.2 中的 d_1,d_2.

定理 2.3 设 $x_1,\cdots,x_k$ 为 $D=\{x\mid Ax=b,x\geqslant0\}$ 的所有极点，$d_1,\cdots,d_l$ 为极方向，则 $x\in D$ 当且仅当 x 满足

$$
\begin{cases}
x = \sum_{i=1}^{k} \lambda_i x_i + \sum_{j=1}^{l} \mu_j d_j, \\
\sum_{i=1}^{k} \lambda_i = 1, \\
\lambda_i \geqslant 0, i = 1, \cdots, k, \\
\mu_j \geqslant 0, j = 1, \cdots, l,
\end{cases}
$$

即 $x \in D$ 的充分必要条件为 x 可以表示为 D 的极点的凸组合与极方向的非负线性组合.

如图 2.3 所示，x_1, x_2 是 $D = \{x \mid Ax = b, x \geqslant 0\}$ 的两个极点，d_1, d_2 为 D 的两个极方向，D 中的点 x 可表示为：

$$
\begin{aligned}
x &= x_3 + \mu d \\
&= \lambda_1 x_1 + (1 - \lambda_1) x_2 + \mu_1 d_1 + \mu_2 d_2,
\end{aligned}
$$

也可以表示为：

$$
\begin{aligned}
x &= x_4 + \mu_3 d_2 \\
&= \lambda_2 x_1 + (1 - \lambda_2) x_2 + \mu_3 d_2.
\end{aligned}
$$

由此可见，x 的表示方法不唯一.

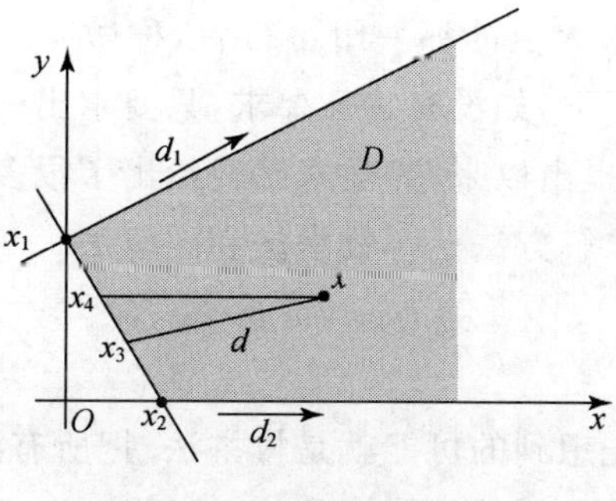

图 2.3　多面凸集中点的表示

2.3　线性规划的图解法

先来看一个例子.

[例 2-5]　一个教育装备生产商有 10 台投影仪，甲乙两个学校的展厅都有需求. 已知甲校每个展厅需要 2 台投影仪，运送耗时 2 天，可以提供 3 个班的学生使用；而乙校每个展厅需要 3 台投影仪，运送耗时 1 天，可以提供 2 个班的学生使用. 规定 6 天内安排好甲乙两校的展厅数，怎样才能使使用的班数最多？

分析：在这个问题中，教育资源是投影仪和时间，目的是寻求一个合理有效的使用方案，使效益最好，因而这是一个典型的决策优化问题. 所研究的系统边界、约束条件与目标都很明确，需要决策的是安排好甲乙两校的展厅开放数量. 为此，首先引入决策变量，设安排甲校 x_1 个展厅，乙校 x_2 个展厅. 然后建立此问题的数学模型：

$$\max f = 3x_1 + 2x_2,$$

$$\text{s. t.}\begin{cases} 2x_1 + 3x_2 \leqslant 10, \\ 2x_1 + x_2 \leqslant 6, \\ x_1, x_2 \geqslant 0. \end{cases}$$

此数学模型中的目标函数与约束不等式都是决策变量的一次函数(或线性函数)，因此是典型的线性规划问题. 如果同时又要求决策变量是整数，这类问题称做整数线性规划问题. 如果除了约束不等式外，对决策变量又增加了上界与下界的取值限制，这类问题称做变量有上、下界限制的线性规划问题. 众所周知，教育资源是有限的，所以与教育资源相关的线性规划问题都是变量有上、下界限制的线性规划问题. 本例中，由约束不等式可得：$x_1 \leqslant 3$，$x_2 \leqslant 3$.

把满足约束条件的一组变量的取值称做问题的一组可行解. 在所有可行解中，使得目标函数取得最大值的那一组可行解，称做问题的最优解. 当然最优解可能不止一个，一般情况下，如没有特殊要求，只要求出一个最优解即可.

自从线性规划问题提出以来，数学家已经给出了很多求解方法. 以例 2-5 为例，我们首先给出两种求解方法——枚举法和图解法.

2.3.1 枚举法

求解线性规划，首先想到的可能就是枚举法. 把所有满足约束条件的可行解全部枚举出来，分别计算它们的目标函数值，然后比较，选一个最优的就可以了. 但当决策变量的取值是连续的，或者有无穷多个时，往往无法把所有可行解枚举出来；即使决策变量的取值是有限个，要把它们全部枚举出来，其计算量也可能会非常大.

例 2-5 给出的问题是线性规划，由约束不等式可得：$x_1 \leqslant 3$，$x_2 \leqslant 3$. 因此，满足约束不等式的决策变量的取值不是很多，可以很容易地全部枚举出来，表 2.4 给出了全部可行解.

表 2.4　枚举表

序号	x_1	x_2	投影仪 $2x_1+3x_2\leqslant 10$	耗时 $2x_1+x_2\leqslant 6$	目标值 $3x_1+2x_2$
1	0	0	0	0	0
2	0	1	3	1	2
3	0	2	6	2	4
4	0	3	9	3	6
5	1	0	2	2	3
6	1	1	5	3	5
7	1	2	8	4	7
8	1	3	—	5	—
9	2	0	4	4	6
10	2	1	7	5	8
11	2	2	10	6	10★
12	2	3	—	—	—
13	3	0	6	6	9
14	3	1	9	—	—
15	3	2	—	—	—
16	3	3	—	—	—

注：表中 10★表示目标值的最优值.

从表 2.4 可以得出，当 $x_1=2, x_2=2$ 时，目标值达到最优值为 10. 即：在规定的 6 天内，甲、乙两校各安排 2 个展厅，才能使使用的班数最多.

2.3.2　图解法

除了枚举法以外，还可以采用直角坐标系下的图解法来求解只有两个决策变量的线性规划问题. 顾名思义，图解法是通过绘图来求解线性规划问题. 虽然在实际问题中，只有两个决策变量的问题很少见，但图解法能揭示线性规划问题解的一些基本概念，并为解决大规模线性规划问题提供原则性指导.

［**例 2-6**］　用图解法求解例 2-5.

解：采用图解法求解的步骤如下：

(1) 建立平面直角坐标系. 将变量 x_1 作为横坐标，将变量 x_2 作为纵坐标.

(2) 确定可行域. 在平面直角坐标系上，将各个约束条件都绘制出来. 即在直角坐标系下作直线：

$$2x_1+3x_2=10,$$
$$2x_1+x_2=6.$$

然后确定可行解所在的区域(即可行域),这个可行域由 4 条直线围成:其中 $2x_1+3x_2\leqslant 10$ 是指在直线 $2x_1+3x_2=10$ 左侧的半个平面,$2x_1+x_2\leqslant 6$ 是指在直线 $2x_1+x_2=6$ 的左侧的半个平面;$x_1\geqslant 0,x_2\geqslant 0$ 是指在平面的第一象限内.可行域如图 2.4 阴影部分所示.

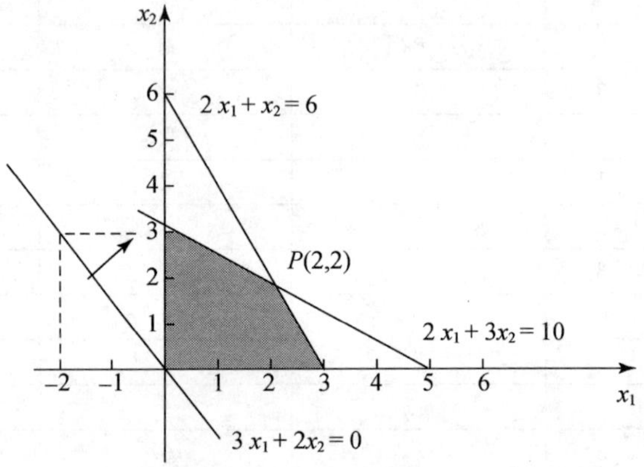

图 2.4　线性规划可行域

(3) 选取一个 f 值,使此 f 值所对应的目标函数的直线通过可行域的某点或某些点.不妨令 $f=0$,即 $3x_1+2x_2=0$,它是一条通过坐标原点的直线.

(4) 寻求最优解,向使 f 值得到优化的方向平行移动目标函数直线,当目标函数直线平移到极限状态时,其与可行域的交点即为最优解对应的点.

希望目标函数 $f=3x_1+2x_2$ 的值越来越大,只需将直线 $3x_1+2x_2=0$ 向着第一象限平行地移动即可.当直线平行移动到可行域的边界处 P 点时,目标函数值达到最优.当直线继续向右上方平行移动时,将超出可行解的范围.P 点是直线 $2x_1+3x_2=10$ 与直线 $2x_1+x_2=6$ 的交点,交点的坐标所对应的 x_1 和 x_2 的取值就是最优的可行解:$x_1=2,x_2=2$,这表明:在规定的 6 天内,甲乙两校各安排 2 个展厅,才能使使用的班数最多.

由例 2-6 的图解法过程可以看出,线性规划的可行域是一个凸多边形.凸多边形的顶点是线性规划可行域的极点,每个极点都是至少两个约束不等式所对应直线的交点.如果可行域是非空且有限的,那么线性规划问题一定存在最优解,而且最优解一定在极点上达到.如果得到了线性规划的可行域的所有极点,通过比较目标值,也就得到了线性规划问题的最优解.当决策变量的个数多于 3 时,可行域为凸多面体,约束不等式对应的是超平面.

[**例 2-7**]　用图解法求解例 2-2.

解:采用图解法求解的步骤如下:

(1) 构造平面直角坐标系.将变量 x_1 作为横坐标,将变量 x_2 作为纵坐标.

(2) 确定可行域. 在平面直角坐标系上，将各个约束条件对应的图都绘制出来.

约束条件 $x_1+2x_2\leqslant 8$ 要求可行解位于直线 $x_1+2x_2=8$ 的左下方，通过两个点(8,0)和(0,4)可直接绘出直线 $x_1+2x_2=8$，直线上的箭头表明了满足条件的区域. 同理，约束条件 $4x_1\leqslant 16$，$4x_2\leqslant 12$，$x_1\geqslant 0$ 和 $x_2\geqslant 0$ 对应的图也分别在直角坐标系上表示出来. 这样由 5 条直线围成了可行域(图 2.5 中的阴影部分所示). 显然，在这个区域内的每个点(有无数多个)都是一个可行解. 我们的目标是确定使目标函数 $f=2x_1+3x_2$ 达到最大值的最优解.

(3) 选取一个 f 值，使此 f 值所对应的目标函数的直线通过可行域的某点或某些点. 不妨令 $f=0$，即 $2x_1+3x_2=0$，它是一条通过坐标原点的直线.

(4) 寻求最优解，向使 f 值得到优化的方向平行移动目标函数直线，当目标函数直线平移到极限状态时，其与可行域的交点即为最优解对应的点.

向右上方平行移动目标函数直线 $f=2x_1+3x_2$，得到一族使 f 值不断增加的平行线(如图 2.5 中的虚线所示). 当直线平行移动到可行域的边界处 B 点时，目标函数值达到最优. 当直线继续向右上方平行移动时，将超出可行解的范围. 因此，$B=(4,2)$是最优解对应的点，其最优值 $f=2\times4+3\times2=14$，即该厂在计划期内的最优生产计划方案是：生产甲产品 4 kg，乙产品 2 kg，可得最大利润 1400 元.

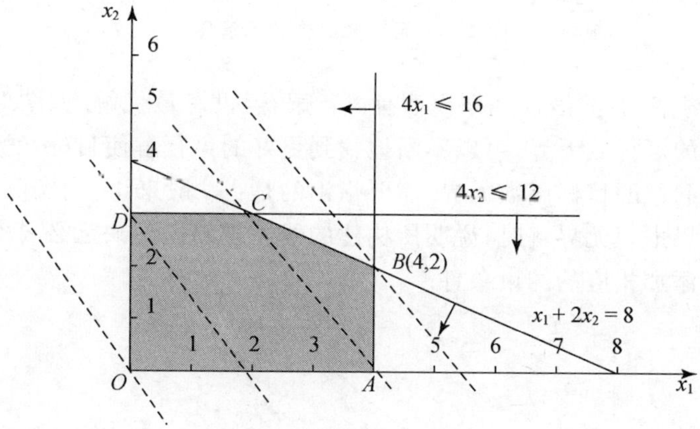

图 2.5　例 2-2 的可行域

由上述例 2-6 和例 2-7 的解题过程，不仅可以总结出图解法解题的一般步骤，而且根据图解法的几何直观性，总结得到以下重要结论.

结论 1　通常，线性规划模型的求解结果可能出现的四种情况包括：唯一最优解、无穷多最优解、无界解和无可行解.

(1) 唯一最优解. 例 2-6 和例 2-7 的最优解都是唯一的. 此时，线性规划问题的最优解在可行域的某个顶点上达到.

(2) 无穷多最优解. 某些线性规划问题,可能存在无穷多个可行解使目标函数达到最优,称为线性规划具有无穷多最优解. 线性规划问题的无穷多最优解一定在可行域的某两个顶点及其连线上得到. 例如,将例 2-2 的目标函数变为 $f=x_1+2x_2$,则目标函数的直线族与约束条件 $x_1+2x_2=8$ 所示可行域的边界平行(如图 2.6 所示). 当 f 由小变大至 8 时,目标函数所示的直线与线段 BC 重合,线段 BC 上任意一点都使目标函数 f 取得相同的最大值,此时线性规划问题有无穷多个最优解.

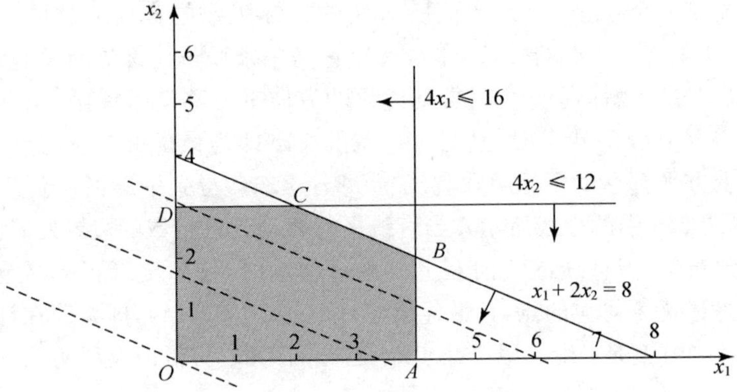

图 2.6　无穷多最优解示意图

(3) 无界解. 有些线性规划模型有可行解,但没有最优解. 如图 2.7 所示,线性规划模型的可行域无界,可以不断地找到更好的可行解使目标函数值增大,此时线性规划问题的目标函数无界. 需要指出的是: 一般来讲,当实际问题的数学模型求解结果出现无界解时,说明所构建的线性规划模型缺乏必要的约束条件,必须进一步添加相应的约束条件.

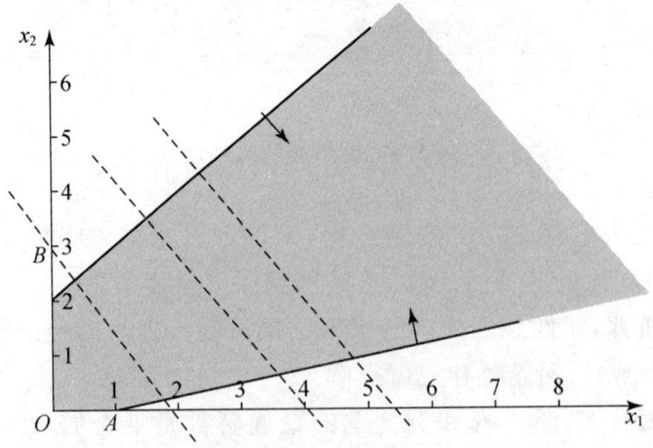

图 2.7　无界解示意图

(4) 无可行解. 有些线性规划模型可能根本没有可行解；没有可行解即可行域为空集，当然也就不存在最优解(如图 2.8 所示). 需要指出的是：一般来讲，当实际问题的数学模型求解结果出现无可行解时，说明所构建的线性规划模型的约束条件相互矛盾，必须重新建立约束条件.

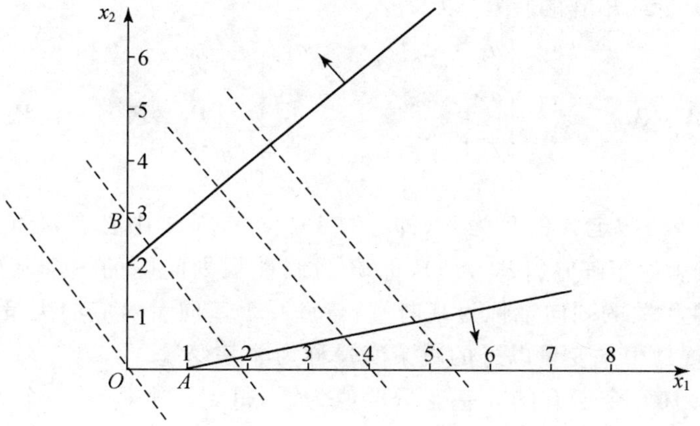

图 2.8 无可行解示意图

结论 2 当线性规划问题的可行域非空时，即线性规划模型有可行解时，可行域是有界或无界的凸多边形(凸集). 当线性规划模型有最优解时，其可行域为有界的凸多边形 $OABCD$(如图 2.5 和图 2.6 所示)；当线性规划模型有无界解时，其可行域为无界的凸多边形(如图 2.7 阴影区域所示).

2.4 线性规划的单纯形法

图解法虽然直观、简便，但当变量多于两个时，就往往无能为力了. 本节将介绍一种求解线性规划的代数法——单纯形法.

2.4.1 基本概念

线性规划中的主要数学问题是找到线性方程组的解，以便使目标函数值最小或最大. 因此，在讨论单纯形原理之前，首先要对上一节线性规划问题解的概念进行拓展.

一般线性规划问题的标准形式可表示为：

$$\min f = \boldsymbol{c}^{\mathrm{T}} \boldsymbol{x},$$

$$\text{s.t.}\begin{cases}\boldsymbol{A}\boldsymbol{x}=\boldsymbol{b},\\ \boldsymbol{x}\geqslant 0,\\ \boldsymbol{b}\geqslant 0,\end{cases}$$

其中 $\boldsymbol{c}=(c_1,c_2,\cdots,c_n)^{\mathrm{T}}$，$\boldsymbol{b}=(b_1,b_2,\cdots,b_m)^{\mathrm{T}}$ 和 $\boldsymbol{x}=(x_1,x_2,\cdots,x_n)^{\mathrm{T}}$ 均为列向量，T 表示向量或矩阵的转置，以及

$$\mathbf{A}=(a_{ij})_{m\times n}=\begin{bmatrix}a_{11} & a_{12} & \cdots & a_{1n}\\ a_{21} & a_{22} & \cdots & a_{2n}\\ & \cdots & \cdots & \\ a_{m1} & a_{m2} & \cdots & a_{mn}\end{bmatrix}=[\boldsymbol{P}_1 \quad \boldsymbol{P}_2 \quad \cdots \quad \boldsymbol{P}_n]$$

定义 2.9 假定 $\mathbf{A}$ 的秩为 m（即：$R(\mathbf{A})=m$），则 $\mathbf{A}$ 中必有 m 个线性无关的列向量构成满秩矩阵 $\boldsymbol{B}$（$|\boldsymbol{B}|\neq 0$），称 $\boldsymbol{B}$ 为线性规划问题的一个基（或基阵）. $\boldsymbol{B}$ 中 m 个线性无关的列向量称为基向量，与每一个基向量对应的决策变量称为基变量. 线性规划中基变量以外的决策变量称为非基变量.

定义 2.10 令所有的非基变量取值为零，得到一个具有 m 个方程，m 个基变量的方程组，它具有唯一解 $\boldsymbol{x}=\begin{bmatrix}\boldsymbol{B}^{-1}\boldsymbol{b}\\ 0\end{bmatrix}=(x_1,x_2,\cdots,x_m,0,\cdots,0)^{\mathrm{T}}$，称为基本解. 当 $\boldsymbol{B}^{-1}\boldsymbol{b}\geqslant 0$ 时，称基本解 $\boldsymbol{x}$ 为基本可行解，与基本可行解对应的基 $\boldsymbol{B}$ 称为可行基. 只有一个基变量不同的两个基本可行解称为相邻的基本可行解.

显然，基本解中非零分量的数目不大于 m；若基本解中非零分量的个数小于 m，则称其为**退化解**. 可行解、基本解、基本可行解等解集之间的关系，如图 2.9 所示.

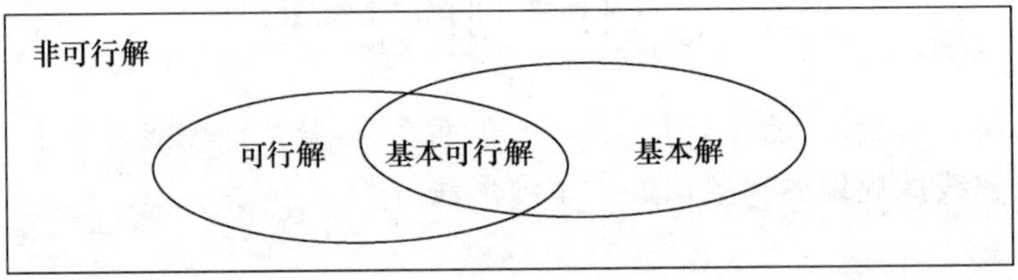

图 2.9 解集关系示意图

［例 2-8］ 某线性规划的约束为：

$$\begin{cases}x_1+2x_2+x_3=1,\\ 2x_1-x_2+x_4=3,\\ x_1,x_2,x_3,x_4\geqslant 0,\end{cases}$$

请列举出其基和对应的基向量、基变量.

解：约束方程组的系数矩阵 $\boldsymbol{A}=\begin{bmatrix}1 & 2 & 1 & 0\\2 & -1 & 0 & 1\end{bmatrix}=[\boldsymbol{P}_1\quad \boldsymbol{P}_2\quad \boldsymbol{P}_3\quad \boldsymbol{P}_4]$，则 $\boldsymbol{A}$ 中的 2 阶可逆子阵有：

取基矩阵 $\boldsymbol{B}_1=\begin{bmatrix}1 & 0\\0 & 1\end{bmatrix}$，其对应的基向量为 $\boldsymbol{P}_3,\boldsymbol{P}_4$，基变量为 x_3,x_4，$\boldsymbol{X}_{\boldsymbol{B}_1}=\begin{bmatrix}x_3\\x_4\end{bmatrix}$；由于 $\boldsymbol{B}_1^{-1}\boldsymbol{b}=\begin{bmatrix}1 & 0\\0 & 1\end{bmatrix}\begin{bmatrix}1\\3\end{bmatrix}=\begin{bmatrix}1\\3\end{bmatrix}$，与 $\boldsymbol{B}_1$ 对应的基本解为 $\boldsymbol{x}=\begin{bmatrix}\boldsymbol{B}_1^{-1}\boldsymbol{b}\\0\end{bmatrix}=(0,0,1,3)^{\mathrm{T}}$，是基本可行解.

取基矩阵 $\boldsymbol{B}_2=\begin{bmatrix}1 & 2\\2 & -1\end{bmatrix}$，其对应的基向量为 $\boldsymbol{P}_1,\boldsymbol{P}_2$，基变量为 x_1,x_2，$\boldsymbol{X}_{\boldsymbol{B}_2}=\begin{bmatrix}x_1\\x_2\end{bmatrix}$；由于 $\boldsymbol{B}_2^{-1}\boldsymbol{b}=\begin{bmatrix}1 & 2\\2 & -1\end{bmatrix}^{-1}\begin{bmatrix}1\\3\end{bmatrix}=\begin{bmatrix}\frac{1}{5} & \frac{2}{5}\\\frac{2}{5} & -\frac{1}{5}\end{bmatrix}\begin{bmatrix}1\\3\end{bmatrix}=\begin{bmatrix}\frac{7}{5}\\-\frac{1}{5}\end{bmatrix}$，与 $\boldsymbol{B}_2$ 对应的基本解为 $\boldsymbol{x}=\begin{bmatrix}\boldsymbol{B}_2^{-1}\boldsymbol{b}\\0\end{bmatrix}=\left(\frac{7}{5},-\frac{1}{5},0,0\right)^{\mathrm{T}}$，不是基本可行解.

2.4.2　单纯形法

单纯形法(Simplex method)由丹兹格于 1947 年提出，是求解线性规划问题的最有效方法. 理论上已经证明，线性规划的基本可行解与可行域的顶点是一对一的，如果线性规划有最优解，一定可以在可行域的某个顶点处达到. 因此，采用单纯形法的基本思路是：根据问题的标准形式，从可行域中的一个基本可行解(一个顶点)开始，转换到另一个基本可行解(顶点)，并且使目标函数的值逐步减小；当目标函数达到最小值时，得到最优解；如果没有最优解，则判定问题无界.

单纯形法的基本步骤可以概括为：

(1) 将线性规划问题标准化.

(2) 确定初始基本可行解. 寻找一个基本可行解，并将其作为初始基本可行解.

(3) 检验该基本可行解是否为最优解. 其基本思路如下：如果存在一个基本可行解使目标函数值变小，说明现在的解不是最优解，则以新的基本可行解代替原基本可行解；如果不存在，说明现在的解即为最优解，求解过程结束.

(4) 将新的基本可行解作为新的起点，重复步骤(2)，直至求得最优解或能够判断问题无最优解(无可行解或无界解).

[例 2-9]　用单纯形法求解例 2-2.

解：原线性规划问题的模型为：

$$\max f=2x_1+3x_2,$$
$$\text{s. t.}\begin{cases}x_1+2x_2\leqslant 8,\\4x_1\leqslant 16,\\4x_2\leqslant 12,\\x_1,x_2\geqslant 0.\end{cases}$$

采用单纯形法求解的步骤如下：

(1) 将线性规划问题标准化.

在约束条件中引入松弛变量 x_3,x_4,x_5，并代入目标函数和约束条件中，将目标函数两端同乘以“-1”，实现目标函数极小化. 令 $f'=-f$，把求 $\max f$ 变为求 $\min f'$，得到该线性规划问题的标准形式：

$$\min f'=-2x_1-3x_2,$$
$$\text{s. t.}\begin{cases}x_1+2x_2+x_3=8,\\4x_1+x_4=16,\\4x_2+x_5=12,\\x_1,x_2,x_3,x_4,x_5\geqslant 0.\end{cases}\tag{2.4}$$

(2) 确定初始基本可行解.

约束方程组的系数矩阵 $\boldsymbol{A}=\begin{bmatrix}1&2&1&0&0\\4&0&0&1&0\\0&4&0&0&1\end{bmatrix}=[\boldsymbol{P}_1\quad\boldsymbol{P}_2\quad\boldsymbol{P}_3\quad\boldsymbol{P}_4\quad\boldsymbol{P}_5]$.

选择 $\boldsymbol{B}=[\boldsymbol{P}_3\quad\boldsymbol{P}_4\quad\boldsymbol{P}_5]=\begin{bmatrix}1&0&0\\0&1&0\\0&0&1\end{bmatrix}$ 为初始基矩阵. 则 $\boldsymbol{P}_3,\boldsymbol{P}_4,\boldsymbol{P}_5$ 是基向量，与其对应的 x_3,x_4,x_5 为基变量，x_1 和 x_2 为非基变量. 令非基变量 $x_1=x_2=0$，代入约束方程得到初始基本可行解 $\boldsymbol{X}_0=(0,0,8,16,12)^{\mathrm{T}}$，此时的目标函数值 $f_0'=-2x_1-3x_2=0$，意味着工厂没有进行生产，利润为零，这正是生产计划的开始.

(3) 检验初始基本可行解 $\boldsymbol{X}_0=(0,0,8,16,12)^{\mathrm{T}}$ 是否为最优解.

在基本可行解中，基变量一般为正值，而非基变量总是为零. 因此，非基变量变为基变量，相当于把非基变量的值从零提高到某一正数，称为入基变量；基变量变为非基变量，相当于把基变量的值从某一正数减为零，称为出基变量. 单纯形法的实质是进行基变量和非基变量的代换过程，其关键问题是选择合适的入基变量和出基变量，使相应的目标函数值减小.

在进行单纯形法迭代时，每次只能代换一个变量. 一般选择目标函数中系数为负数且绝对值最大的非基变量作为入基变量. 本例中目标函数 $f_0'=-2x_1-$

$3x_2$ 的两个非基变量 x_1 和 x_2 的系数均为负数，且 x_2 对应系数的绝对值最大，因此选择 x_2 为入基变量. 同时，还要从原来的基变量中确定一个出基变量.

x_2 为入基变量，由于受到资源的限制，不能随意安排调整，把资源允许的最大调整量称为最大步长. 当 $x_1=0$ 时，要保证 $x_3,x_4,x_5\geqslant 0$，代入式(2.4)的约束方程得：

$$\begin{cases} x_3=8-2x_2\geqslant 0, \\ x_4=16, \\ x_5=12-4x_2\geqslant 0, \end{cases} \quad \text{即} \begin{cases} x_2\leqslant \dfrac{8}{2}=4, \\ x_2\leqslant \dfrac{12}{4}=3. \end{cases}$$

为了同时满足上述条件，x_2 的调整量只能为：$x_2=\min\{4,3\}=3$，即 $x_2=3$ 是调整的最大步长. 由于 x_2 的最大步长是由第 3 个约束方程求得的，因此 x_5 即为出基变量. 新的基变量为 x_2,x_3,x_4，新的非基变量为 x_1,x_5. 由式(2.4)的约束条件 3 可得：$x_2=3-\dfrac{1}{4}x_5$，分别代入式(2.4)的目标函数和其他约束条件，得：

$$\min f'=-2x_1+\frac{3}{4}x_5-9,$$

$$\text{s.t.}\begin{cases} x_1+x_3-\dfrac{1}{2}x_5=2, \\ 4x_1+x_4=16, \\ x_2+\dfrac{1}{4}x_5=3, \\ x_1,x_2,x_3,x_4,x_5\geqslant 0. \end{cases} \tag{2.5}$$

令非基变量 $x_1=x_5=0$，代入约束方程得到新的基本可行解 $\boldsymbol{X}_1=(0,3,2,16,0)^{\mathrm{T}}$，新的目标函数值 $f_1'=-2x_1+\dfrac{3}{4}x_5-9=-9$. 由于目标函数中非基变量 x_1 的系数仍然为负数，说明调整 x_1 将会使目标函数继续减小，所以新的基本可行解 $\boldsymbol{X}_1=(0,3,2,16,0)^{\mathrm{T}}$ 仍不是线性规划问题的最优解.

(4) 确定新的入基变量和出基变量，进行第二次迭代.

由于非基变量 x_5 在目标函数中的系数为正，只有非基变量 x_1 在目标函数中的系数为-2，调整 x_1 将使目标函数减小，因此 x_1 是新的入基变量，新的出基变量要通过计算最大步长来确定. 当 $x_5=0$ 时，要保证 $x_2,x_3,x_4\geqslant 0$，代入式(2.5)的约束方程得：

$$\begin{cases} x_3=2-x_1\geqslant 0, \\ x_4=16-4x_1\geqslant 0, \\ x_2=3, \end{cases} \text{即} \begin{cases} x_1\leqslant 2, \\ x_1\leqslant \dfrac{16}{4}=4. \end{cases}$$

为了同时满足上述条件，x_1 的调整量只能为：$x_1=\min\{2,4\}=2$，即 $x_1=2$ 是调整的最大步长. 由于 x_1 的最大步长是由第 1 个约束方程求得的，因此 x_3 即为出基变量. 新的基变量为 x_1,x_2,x_4，新的非基变量为 x_3,x_5. 由式(2.5)的约束条件 1 可得：$x_1=2-x_3+\frac{1}{2}x_5$，分别代入式(2.5)的目标函数和其他约束条件，得：

$$\min f'=2x_3-\frac{1}{4}x_5-13,$$

$$\text{s. t.}\begin{cases}x_1+x_3-\frac{1}{2}x_5=2,\\ -4x_3+x_4+2x_5=8,\\ x_2+\frac{1}{4}x_5=3,\\ x_1,x_2,x_3,x_4,x_5\geqslant 0.\end{cases}\tag{2.6}$$

令非基变量 $x_3=x_5=0$，代入约束方程得到新的基本可行解 $\boldsymbol{X}_2=(2,3,0,8,0)^{\mathrm{T}}$，新的目标函数值 $f_2'=2x_3-\frac{1}{4}x_5-13=-13$. 由于目标函数中非基变量 x_5 的系数仍然为负数，说明调整 x_5 将会使目标函数继续减小，所以新的基本可行解 $\boldsymbol{X}_2=(2,3,0,8,0)^{\mathrm{T}}$ 仍不是线性规划问题的最优解.

(5) 确定新的入基变量和出基变量，进行第三次迭代.

选取 x_5 为入基变量，x_4 为出基变量，则新的基变量为 x_1,x_2,x_5，新的非基变量为 x_3,x_4. 由式(2.6)的约束条件 2 可得：$x_5=4+2x_3-\frac{1}{2}x_4$，分别代入式(2.6)的目标函数和其他约束条件，得：

$$\min f'=\frac{3}{2}x_3+\frac{1}{8}x_4-14,$$

$$\text{s. t.}\begin{cases}x_1+\frac{1}{4}x_4=4,\\ -2x_3+\frac{1}{2}x_4+x_5=4,\\ x_2+\frac{1}{2}x_3-\frac{1}{8}x_4=2,\\ x_1,x_2,x_3,x_4,x_5\geqslant 0.\end{cases}\tag{2.7}$$

令非基变量 $x_3=x_4=0$，代入约束方程得到新的基本可行解 $\boldsymbol{X}_3=(4,2,0,0,4)^{\mathrm{T}}$，新的目标函数值 $f_3'=\frac{3}{2}x_3+\frac{1}{8}x_4-14=-14$. 此时，目标函数的表达式中非基

变量的系数全部为非负，因此 $\boldsymbol{X}_3$ 为最优解. 即：当工厂在计划期内生产甲产品 4 kg、乙产品 2 kg 时，可以获得最大利润 1400 元.

2.4.3　单纯形表

我们已经给出了采用单纯形法求解线性规划问题的基本原理和实现步骤. 单纯形法是从初始基本可行解出发，连续地寻找相邻的基本可行解，直到达到最优的迭代过程. 但在实际求解过程中，用上述方法比较麻烦，而且容易出错，因此经常采用单纯形表解法. 通过表格形式表示单纯形法的各个步骤，相当于将迭代过程进行标准化，所以单纯形表的应用更有效、更方便. 下面仍以例 2-2 为例，说明单纯形表的求解步骤与方法.

［例 2-10］　用单纯形表求解例 2-2.

$$\max f = 2x_1 + 3x_2,$$
$$\text{s.t.}\begin{cases} x_1 + 2x_2 \leqslant 8, \\ 4x_1 \leqslant 16, \\ 4x_2 \leqslant 12, \\ x_1, x_2 \geqslant 0. \end{cases}$$

解：采用单纯形表求解的步骤如下：

(1) 将线性规划问题标准化.

在约束条件中引入松弛变量 x_3, x_4, x_5，并代入目标函数和约束条件中，将目标函数两端同乘以“-1”，实现目标函数极小化. 令 $f' = -f$，把求 $\max f$ 变为求 $\min f'$，得到该线性规划问题的标准形式：

$$\min f' = -2x_1 - 3x_2,$$
$$\text{s.t.}\begin{cases} x_1 + 2x_2 + x_3 = 8, \\ 4x_1 + x_4 = 16, \\ 4x_2 + x_5 = 12, \\ x_1, x_2, x_3, x_4, x_5 \geqslant 0. \end{cases}$$

(2) 检查目标函数中是否含有基变量，如果有，则用非基变量加以代换. 本例中目标函数不含基变量，因此不需代换.

(3) 构造初始单纯形表，确定初始基本可行解.

初始单纯形表是将线性规划模型中的变量和相关的系数规则排列而成的表格，它和线性规划模型具有一一对应的关系. 本例的初始单纯形表见表 2.5.

表 2.5　初始单纯形表

基变量 \ 变量	x_1	x_2	x_3	x_4	x_5	b_i
x_3	1	2	1	0	0	8
x_4	4	0	0	1	0	16
x_5	0	[4]	0	0	1	12
$f=-f'$	-2	-3	0	0	0	0

注：[4]为主元.以下同.

初始单纯形表的最上行存放全体变量，最左列存放基变量，最右列存放约束方程的右边项，中间存放约束方程组中对应向量的系数，最末行存放目标函数中变量的系数，右下角存放目标函数中的常数项.其中，将目标函数写成类似于约束方程的形式，即$-f'-2x_1-3x_2=0$，然后填写表 2.5 的最末行(以下同).除最上行和最左列外，单纯形表的其他部分组成数据区，各元素所在的行和列以及初等变换均是相对于数据区而言的.

在单纯形表中，目标函数 f' 所在的最末行称为检验数行，记为 $\sigma_j, j=1,2,\cdots,n$.由于目标函数中不含基变量，即目标函数中对应基变量的系数为零，所以基变量对应的检验数为零.如表 2.5 中基变量 x_3, x_4, x_5 对应的检验数为零.

根据初始单纯形表的最后一列，可直接写出初始基本可行解 $\boldsymbol{X}_0=(0,0,8,16,12)^{\mathrm{T}}$，目标函数 $f_0'=0$.然后判断初始基本可行解是否为最优解.

最优判断准则为：当所有检验数全部为非负(即 $\sigma_j \geqslant 0, j=1,2,\cdots,n$)时，对应的基本可行解为最优解.

表 2.5 的检验数行有负值，所以初始基本可行解 $\boldsymbol{X}_0=(0,0,8,16,12)^{\mathrm{T}}$ 不是最优解.

(4) 确定主元.

在所有检验数中，最小检验数所在的列称为主元列，用主元列中的正数分别去除对应的常数项，比值最小者所在的行称为主元行，主元列与主元行的交叉元素称为主元(主元用括号“[ ]”做标记)，这种确定主元的原则称为最小比值原则.主元所对应的非基变量即为入基变量，主元所对应的基变量即为出基变量.

本例中，$\min(\sigma_j)=\min\{-2,-3\}=-3$，最小检验数$-3$所在的第二列为主元列，主元列所对应的非基变量 x_2 就是入基变量.由于 $\min\left\{\frac{8}{2},-,\frac{12}{4}\right\}=3$，其中“$-$”表示除法溢出(以下同)，因此最小比率 3 所在的第三行为主元行，主元行所对应的基变量 x_5 就是出基变量.表 2.5 中第三行第二列的元素“[4]”为主元.

(5) 第一次迭代.

单纯形迭代的实质是对单纯形表作初等行变换.进行初等变换的原则为：主元行的所有元素除以主元，化主元为“1”，然后对其他行(包括目标函数行)施行行变换，化主元列其他元素为"0"．对初始单纯形表的初等变换为：

① 将表2.5的第三行除以"4"，得到如表2.6所示的第三行.

② 将表2.6的第三行乘以"-2"，加到表2.5的第一行，得到表2.6的第一行.

③ 表2.5中，与主元"4"同列的第二行元素本身为"0"，因此表2.6的第二行直接照抄表2.5的第二行.

表2.6　第一次迭代结果

基变量＼变量	x_1	x_2	x_3	x_4	x_5	b_i
x_3	[1]	0	1	0	$-1/2$	2
x_4	4	0	0	1	0	16
x_2	0	1	0	0	1/4	3
$f=-f'$	-2	0	0	0	3/4	9

根据表2.6的最后一列，得到新的基本可行解 $\boldsymbol{X}_1=(0,3,2,16,0)^{\mathrm{T}}$，目标函数 $f_1'=-9$. 因检验数不全非负，基本可行解 $\boldsymbol{X}_1=(0,3,2,16,0)^{\mathrm{T}}$ 仍不是最优解，故需继续迭代.

（6）第二次迭代.

$\sigma_1=-2<0$，第一列为主元列. 根据最小比值原则，$\min\left\{\frac{2}{1},\frac{16}{4},-\right\}=2$，则第一行为主元行. 表2.6中第一行第一列的元素"[1]"为主元. x_1 为入基变量，x_3 为出基变量. 由初等变换得到新的单纯形表(如表2.7所示).

表2.7　第二次迭代结果

基变量＼变量	x_1	x_2	x_3	x_4	x_5	b_i
x_1	1	0	1	0	$-1/2$	2
x_4	0	0	-4	1	[2]	8
x_2	0	1	0	0	1/4	3
$f=-f'$	0	0	2	0	$-1/4$	13

根据表2.7的最后一列，得到新的基本可行解 $\boldsymbol{X}_2=(2,3,0,8,0)^{\mathrm{T}}$，目标函数 $f_2'=-13$. 因检验数不全非负，基本可行解 $\boldsymbol{X}_2=(2,3,0,8,0)^{\mathrm{T}}$ 仍不是最优解，故需继续迭代.

（7）第三次迭代.

$\sigma_5=-1/4<0$，第五列为主元列. 根据最小比值原则，第二行为主元行. 表2.7中第二行第五列的元素"[2]"为主元. x_5 为入基变量，x_4 为出基变量. 由初

等变换得到新的单纯形表(如表 2.8 所示).

表 2.8　第三次迭代结果

基变量 \ 变量	x_1	x_2	x_3	x_4	x_5	b_i
x_1	1	0	0	1/4	0	4
x_5	0	0	−2	1/2	1	4
x_2	0	1	1/2	−1/8	0	2
$f=-f'$	0	0	3/2	1/8	0	14

表 2.8 中所有变量的检验数均为非负,得到线性规划问题的最优解为 $\boldsymbol{X}_3=(4,2,0,0,4)^{\mathrm{T}}$,$f_3'=-14$ 是线性规划的最优值.此时,原线性规划问题的目标函数为 $f=-f_3'=14$,表明该厂在计划期内的最优生产计划方案是:生产甲产品 4 kg,乙产品 2 kg,可得最大利润 1400 元.

综上所述,单纯形表求解线性规划问题的一般步骤可概括为:

(1) 将线性规划问题标准化.

(2) 检查目标函数中是否含有基变量,如果有,则用非基变量加以代换.

(3) 构造初始单纯形表,确定初始基本可行解.

(4) 根据各变量的检验数,判断基本可行解是否为最优解.如果所有的检验数均为非负,那么现行的基本可行解为最优解;否则,应选择新的基本可行解.

(5) 根据最小比值原则,确定主元,主元所对应的非基变量即为入基变量,主元所对应的基变量即为出基变量.

(6) 对单纯形表作初等行变换,迭代得到新的单纯形表,并获得新的基本可行解.

(7) 将新的基本可行解作为新的起点,重复步骤(2),直至求得最优解.

其中,(2)到(7)称为单纯形表的迭代,每次迭代都给出了新的单纯形表和新的基本可行解.单纯形表的效率取决于在达到最优解之前所经历的迭代次数,因此迭代次数在单纯形表的计算中是一个关键因素.

[例 2-11]　用单纯形表求解例 2-5.

解: 原线性规划问题的模型为:

$$\max f=3x_1+2x_2,$$
$$\text{s.t.}\begin{cases}2x_1+3x_2\leqslant 10,\\ 2x_1+x_2\leqslant 6,\\ x_1,x_2\geqslant 0.\end{cases}$$

采用单纯形法求解的步骤如下:

(1) 将线性规划问题标准化.

在约束条件中引入松弛变量 x_3,x_4，并代入目标函数和约束条件中，将目标函数两端同乘以"-1"，实现目标函数极小化．令 $f'=-f$，把求 $\max f$ 变为求 $\min f'$，得到该线性规划问题的标准形式：

$$\min f'=-3x_1-2x_2,$$

$$\text{s.t.}\begin{cases}2x_1+3x_2+x_3=10,\\2x_1+x_2+x_4=6,\\x_1,x_2,x_3,x_4\geqslant 0.\end{cases}$$

(2) 检查目标函数中是否含有基变量，如果有，则用非基变量加以代换．本例中目标函数不含基变量，因此不需代换．

(3) 构造初始单纯形表，确定初始基本可行解．

初始单纯形表是将线性规划模型中的变量和相关的系数规则排列而成的表格，它和线性规划模型具有一一对应的关系．本例的初始单纯形表见表 2.9．

表 2.9　初始单纯形表

基变量＼变量	x_1	x_2	x_3	x_4	b_i
x_3	2	3	1	0	10
x_4	[2]	1	0	1	6
$f=-f'$	-3	-2	0	0	0

根据初始单纯形表的最后一列，直接写出初始基本可行解 $\boldsymbol{X}_0=(0,0,10,6)^{\mathrm{T}}$，目标函数 $f_0'=0$．然后判断初始基本可行解是否为最优解．表 2.9 的检验数行有负值，所以初始基本可行解 $\boldsymbol{X}_0$ 不是最优解．

(4) 确定主元，并进行第一次迭代．

$\min(\sigma_j)=\min\{-2,-3\}=-3$，最小检验数 -3 所在的第一列为主元列，主元列所对应的非基变量 x_1 就是入基变量．由于 $\min\left\{\dfrac{10}{2},\dfrac{6}{2}\right\}=3$，最小比率 3 所在的第二行为主元行，主元行所对应的基变量 x_4 为出基变量．表 2.9 中第二行第一列的元素"[2]"为主元．由初等变换得到新的单纯形表(如表 2.10 所示)．

表 2.10　第一次迭代结果

基变量＼变量	x_1	x_2	x_3	x_4	b_i
x_3	0	[2]	1	-1	4
x_1	1	0.5	0	0.5	3
$f=-f'$	0	-0.5	0	1.5	9

根据表 2.10 的最后一列，得到新的基本可行解 $\boldsymbol{X}_1=(3,0,4,0)^{\mathrm{T}}$，目标函数 $f_1'=-9$. 因检验数不全非负，基本可行解 $\boldsymbol{X}_1$ 仍不是最优解，故需继续迭代.

(5) 第二次迭代.

$\sigma_2=-0.5<0$，第二列为主元列. 根据最小比值原则，$\min\left\{\frac{4}{2},\frac{3}{0.5}\right\}=2$，则第一行为主元行. 表 2.10 中第一行第二列的元素"[2]"为主元. x_2 为入基变量，x_3 为出基变量. 由初等变换得到新的单纯形表(如表 2.11 所示).

表 2.11　第二次迭代结果

基变量 \ 变量	x_1	x_2	x_3	x_4	b_i
x_2	0	1	0.5	−0.5	2
x_1	1	0	−0.25	0.75	2
$f=-f'$	0	0	0.25	1.25	10

根据表 2.11 的最后一列，得到新的基本可行解 $\boldsymbol{X}_2=(2,2,0,0)^{\mathrm{T}}$，目标函数 $f_2'=-10$. 由于所有变量的检验数均为非负，得到线性规划问题的最优解为 $\boldsymbol{X}_2=(2,2,0,0)^{\mathrm{T}}$，$f_2'=-10$ 是线性规划的最优值. 此时，原线性规划问题的目标函数为 $f=-f_2'=10$，即：在规定的 6 天内，甲、乙两校各安排 2 个展厅，才能使使用的班数达到最多——10 个班.

[例 2-12]　用单纯形表求解下述线性规划问题(无穷最优解).

$$\min f=-3x_1-6x_2,$$
$$\text{s.t.}\begin{cases}x_1+2x_2+x_3=8,\\4x_1+x_4=16,\\4x_2+x_5=12,\\x_1,x_2,x_3,x_4,x_5\geqslant 0.\end{cases}$$

解：采用单纯形表求解的步骤如下：

(1) 构造初始单纯形表，确定初始基本可行解.

表 2.12　初始单纯形表

基变量 \ 变量	x_1	x_2	x_3	x_4	x_5	b_i
x_3	1	2	1	0	0	8
x_4	4	0	0	1	0	16
x_5	0	[4]	0	0	1	12
$-f$	−3	−6	0	0	0	0

根据初始单纯形表的最后一列，可直接写出初始基本可行解 $\boldsymbol{X}_0=(0,0,8,16,12)^{\mathrm{T}}$，目标函数 $f_0=0$. 由于表 2.12 的检验数行有负值，所以初始基本可行解 $\boldsymbol{X}_0$ 不是最优解.

(2) 确定主元，并进行第一次迭代.

$\min(\sigma_j)=\min\{-3,-6\}=-6$，最小检验数 -6 所在的第二列为主元列，主元列所对应的非基变量 x_2 就是入基变量. 由于 $\min\left\{\frac{8}{2},-,\frac{12}{4}\right\}=3$，最小比率 3 所在的第三行为主元行，主元行所对应的基变量 x_5 就是出基变量. 表 2.12 中第三行第二列的元素“[4]”为主元. 由初等变换得到新的单纯形表(如表 2.13 所示).

表 2.13　第一次迭代结果

基变量＼变量	x_1	x_2	x_3	x_4	x_5	b_i
x_3	[1]	0	1	0	$-1/2$	2
x_4	4	0	0	1	0	16
x_2	0	1	0	0	1/4	3
$-f$	-3	0	0	0	3/2	18

根据表 2.13 的最后一列，得到新的基本可行解 $\boldsymbol{X}_1=(0,3,2,16,0)^{\mathrm{T}}$，目标函数 $f_1=-18$. 因检验数不全非负，基本可行解 $\boldsymbol{X}_1$ 仍不是最优解，故需继续迭代.

(3) 第二次迭代.

$\sigma_1=-3<0$，第一列为主元列. 根据最小比值原则，$\min\left\{\frac{2}{1},\frac{16}{4},-\right\}=2$，则第一行为主元行. 表 2.13 中第一行第一列的元素“[1]”为主元. x_1 为入基变量，x_3 为出基变量. 由初等变换得到新的单纯形表(如表 2.14 所示).

表 2.14　第二次迭代结果

基变量＼变量	x_1	x_2	x_3	x_4	x_5	b_i
x_1	1	0	1	0	$-1/2$	2
x_4	0	0	-4	1	2	8
x_2	0	1	0	0	1/4	3
$-f$	0	0	3	0	0	24

根据表 2.14 的最后一列，得到新的基本可行解 $\boldsymbol{X}_2=(2,3,0,8,0)^{\mathrm{T}}$，目标函数 $f_2=-24$. 此时，检验数全为非负($\sigma_j\geqslant 0, j=1,2,\cdots,5$)，基本可行解 $\boldsymbol{X}_2$ 是最优解. 又由于非基变量 x_5 的检验数 $\sigma_5=0$，所以该最优解只是无穷最优解中的

一个.

［例 2-13］ 用单纯形表求解下述线性规划问题(无界解).

$$\min f=-2x_1-3x_2-4x_3,$$

$$\text{s.t.}\begin{cases}x_1+2x_2-2x_3+x_4=8,\\x_1-3x_2-6x_3+x_5=1,\\x_1,x_2,x_3,x_4,x_5\geqslant 0.\end{cases}$$

解: 构造初始单纯形表,如表 2.15 所示.

表 2.15 初始单纯形表

基变量 \ 变量	x_1	x_2	x_3	x_4	x_5	b_i
x_4	1	2	−2	1	0	8
x_5	1	−3	−6	0	1	1
$-f$	−2	−3	−4	0	0	0

由于表 2.15 的检验数行有负值,所以初始基本可行解不是最优解.此时,最小检验数为 $\min(\sigma_j)=\sigma_3$,因此 x_3 为入基变量.但在确定出基变量时,最小比值原则失效,入基变量 x_3 所对应的列向量 $\boldsymbol{p}_3=(-2,-6)^{\mathrm{T}}$ 没有正的分量,因此该线性规划问题有无界解.

2.5 教育装备运输问题

运输问题(Transportation problem)即物资调运问题,是物资管理、装备管理中经常遇到的问题.例如:投影仪、计算机、电教器材、实验装置、教学软件等教育装备,在全国有多个生产基地,如何根据现有交通条件,制订调用装备的运输方案,将装备运送到各个教育机构,使总的运输代价(运费或吨千米数)最小,这类问题统称为运输问题.从广义上讲,运输问题是具有一定模型特征的线性规划问题.前面介绍的求解线性规划问题的方法(如单纯形法),对它也是适用的.但是,由于运输问题约束方程的系数矩阵具有特殊的结构和性质,因此可以采用比单纯形法更有效的方法——表上作业法来求解,这正是单独研究运输问题的目的所在.

2.5.1 运输问题的数学模型

运输问题的应用非常广泛,下面通过两个例子来说明运输问题数学模型的特殊结构,进而总结其模型特征.

［例 2-14］ 设有甲、乙、丙三个投影仪生产商,可分别供应投影仪 10 万,

8万和5万台,现要把这些投影仪分别送往 A,B,C,D 四个地区,其需要量分别为5万,7万,8万和3万台,生产地到需求地的运价(百元/万台)如表2.16所示.请确定一个运输方案,使各地都能得到预定数量的投影仪,各生产商都能发完存货,而且总的运输费用最低?

表 2.16　运价表

需求地 生产地	A	B	C	D	供应量/万台
甲	3	2	6	3	10
乙	5	3	8	2	8
丙	4	1	2	9	5
需求量/万台	5	7	8	3	23

解: 令总运费为 f,x_{ij} 为 i 产地到 j 地区的货物量,其中 $i=1,2,3$ 分别代表甲、乙、丙投影仪生产商所在地,$j=1,2,3,4$ 分别代表 A,B,C,D 四个需求地.

(1) 目标是使总的运输费用最低,因而可得目标函数为:

$$\begin{aligned}\min f=&3x_{11}+2x_{12}+6x_{13}+3x_{14}+5x_{21}+3x_{22}\\&+8x_{23}+2x_{24}+4x_{31}+x_{32}+2x_{33}+9x_{34}.\end{aligned}$$

(2) 各需求地的需求量与产品供给量的平衡方程.

由于题目要求各需求地都能得到货物需要量,各地需求量满足的约束条件为:

$$\begin{cases}x_{11}+x_{21}+x_{31}=5,\\x_{12}+x_{22}+x_{32}=7,\\x_{13}+x_{23}+x_{33}=8,\\x_{14}+x_{24}+x_{34}=3,\\x_{ij}\geqslant 0,\quad i=1,2,3;j=1,2,3,4.\end{cases}$$

(3) 各生产商的供给量与运出量的平衡方程.

同样,题目还要求各个仓库都能发完存货,根据表2.16可得,各仓库发货量需满足的约束条件为:

$$\begin{cases}x_{11}+x_{12}+x_{13}+x_{14}=10,\\x_{21}+x_{22}+x_{23}+x_{24}=8,\\x_{31}+x_{32}+x_{33}+x_{34}=5,\\x_{ij}\geqslant 0,\quad i=1,2,3;j=1,2,3,4.\end{cases}$$

因此,该运输问题的数学模型为:

$$\begin{aligned}\min f=&3x_{11}+2x_{12}+6x_{13}+3x_{14}+5x_{21}+3x_{22}\\&+8x_{23}+2x_{24}+4x_{31}+x_{32}+2x_{33}+9x_{34},\end{aligned}$$

$$\text{s.t.}\begin{cases}x_{11}+x_{21}+x_{31}=5,\\x_{12}+x_{22}+x_{32}=7,\\x_{13}+x_{23}+x_{33}=8,\\x_{14}+x_{24}+x_{34}=3,\\x_{11}+x_{12}+x_{13}+x_{14}=10,\\x_{21}+x_{22}+x_{23}+x_{24}=8,\\x_{31}+x_{32}+x_{33}+x_{34}=5,\\x_{ij}\geqslant 0,\quad i=1,2,3;j=1,2,3,4.\end{cases}$$

[例 2-15] 有三台机床加工三种零件,计划第 i 台的生产任务为 $a_i(i=1,2,3)$ 个零件,第 j 种零件的需求量为 $b_j(j=1,2,3)$,第 i 台机床加工第 j 种零件需要的时间为 c_{ij},如表 2.17 所示.如何安排生产任务使总的加工时间最少?

表 2.17 机床加工零件的时间表

零件 / 机床	B_1	B_2	B_3	生产任务 a_i
A_1	5	2	3	50
A_2	6	4	1	60
A_3	7	3	4	40
需求量 b_j	70	30	50	150

解: 设 x_{ij} 为第 A_i 台机床加工第 B_j 种零件的数量,此问题的数学模型为:

$$\min f=5x_{11}+2x_{12}+3x_{13}+6x_{21}+4x_{22}+x_{23}+7x_{31}+3x_{32}+4x_{33},$$

$$\text{s.t.}\begin{cases}x_{11}+x_{21}+x_{31}=70,\\x_{12}+x_{22}+x_{32}=30,\\x_{13}+x_{23}+x_{33}=50,\\x_{11}+x_{12}+x_{13}=50,\\x_{21}+x_{22}+x_{23}=60,\\x_{31}+x_{32}+x_{33}=40,\\x_{ij}\geqslant 0,\quad i=1,2,3;j=1,2,3.\end{cases}$$

从上例可以看出,有些问题表面上与运输问题没有多大关系,但其模型的数学结构与例 2-14 运输问题的模型形式相同,因此把这类模型统称为运输模型.

一般,假设某种物资有 m 个产地和 n 个销地,产地 A_i 的产量为 a_i,$i=1,2,\cdots,m$,销地 B_j 的销量为 b_j,$j=1,2,\cdots,n$.其中,$\sum_{i=1}^{m}a_i=\sum_{j=1}^{n}b_j$ 时称为产销平衡的运输问题,$\sum_{i=1}^{m}a_i\neq\sum_{j=1}^{n}b_j$ 时称为产销不平衡的运输问题.从第 i 个产地 A_i

到第 j 个销地 B_j 运输每单位物资的运价(单价)为 c_{ij}，由产地 A_i 向销地 B_j 运输物资的数量(即运量)为 x_{ij}，$i=1,2,\cdots,m$；$j=1,2,\cdots,n$. 根据这些数据，建立产销平衡表(如表 2.18 所示)和运价表(如表 2.19 所示).

表 2.18　产销平衡表

销地 产地	B_1	B_2	…	B_n	产量
A_1					a_1
A_2					a_2
⋮					⋮
A_m					a_m
销量	b_1	b_2	…	b_n	

表 2.19　运价表

销地 产地	B_1	B_2	…	B_n
A_1	c_{11}	c_{12}	…	c_{1n}
A_2	c_{21}	c_{22}	…	c_{2n}
⋮		⋮		
A_m	c_{m1}	$_{m2}$	…	c_{mn}

产销平衡表和运价表可以合并为运输表(如表 2.20 所示).

表 2.20　运输表

销地 产地	B_1	B_2	…	B_n	产量
A_1	c_{11} x_{11}	c_{12} x_{12}	…	c_{1n} x_{1n}	a_1
A_2	c_{21} x_{21}	c_{22} x_{22}	…	c_{2n} x_{2n}	a_2
⋮	⋮	⋮	⋮	⋮	⋮
A_m	c_{m1} x_{m1}	c_{12} x_{m2}	…	c_{1n} x_{mn}	a_m
销量	b_1	b_2	…	b_n	

在产销平衡的条件下，要求得总运费最小的调运方案，可求解以下数学模型：

$$\min z=\sum_{i=1}^{m}\sum_{j=1}^{n}c_{ij}x_{ij},$$

$$\text{s. t.}\begin{cases}\sum\limits_{i=1}^{m}x_{ij}=b_j,\ j=1,2,\cdots,n,\\ \sum\limits_{j=1}^{n}x_{ij}=a_i,\ i=1,2,\cdots,m,\\ x_{ij}\geqslant 0,\ i=1,2,\cdots,m;j=1,2,\cdots,n.\end{cases}\tag{2.8}$$

这就是运输问题的数学模型. 显然，运输问题是特殊的线性规划问题，为寻求简便的解法，有必要研究其数学模型的特征.

特征 1：约束方程组系数矩阵具有稀疏结构. 式(2.8)的约束方程组的系数矩阵 **A** 如下：

$$\begin{array}{c} x_{11}\,x_{12}\cdots x_{1n}\,x_{21}\,x_{22}\cdots x_{2n}\cdots x_{m1}\,x_{m2}\cdots x_{mn} \end{array}$$

$$\mathbf{A}=\left[\begin{array}{cccccccccccc}
1 & 1 & \cdots & 1 & & & & & & & & \\
 & & & & 1 & 1 & \cdots & 1 & & & & \\
 & & & & & & & & \ddots & & & \\
 & & & & & & & & & 1 & 1 \cdots & 1 \\
1 & & & & 1 & & & & 1 & & & \\
 & 1 & & & & 1 & & & & 1 & & \\
 & & \ddots & & & & \ddots & & & & \ddots & \\
 & & & 1 & & & & 1 & & & & 1
\end{array}\right]\begin{array}{l}\left.\begin{array}{c}\\ \\ \\ \\ \end{array}\right\}m\text{ 行}\\ \left.\begin{array}{c}\\ \\ \\ \\ \end{array}\right\}n\text{ 行}\end{array}$$

其中，**A** 是一个有 $m+n$ 行，$m\times n$ 列的稀疏矩阵(绝大部分元素为 0)，每列仅有两个元素为 1(即：x_{ij} 对应的列中，第 i 和第 $m+j$ 个元素为 1)，其余全为 0.

特征 2：基变量的个数为 $m+n-1$ 个. 当 $m,n\geqslant 2$ 时，有 $mn\geqslant m+n$，即矩阵 **A** 的行数小于等于列数，因此矩阵 **A** 的秩 $R(\mathbf{A})\leqslant m+n$. 显然，矩阵 **A** 的前 m 行之和等于后 n 行之和，则 $R(\mathbf{A})\leqslant m+n-1$. 又由于从 **A** 中可以找出一个 $m+n-1$ 阶的非奇异子矩阵，表明 $R(\mathbf{A})=m+n-1$，因此运输问题的基本可行解的基变量个数为 $m+n-1$.

2.5.2 运输问题的求解算法——表上作业法

表上作业法是单纯形法在求解运输问题时的一种简化方法，其实质是单纯形法，只不过它的计算过程不是在单纯形表上迭代，而是在产销平衡表和运价表上进行(或在运输表上进行)，因此这种方法被形象地称为表上作业法(也称为运输单纯形法).

表上作业法求解运输问题的基本条件是：问题的目标函数为求最小值、产销平衡和运价非负. 采用表上作业法求解运输问题的流程图如图 2.10 所示，其关键步骤如下：

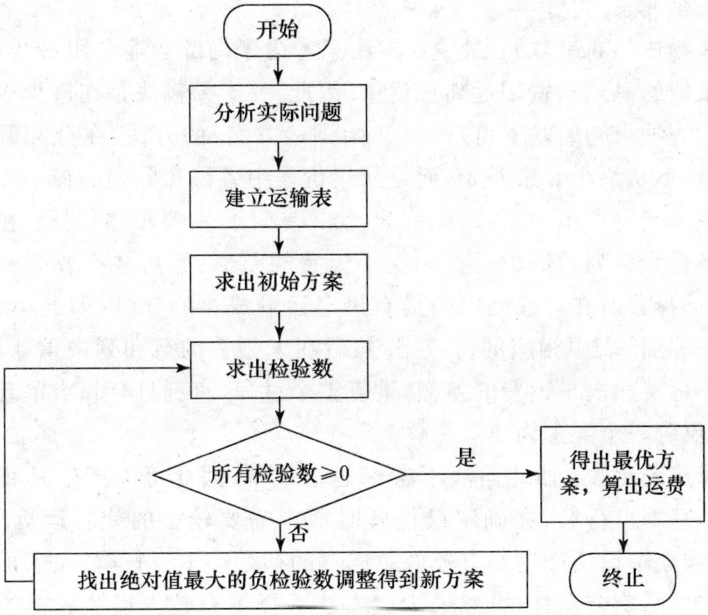

图 2.10　表上作业法求解运输问题的流程图

(1) 针对具体的运输问题，建立运输表.

(2) 确定初始基本可行解(初始调运方案). 产销平衡运输问题总是存在可行解. 常用的方法有西北角法(也称左上角法)、最少成本法(也称最小元素法)和元素差额法(Vogel 法).

西北角法(左上角法)：其基本思想是优先满足运输表中西北角(左上角)上空格的供销要求. 从运输表左上角的变量 x_{11} 处开始分配运量，并使 x_{11} 取尽可能大的值. x_{11} 不能大于 a_1 和 b_1 中的较小者. 如果 $x_{11}=a_1$ 则划去运输表的第一行，表示不再有基变量来自第一行，然后将 b_1 改为 b_1-a_1. 如果 $x_{11}=b_1$，则划去运输表的第一列，表示不再有基变量来自第一列，然后把 a_1 改为 a_1-b_1. 如果 $x_{11}=a_1=b_1$ 则划去第一行或第一列，若划去第一行，则把 b_1 改为 0；若划去了第一列，则把 a_1 改成 0.

最少成本法(最小元素法)：其基本思想是就近供应，即从单位运价表中的最小运价开始确定供销关系，然后次小，直至找出基本可行解为止. 具体说来，最少成本法是在单位运价表中逐次地挑选最小元素，并比较产量和销量. 当产大于销时,划去该元素所在的列;当产小于销时,划去该元素所在的行.并用划去的行或列的供应量或需求量减去 x_{ij} 的值.然后在未划去的元素中寻找具有最少运输成本的元素,再确定供求关系,重复这个过程,直到只有一个单元格可以选择,即表中仅剩一个元素为止.

元素差额法(Vogel 法): 最少成本法只考虑了局部运输费用最小,可能导致整个产销系统的总运输费用远离最优值.因此,元素差额法是在最少成本法的基础上改进的一种求初始基本可行解(初始调运方案)的方法,在分配调运量确定产销关系时,不从最小元素开始,而是从运价表中各行和各列的最小元素和次小元素的差额来确定产销关系,因此称为元素差额法.主要步骤包括:在运价表中分别计算各行和各列的最小运费和次小运费的差额,然后从行或列的差额中找出最大者,选择它所在行或列中的具有最小运输成本的变量(即最小元素)进行分配,并划去运价表中相应的行或列.然后在未划去的行和列中重新计算各行、各列的最小运费和次小运费的差额,重复整个过程,直到只有一个单元格可以选择,即表中仅剩一个元素为止.

三种算法的比较: 西北角法不考虑运输成本,因此可能产生具有很高运输成本的初始基本可行解,在确定最优解时通常需要较多的旋转运算.最少成本法,使用运输成本设法产生具有较低总成本的初始基本可行解,在求最优解时往往只需要较少的旋转运算.虽然最少成本法选择具有较少运输成本的变量作为基变量,但有时由于选择第一个基变量后会被迫选择较高成本的单元为基变量,因此有可能产生一个高成本的初始基本可行解.元素差额法则可以避免高成本运输,原因在于高成本运输产生的高差额促使元素差额法选择其他变量满足约束条件.

综上所述,上述三种算法中,西北角法最省事,元素差额法最可靠.

(3) 求各非基变量的检验数并判断是否得到最优解.其中,每个空格的检验数代表该空格变成基变量时可能引起的单位运费的变化.假设目标函数为求最小值,当各非基变量的检验数 $\lambda_{ij} \geqslant 0$ 时得到最优解,若存在检验数 $\lambda_{ij} < 0$,说明还没有达到最优,转到第(4)步.常用的求检验数的方法有闭回路法和位势法.

闭回路法: 以运输问题的基本可行解为基础,从某个未分配运量的非基变量出发,做一个闭回路,构造闭回路的条件如下:

① 必须从非基变量出发,并且回到原非基变量为止.

② 必须由连续的水平或垂直线段连接而成,但线段的转折方向(上、下、左、右)不受限制.

③ 线段的转折点必须是基变量,线段可以穿越某些基变量或其他非基变量所在的格.

闭回路中,除起点和终点是同一空格外,其余顶点均为有数字格的曲折闭合多边形.在理论上可以证明：从每一个空格出发,一定存在并可以找到唯一的闭回路,即可行调运方案只能划出唯一闭回路.

一般,以某空格 x_{ij} 作为第一个顶点,经过该空格的闭回路中,第奇数次顶点运价的总和与第偶数次顶点运价的总和之差称为对应于该空格的检验数.闭回路法计算检验数的经济学解释为：沿空格的闭回路增加一个单位运输量,由此带来的费用的代数和就是该空格的检验数.

当求出所有空格的检验数后,填入检验数表,然后判断方案是否为最优.判断原则如下：当所有检验数均不为负时,表明方案为最优;如果存在负的检验数,则总运输费用有继续减少的可能,说明方案不是最优,需要加以调整.

位势法：用闭回路法求检验数时,需要找出所有空格的闭回路并计算检验数.当产销点很多时,计算很繁琐.因此引入了一种较为简便的方法——位势法.

运输问题模型式(2.8)是对偶模型,由于其有 $m+n$ 个约束,因此存在 $m+n$ 个对偶变量,设为 $u_i(i=1, 2,\cdots, m)$ 和 $v_j(j=1, 2,\cdots, n)$,其对偶问题为：

$$\max z'=\sum_{i=1}^{m}a_iu_i+\sum_{j=1}^{n}b_jv_j,$$

$$\text{s.t.}\begin{cases}u_i+v_j\leqslant c_{ij},\\ u_i,v_j\text{无符号限制},\\ i=1,2,\cdots,m;j=1,2,\cdots,n.\end{cases}\tag{2.9}$$

我们称 u_i 和 v_j 分别为第 i 行和第 j 列的位势.位势法的基本步骤如下：

① 确定运输问题的初始基本可行解(初始调运方案)后,在对应初始调运方案的数字格内填入单位运价.

② 在表中增加一行一列,在列中填入 $u_i(i=1,2,\cdots,m)$,在行中填入 $v_j(j=1,2,\cdots,n)$.先令 $u_i=0$,根据 $u_i+v_j=c_{ij}$,确定 u_i 和 v_j.

③ 由于非基变量的检验数 $\sigma_{ij}=c_{ij}-(u_i+v_j)$,计算所有空格检验数.当存在负的检验数时,说明尚未得到最优解,需要加以改进.这些计算可直接在表格中完成.

(4) 调整运量,即换基,选择换入变量和换出变量,对原运量进行调整得到新的基本可行解.

选取空格检验数中最小负数所在的空格为调入格,即以它所对应的非基变量作为换入变量.以换入变量对应的空格为出发点做一个闭回路,取标负号且运输量最小的数字格所对应的基变量为换出变量.根据换出变量所在数字格的运输量确定调整运输量 θ,在闭回路的各奇数顶点中基变量的值增加 θ,各偶数顶点中基变量的值减少 θ,闭回路以外的各基变量和非基变量的值不变,从而调整得到一个新的基本可行解(即新的调运方案).

(5) 重复步骤(3)和步骤(4),直至所有检验数均为非负为止,此时便可得到最优调运方案.

2.5.3 产销平衡的运输问题

[例 2-16] 装备维修运输问题(产销平衡).

某城区有四所大学,学校每月需要维修的故障设备数量分别为 5 台,2 台,4 台,6 台.维修这种故障设备的维修站有三家,每月可接收故障设备台数分别为 4 台,9 台,4 台,学校与维修站的距离关系(或理解为单位运价)如表 2.21 所示(单位: km).寻求每月总运费最少的运输方案.

表 2.21 学校与维修站的距离(单位运价表)

学校 维修站	B_1	B_2	B_3	B_4
A_1	10	6	7	12
A_2	16	10	5	9
A_3	5	4	10	10

解:采用表上作业法的求解步骤如下:

(1) 建立该运输问题的单位运价表(如表 2.21 所示)和产销平衡表(如表 2.22 所示).

表 2.22 产销平衡表

学校 维修站	B_1	B_2	B_3	B_4	可接收设备数
A_1					4
A_2					9
A_3					4
故障设备数	5	2	4	6	17

(2) 确定初始基本可行解.运输问题是一种特殊的线性规划问题,但与一般线性规划问题不同的是产销平衡的运输问题总是存在可行解和最优解.下面采用元素差额法确定本例的初始基本可行解.

在单位运价表中,分别计算各行和各列的最小运费和次最小运费的差额,并填入最右列和最下行,见表 2.23.

表 2.23　最小运费与次最小运费差额表

维修站＼学校	B_1	B_2	B_3	B_4	行差额
A_1	10	6	7	12	1
A_2	16	10	5	9	4
A_3	5	4	10	10	1
列差额	5	2	2	1	

差额最大的是第一列，差额为 5. 该列中最小元素为 $x_{31}=5$，由此可见维修站 A_3 首先接收学校 B_1 的故障设备. 维修站 A_3 可接收 B_1 的 4 台故障设备. 同时，在运价表中划去维修站 A_3 所在行.

然后，对运价表中未划去的元素再分别计算各行和各列的最小运费和次最小运费的差额，并填入最右列和最下行，重复上述步骤，直到给出初始解为止. 采用元素差额法得到的初始解列于表 2.24 中.

表 2.24　初始解

维修站＼学校	B_1	B_2	B_3	B_4	可接收设备数
A_1	1	2	1		4
A_2			3	6	9
A_3	4				4
故障设备数	5	2	4	6	17

(3) 最优解的判别. 求出基本可行解之后的关键问题是判别这个可行解是否为最优解. 下面采用位势法求检验数并判断是否为最优解.

首先，在初始解表 2.24 的基础上，得到与之对应的单位运价表，并增加一行一列，在列中填入 u_i，在行中填入 v_j，得到表 2.25.

表 2.25　改变后的初始表

维修站＼学校	B_1	B_2	B_3	B_4	u_i
A_1	10	6	7		0
A_2			5	9	−2
A_3	5				−5
v_j	10	6	7	11	

先令 $u_1=0$，根据 $u_i+v_j=c_{ij}\quad i=1,2,3\quad j=1,2,3,4$，求 u_i 和 v_j.

由 $c_{11}-u_1-v_1=0$，得 $v_1=c_{11}-u_1=10$，

由 $c_{12}-u_1-v_2=0$,得 $v_2=c_{12}-u_1=6$,

由 $c_{13}-u_1-v_3=0$,得 $v_3=c_{13}-u_1=7$,

由 $c_{23}-u_2-v_3=0$,得 $u_2=c_{23}-v_3=-2$,

由 $c_{31}-u_3-v_1=0$,得 $u_3=c_{31}-v_1=-5$,

由 $c_{24}-u_2-v_4=0$,得 $v_4=c_{24}-u_2=11$,

然后,根据 $\sigma_{ij}=c_{ij}-(u_i+v_j)$,计算所有空格检验数.

$$\sigma_{14}=c_{14}-(u_1+v_4)=1,$$
$$\sigma_{21}=c_{21}-(u_2+v_1)=8,$$
$$\sigma_{22}=c_{22}-(u_2+v_2)=6,$$
$$\sigma_{32}=c_{32}-(u_3+v_2)=3,$$
$$\sigma_{33}=c_{33}-(u_3+v_3)=8,$$
$$\sigma_{34}=c_{34}-(u_3+v_4)=4.$$

上述计算可以直接在表 2.25 进行.为了方便,特别设计计算表(如表 2.26 所示).

表 2.26 计算表

学校 维修站	B_1	B_2	B_3	B_4	u_i
A_1	[10]	[6]	[7]	1 [12]	0
A_2	8 [16]	6 [10]	[5]	[9]	–2
A_3	[5]	3 [4]	8 [10]	4 [10]	–5
v_j	10	6	7	11	

由于表 2.26 中所有非基变量的检验数均大于 0,说明已经得到最优解,且该问题有唯一最优解.

根据表 2.24 和表 2.25,该调运方案的运费为 $z=1\times10+2\times6+1\times7+3\times5+6\times9+4\times5=118$.

[例 2-17] 装备维修运输问题(无穷多个最优解).

某城区有四所大学,学校每月需要维修的故障设备数量分别为 3 台,3 台,2 台,2 台.维修这种故障设备的维修站有三家,每月可接收故障设备台数分别为 5 台,2 台,3 台,学校与维修站的距离关系(或理解为单位运价)如表 2.27 所示(单位: km).寻求每月总运费最少的运输方案.

表 2.27　学校与维修站的距离(单位运价表)

维修站＼学校	B_1	B_2	B_3	B_4
A_1	3	2	5	4
A_2	2	4	3	2
A_3	4	3	8	5

解：采用表上作业法的求解步骤如下：

(1) 建立该运输问题的单位运价表(如表 2.27 所示)和产销平衡表(如表 2.28 所示).

表 2.28　产销平衡表

维修站＼学校	B_1	B_2	B_3	B_4	可接收设备数
A_1					5
A_2					3
A_3					2
故障设备数	3	3	2	2	10

(2) 确定初始基本可行解.采用元素差额法确定本例的初始基本可行解.

在单位运价表中,分别计算各行和各列的最小运费和次最小运费的差额,并填入最右列和最下行,见表 2.29.

表 2.29　最小运费与次最小运费差额表

维修站＼学校	B_1	B_2	B_3	B_4	行差额
A_1	3	2	5	4	0
A_2	2	4	3	2	0
A_3	4	3	8	5	1
列差额	1	1	2	2	

差额最大的是第 3 列和第 4 列,差额为 2.取第 4 列,该列中最小元素为 $x_{24}=2$,由此可见维修站 A_2 首先接收学校 B_4 的故障设备.维修站 A_2 可接收 B_4 的 2 台故障设备.同时,在运价表中划去学校 B_4 所在列.

然后,对运价表中未划去的元素再分别计算各行和各列的最小运费和次最小运费的差额,并填入最右列和最下行,重复上述步骤,直到给出初始解为止.采用元素差额法得到的初始解列于表 2.30 中.

表 2.30　初始解

学校 / 维修站	B_1	B_2	B_3	B_4	可接收设备数
A_1	3	1	1		5
A_2			1	2	3
A_3		2			2
故障设备数	3	3	2	2	10

(3) 最优解的判别.采用位势法求检验数并判断是否为最优解.

首先,在初始解表 2.30 的基础上,得到与之对应的单位运价表,并增加一行一列,在列中填入 u_i,在行中填入 v_j,得到表 2.31.

先令 $u_1=0$,根据 $u_i+v_j=c_{ij}$,$i=1,2,3$,$j=1,2,3,4$,求 u_i 和 v_j.

由 $c_{11}-u_1-v_1=0$,得 $v_1=c_{11}-u_1=3$,

由 $c_{12}-u_1-v_2=0$,得 $v_2=c_{12}-u_1=2$,

由 $c_{13}-u_1-v_3=0$,得 $v_3=c_{13}-u_1=5$,

由 $c_{23}-u_2-v_3=0$,得 $u_2=c_{23}-v_3=-2$,

由 $c_{32}-u_3-v_2=0$,得 $u_3=c_{32}-v_2=1$,

由 $c_{24}-u_2-v_4=0$,得 $v_4=c_{24}-u_2=4$.

表 2.31　改变后的初始表

学校 / 维修站	B_1	B_2	B_3	B_4	u_i
A_1	3	2	5		0
A_2			3	2	-2
A_3		3			1
v_j	3	2	5	4	

然后,根据 $\sigma_{ij}=c_{ij}-(u_i+v_j)$,计算所有空格检验数,得到计算表(如表 2.32 所示).

$$\sigma_{14}=c_{14}-(u_1+v_4)=0,$$

$$\sigma_{21}=c_{21}-(u_2+v_1)=1,$$

$$\sigma_{22}=c_{22}-(u_2+v_2)=4,$$

$$\sigma_{31}=c_{31}-(u_3+v_1)=0,$$

$$\sigma_{33}=c_{33}-(u_3+v_3)=2,$$

$$\sigma_{34}=c_{34}-(u_3+v_4)=0.$$

表 2.32　计算表

维修站 \ 学校	B_1	B_2	B_3	B_4	u_i
A_1	3	2	5	4 0	0
A_2	2 1	4 4	3	2	–2
A_3	4 0	3	8 2	5 0	1
v_j	3	6	5	4	

由于表 2.32 中所有非基变量的检验数均为非负，说明已经得到最优解. 但注意到非基变量检验数 $\sigma_{14}=\sigma_{31}=\sigma_{34}=0$，说明此问题有无穷多最优解. 该调运方案的总运费为：

$$z=3\times3+2\times1+5\times1+3\times1+2\times2+3\times2=29.$$

2.5.4　产销不平衡的运输问题

前面介绍的表上作业法，都是以产销平衡（即 $\sum_{i=1}^{m}a_i=\sum_{j=1}^{n}b_j$）为前提的. 但是实际的运输问题往往是产销不平衡的（即 $\sum_{i=1}^{m}a_i\neq\sum_{j=1}^{n}b_j$），不能直接采用表上作业法求最优调运方案，这需要将产销不平衡的运输问题转换为产销平衡的运输问题，再用表上作业法进行求解.

产销不平衡问题分为两类：

(1) 产大于销，即 $\sum_{i=1}^{m}a_i>\sum_{j=1}^{n}b_j$，其数学模型为

$$\min z=\sum_{i=1}^{m}\sum_{j=1}^{n}c_{ij}x_{ij},$$

$$\text{s. t.}\begin{cases}\sum_{i=1}^{m}x_{ij}=b_j, & j=1,2,\cdots,n,\\ \sum_{j=1}^{n}x_{ij}\leqslant a_i, & i=1,2,\cdots,m,\\ x_{ij}\geqslant 0, & i=1,2,\cdots,m;j=1,2,\cdots,n.\end{cases}\tag{2.10}$$

由于总产量大于总销量，总有部分产地的产品不能全部运送完毕，必须库存，总的库存量为：

$$b_{n+1}=\sum_{i=1}^{m}a_i-\sum_{j=1}^{n}b_j.$$

因此，设一个假想销地 B_{n+1}，其销量为 $b_{n+1}=\sum_{i=1}^{m}a_i-\sum_{j=1}^{n}b_j$，产地 A_i 运往销地 B_{n+1} 的单位运价为 $C_{i,n+1}=0(i=1,2,\cdots,m)$，即实际上没有运输，相当于将产地 A_i 多余的货物存储起来. 此时，式(2.10) 就转化为一个具有 m 个产地和 $n+1$ 个销地的产销平衡运输问题，其数学模型为：

$$\min z=\sum_{i=1}^{m}\sum_{j=1}^{n+1}c_{ij}x_{ij},$$

$$\text{s.t.}\begin{cases}\sum_{i=1}^{m}x_{ij}=b_j, & j=1,2,\cdots,n+1,\\ \sum_{j=1}^{n+1}x_{ij}=a_i, & i=1,2,\cdots,m,\\ x_{ij}\geqslant 0, & i=1,2,\cdots,m;j=1,2,\cdots,n+1,\end{cases}\tag{2.11}$$

具体计算时，在单位运价表和产销平衡表的右方各增加一列 B_{n+1}，运价为0，产量为 b_{n+1}.

(2) 销大于产，即 $\sum_{i=1}^{m}a_i<\sum_{j=1}^{n}b_j$，其数学模型为

$$\min z=\sum_{i=1}^{m}\sum_{j=1}^{n}c_{ij}x_{ij},$$

$$\text{s.t.}\begin{cases}\sum_{i=1}^{m}x_{ij}=b_j, & j=1,2,\cdots,n,\\ \sum_{j=1}^{n}x_{ij}\leqslant a_i, & i=1,2,\cdots,m,\\ x_{ij}\geqslant 0, & i=1,2,\cdots,m;j=1,2,\cdots,n.\end{cases}\tag{2.12}$$

由于总销量大于总产量，总有部分销地不能完全满足需求，因此可以虚拟假设一个产地 A_{m+1}，其产量为

$$a_{m+1}=\sum_{j=1}^{n}b_j-\sum_{i=1}^{m}a_i.$$

并假设产地 A_{m+1} 运往销地 B_j 的单位运价为 $C_{m+1,j}=0(j=1,2,\cdots,n)$，即实际上没有运输，相当于将产地 A_{m+1} 缺货. 此时，式(2.12) 就转化为一个具有 $m+1$ 个产地和 n 个销地的产销平衡运输问题，其数学模型为：

$$\min z=\sum_{i=1}^{m+1}\sum_{j=1}^{n}c_{ij}x_{ij},$$

$$\text{s.t.}\begin{cases}\sum_{i=1}^{m+1} x_{ij} = b_j, & j = 1,2,\cdots,n, \\ \sum_{j=1}^{n} x_{ij} = a_i, & i = 1,2,\cdots,m+1, \\ x_{ij} \geqslant 0, & i = 1,2,\cdots,m+1; j = 1,2,\cdots,n.\end{cases} \tag{2.13}$$

具体计算时,在单位运价表和产销平衡表的下方各增加一行 A_{m+1},运价为 0,产量为 a_{m+1}.

[例 2-18]　产销不平衡的装备维修运输问题.

某城区有 4 所大学,学校每月需要维修的故障设备数量分别为 2 台,3 台,4 台,6 台. 维修这种故障设备的维修站有 3 家,由于技术更新,每月可接收故障设备台数分别增加为 7 台,5 台,7 台,学校与维修站的单位运价如表 2.33 所示(单位: 元 / 台). 寻求每月总运费最少的运输方案.

解: 由于可接收故障设备的台数大于故障设备台数,因此本例题是典型的产销不平衡运输问题. 根据 $\sum_{i=1}^{m} a_i > \sum_{j=1}^{n} b_j$,可知产大于销,所以增加一个假想学校 B_5,其每月需要维修的故障设备数为 $b_5 = \sum_{i=1}^{3} a_i - \sum_{j=1}^{4} b_j = 4$ 台,并假设维修站 A_i 运往学校 B_5 的单位运价为 $C_{i,5} = 0 (i = 1,2,3)$. 这样,原问题就转化为一个具有 3 家维修站(产地) 和 5 所学校(销地) 的产销平衡运输问题,建立其单位运价表(如表 2.33 所示) 和产销平衡表(如表 2.34 所示).

表 2.33　单位运价表

学校 / 维修站	B_1	B_2	B_3	B_4	B_5
A_1	2	11	3	4	0
A_2	10	3	5	9	0
A_3	7	8	1	2	0

表 2.34　产销平衡表

学校 / 维修站	B_1	B_2	B_3	B_4	B_5	可接收设备数
A_1						7
A_2						5
A_3						7
故障设备数	2	3	4	6	4	19

利用表上作业法可求得最优调运方案,见表 2.35.

表 2.35　最优方案表

学校 维修站	B_1	B_2	B_3	B_4	B_5	可接收设备数
A_1	2			3	2	7
A_2		3			2	5
A_3			4	3		7
故障设备数	2	3	4	6	4	19

由表 2.35 可知，学校 B_5 所在列的 $x_{15}=2$，$x_{25}=2$，$x_{35}=0$，说明维修站 A_1 和 A_2 各有 2 台设备的维修量尚未满足. 该调运方案的运费为：

$$z=2\times2+4\times3+0\times2+3\times3+0\times2+1\times4+2\times3=35.$$

第 3 章　教育装备指派问题与整数规划

【本章学习要点】

1. 分枝定界法的基本思想及求解步骤.
2. 求解 0-1 型整数规划的算法——隐枚举法.
3. 教育装备指派问题的数学模型及求解步骤.

【本章内容结构】

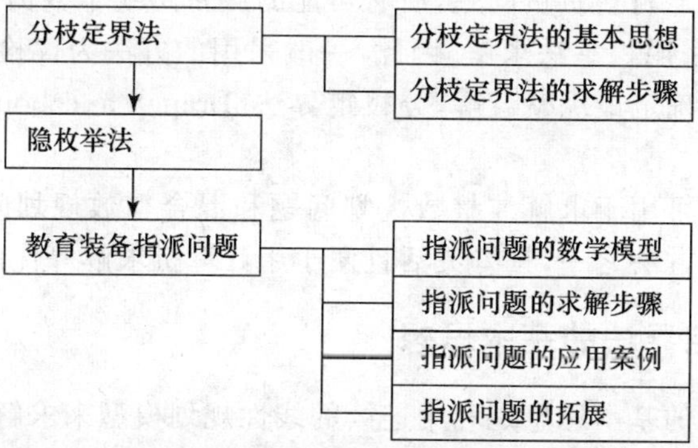

在日常的教育教学管理或装备管理中常常会遇到教育装备指派问题，即将不同的“任务”指派给“人”或“机器”等，并产生最大的整体效益. 显然，教育装备指派问题的决策变量(如完成某项工作所需要的人数或设备数)只能取整数才有意义. 如果采用第 2 章介绍的线性规划方法求解，当得到的解为小数时，为了满足整数解的要求，最简单的办法就是将求得的非整数解四舍五入，但这往往行不通. 原因在于，舍入处理将导致两类问题：一是化整后的解根本不是可行解；二是化整后的解虽为可行解，但并非最优解. 因此，有必要另行研究整数规划的求解问题.

整数规划(Integer programming)亦称整数线性规划，是决策变量限制为整数的线性规划问题. 其实质是在线性规划的基础上，给一些或全部决策变量附加取整约束. 在整数规划中，若所有变量都限制为整数，称为纯整数规划问题(Pure integer programming)；若仅有部分变量限制为整数，称为混合整数规划问题(Mixed integer programming). 在纯整数规划中，若所有变量的取值仅限于 0 或 1，称为 0-1 型整数规划.

对于整数规划的求解，虽然还没有像线性规划中单纯形法那样普遍有效的方法，但从1958年格莫雷(R. E. Gomory)提出求解整数线性规划的割平面算法至今，也发展了一些常用算法，如分枝定界法、解0-1规划的隐枚举法、动态规划方法等.本章主要介绍求解整数线性规划问题的几种常用算法，着重阐述教育装备指派问题的数学模型及求解算法.

3.1 分枝定界法

求解整数规划时，最容易想到的方法是穷举变量的所有可行的整数组合，然后比较它们的目标函数值，从而确定最优解.对于小规模的整数规划问题，枚举法是可行的也是有效的.但对于一般的整数规划问题，枚举法往往无能为力.例如：50个城市的旅行售货员问题，所有可能的旅行路线个数为49!/2，这是一个天文数字，无法采用枚举法求解.因此，一般采用的方法为仅检查可行的整数组合中的一部分来确定最优整数解，分枝定界法(Branch and bound method)就是这样一种算法.

分枝定界法可用于求解纯整数规划问题和混合整数规划问题，是目前求解整数规划的成功方法之一，具有灵活且便于用计算机求解等优点.

3.1.1 分枝定界法的基本思想

分枝定界法的基本思想是利用连续的线性规划模型来求解非连续的整数规划问题.

考虑如下形式的整数线性规划问题：

$$\min f=c_1x_1+c_2x_2+\cdots+c_nx_n,$$
$$\text{s.t.}\begin{cases}a_{11}x_1+a_{12}x_2+\cdots+a_{1n}x_n=b_1,\\ \cdots\cdots\cdots\cdots\cdots\cdots\cdots\cdots\\ a_{m1}x_1+a_{m2}x_2+\cdots+a_{mn}x_n=b_m,\\ x_j\geqslant 0,\quad j=1,2,\cdots,n,\\ x_j\text{为整数}.\end{cases}\tag{3.1}$$

其中，$a_{ij},c_j,b_i(i=1,2,\cdots,m;j=1,2,\cdots,n)$均为整数.式(3.1)中除去$x_j$为整数这一约束后，就得到对应的标准线性规划问题：

$$\min f=c_1x_1+c_2x_2+\cdots+c_nx_n,$$
$$\text{s.t.}\begin{cases}a_{11}x_1+a_{12}x_2+\cdots+a_{1n}x_n=b_1,\\ \cdots\cdots\cdots\cdots\cdots\cdots\cdots\cdots\\ a_{m1}x_1+a_{m2}x_2+\cdots+a_{mn}x_n=b_m,\\ x_j\geqslant 0,\quad j=1,2,\cdots,n.\end{cases}\tag{3.2}$$

整数规划问题[式(3.1)]的决策变量 x_j 是一个有取整约束的变量，假设其对应的标准线性规划问题[式(3.2)]的最优连续值 x_j^* 是非整数，那么在$[x_j^*]$(x_j^* 的取整值)和$[x_j^*]+1$之间不可能包含任何可行整数解，x_j 的可行整数值必然满足$x_j \leqslant [x_j^*]$或 $x_j \geqslant [x_j^*]+1$. 因此，把这两个条件分别加到原整数规划问题的解空间上，产生两个互斥的整数规划子问题——问题[式(3.3)]和问题[式(3.4)]，从而将整数规划问题的可行域分成两部分，这一步称为分枝.

$$\min f = c_1x_1 + c_2x_2 + \cdots + c_nx_n,$$
$$\text{s.t.}\begin{cases} a_{11}x_1 + a_{12}x_2 + \cdots + a_{1n}x_n = b_1, \\ \cdots\cdots\cdots\cdots\cdots\cdots \\ a_{m1}x_1 + a_{m2}x_2 + \cdots + a_{mn}x_n = b_m, \\ x_j \geqslant 0, \quad j = 1,2,\cdots,n, \\ x_j \text{为整数}, \\ x_j \leqslant [x_j^*]. \end{cases} \tag{3.3}$$

$$\min f = c_1x_1 + c_2x_2 + \cdots + c_nx_n,$$
$$\text{s.t.}\begin{cases} a_{11}x_1 + a_{12}x_2 + \cdots + a_{1n}x_n = b_1, \\ \cdots\cdots\cdots\cdots\cdots\cdots \\ a_{m1}x_1 + a_{m2}x_2 + \cdots + a_{mn}x_n = b_m, \\ x_j \geqslant 0, \quad j = 1,2,\cdots,n, \\ x_j \text{为整数}, \\ x_j \geqslant [x_j^*]+1. \end{cases} \tag{3.4}$$

实际上分枝过程利用了整数约束条件，在“分枝”时删除了不包含可行整数点的部分连续空间($[x_k^*] < x_k < [x_k^*]+1$). 采用与原问题相同的目标函数，继续求解每一个整数规划子问题，只可能存在以下三种结果：

(1) 如果某一子问题没有可行解，则剪枝.

(2) 如果某一子问题具有整数最优解，则将这个整数解及其所对应的目标值作为可能的最优解和最优值记录下来. 具有整数最优解的子问题不需要进一步“分枝”，因为分枝是通过增加约束条件来实现的，而增加约束不会使最优目标函数值变得更小.

(3) 如果某一子问题具有最优解，但不是整数最优解，需要将子问题再继续分枝，优先选择目标值最小的子问题进行分枝.

在分枝求解过程中，如果出现一个新的子问题有更小的整数解值，则用新的整数解值代替原有记录的整数解值. 当所有的非整数解值都大于被记录下来的整数解值时，当前记录下来的整数最优值就是整数规划的最优值，对应的最优解就是整数规划的最优解. 分枝的过程只要合适就继续下去，直到每一子问题均得到一个整数解或者明显看出不能产生一个更好的整数解为止.

如果某个子问题的非整数最优解产生一个比已得到的最好整数解还差的目标值,那么这个子问题就不值得进一步研究,需要剪枝.也就是说,一旦求出一个可行整数解,那么它的相应目标值可以作为一个上界,以便舍去那些目标值已经超过该上界的子问题,称为"定界".这个过程可以巧妙地减少一些不必要的分枝,从而提高计算效率.由于存在"剪枝"步骤,避免了枚举整数规划问题的所有可行解,因此分枝定界方法也可称为一种巧妙的枚举方法.

3.1.2 分枝定界法的求解步骤

下面通过一个例子,具体说明如何用分枝定界法求解整数规划问题.

[例 3-1] 求解下列整数规划问题 IP.

$$\max z=40x_1+90x_2,$$

$$\text{s.t.}\begin{cases}9x_1+7x_2\leqslant 56,\\7x_1+20x_2\leqslant 70,\\x_1,x_2\geqslant 0\text{ 且为整数}.\end{cases}$$

解: 先不考虑整数约束,采用图解法求解相应的线性规划 L_0.

$$\max z=40x_1+90x_2,$$

$$\text{s.t.}\begin{cases}9x_1+7x_2\leqslant 56,\\7x_1+20x_2\leqslant 70,\\x_1,x_2\geqslant 0.\end{cases}$$

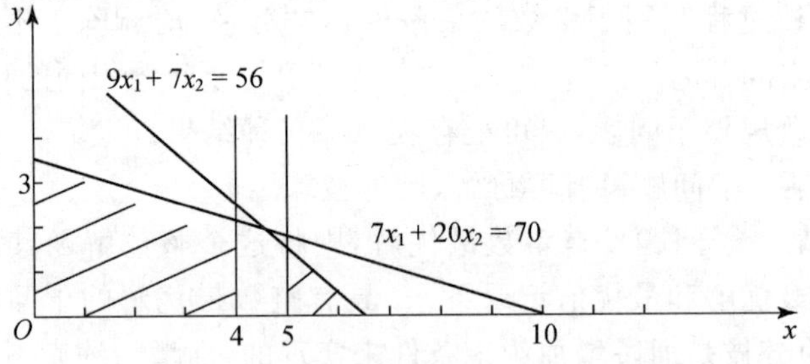

图 3.1 例 3-1 的可行域

由图 3.1 求得线性规划 L_0 的最优解 $\boldsymbol{X}^{(0)}=(4.81,1.82)^{\mathrm{T}}$,最优值 $z^{(0)}=356$.因为 $\boldsymbol{X}^{(0)}=(4.81,1.82)^{\mathrm{T}}$ 是一个非整数解,不满足整数条件,因此需要进行分枝迭代.$z^{(0)}=356$ 是整数规划问题 IP 最优值的上界.

采用分枝定界法的求解步骤如下.首先,任意选择一个非整数决策变量,在此不妨假设选择 x_1.L_0 的最优解中 $x_1=4.81$,则整数最优解 x_1 必满足 $x_1\leqslant 4$ 或

$x_1 \geqslant 5$，$[x_1] < x_1 < [x_1]+1$ 不符合要求. 于是原整数规划问题 IP 分成 IP_1 和 IP_2 两个分枝，各枝都增加了约束条件，形成两个子整数规划.

IP_1：$\max z = 40x_1 + 90x_2$，

$$\text{s.t.}\begin{cases}9x_1+7x_2\leqslant 56,\\ 7x_1+20x_2\leqslant 70,\\ x_1\leqslant 4,\\ x_1,x_2\geqslant 0 \text{ 且为整数}.\end{cases}$$

IP_2：$\max z = 40x_1 + 90x_2$，

$$\text{s.t.}\begin{cases}9x_1+7x_2\leqslant 56,\\ 7x_1+20x_2\leqslant 70,\\ x_1\geqslant 5,\\ x_1,x_2\geqslant 0 \text{ 且为整数}.\end{cases}$$

不考虑整数约束，求解对应的线性规划问题 L_1 和 L_2.

L_1：$\max z = 40x_1 + 90x_2$，

$$\text{s.t.}\begin{cases}9x_1+7x_2\leqslant 56,\\ 7x_1+20x_2\leqslant 70,\\ x_1\leqslant 4,\\ x_1,x_2\geqslant 0.\end{cases}$$

L_2：$\max z = 40x_1 + 90x_2$，

$$\text{s.t.}\begin{cases}9x_1+7x_2\leqslant 56,\\ 7x_1+20x_2\leqslant 70,\\ x_1\geqslant 5,\\ x_1,x_2\geqslant 0.\end{cases}$$

$$\text{解得：}\begin{cases}L_1: \boldsymbol{X}^{(1)}=(4,2.1)^{\mathrm{T}},\ z^{(1)}=349,\\ L_2: \boldsymbol{X}^{(2)}=(5,1.57)^{\mathrm{T}},\ z^{(2)}=341.\end{cases}$$

显然，两个分枝的最优解仍不满足整数条件，继续进行分枝. 由于目标函数值 $z^{(1)} > z^{(2)}$，故优先选择 L_1 进行分枝. L_1 的最优解中 $x_2 = 2.1$，因此分别增加约束条件 $x_2 \leqslant 2$ 和 $x_2 \geqslant 3$，分枝形成两个子整数规划 IP_3 和 IP_4.

IP_3：$\max z = 40x_1 + 90x_2$，

$$\text{s.t.}\begin{cases}9x_1+7x_2\leqslant 56,\\ 7x_1+20x_2\leqslant 70,\\ x_1\leqslant 4,\\ x_2\leqslant 2,\\ x_1,x_2\geqslant 0 \text{ 且为整数}.\end{cases}$$

IP_4：$\max z = 40x_1 + 90x_2$，

$$\text{s.t.}\begin{cases}9x_1+7x_2\leqslant 56,\\ 7x_1+20x_2\leqslant 70,\\ x_1\geqslant 5,\\ x_2\geqslant 3,\\ x_1,x_2\geqslant 0 \text{ 且为整数}.\end{cases}$$

不考虑整数约束，求解对应的线性规划问题 L_3 和 L_4.

L_3：$\max z = 40x_1 + 90x_2$，

$$\text{s.t.}\begin{cases}9x_1+7x_2\leqslant 56,\\ 7x_1+20x_2\leqslant 70,\\ x_1\leqslant 4,\\ x_2\leqslant 2,\\ x_1,x_2\geqslant 0.\end{cases}$$

L_4：$\max z = 40x_1 + 90x_2$，

$$\text{s.t.}\begin{cases}9x_1+7x_2\leqslant 56,\\ 7x_1+20x_2\leqslant 70,\\ x_1\geqslant 5,\\ x_2\geqslant 3,\\ x_1,x_2\geqslant 0.\end{cases}$$

$$\text{解得：}\begin{cases}L_3: \boldsymbol{X}^{(3)}=(4,2)^{\mathrm{T}},\ z^{(3)}=340,\\ L_4: \boldsymbol{X}^{(4)}=(1.42,3)^{\mathrm{T}},\ z^{(4)}=327.\end{cases}$$

因为 L_3 有整数最优解，故整数规划最优值的下界是该整数最优值 340，因此舍弃 L_4；由于 L_2 的最优值 $z^{(2)}=341$ 仍然大于此下界，所以 L_2 尚需继续分枝. 在 L_2 的基础上，分别增加约束条件 $x_2\leqslant 1$ 和 $x_2\geqslant 2$，不考虑整数约束，分枝形成两个子线性规划 L_5 和 L_6.

$$L_5: \max z=40x_1+90x_2,\quad \text{s.t.}\begin{cases}9x_1+7x_2\leqslant 56,\\7x_1+20x_2\leqslant 70,\\x_1\geqslant 5,\\x_2\leqslant 1,\\x_1,x_2\geqslant 0.\end{cases}$$

$$L_6: \max z=40x_1+90x_2,\quad \text{s.t.}\begin{cases}9x_1+7x_2\leqslant 56,\\7x_1+20x_2\leqslant 70,\\x_1\geqslant 5,\\x_2\geqslant 2,\\x_1,x_2\geqslant 0.\end{cases}$$

解得：L_5：$\boldsymbol{X}^{(5)}=(5.44,1)^{\mathrm{T}}$，$z^{(5)}=308$；$L_6$ 没有可行解. 由于 L_5 的目标函数值 $z^{(5)}=308$，它的后继分枝所对应的目标函数值都不会超过 308，而且 $z^{(5)}$ 小于已知的下界 340，所以 L_5 不需要继续分枝，对 L_5 实施剪枝.

综上所述，原整数规划问题 IP 的最优解就是 L_3 的整数最优解 $\boldsymbol{X}^*=(4,2)^{\mathrm{T}}$，最优值 $z^*=340$. 采用分枝定界法求解此例的过程如图 3.2 所示.

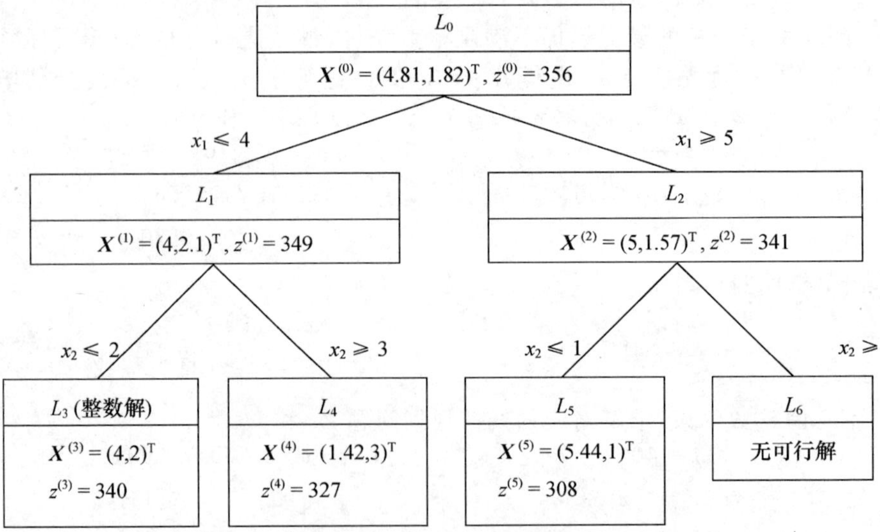

图 3.2　分枝定界法的求解过程

由例 3-1 的求解过程可以总结出分枝定界法的一般求解步骤如下：

(1) 求解整数规划问题对应的线性规划问题. 如果线性规划问题无解，则整数规划问题亦无解；如果线性规划问题存在最优解，而且是整数最优解，则此最优解即为整数规划问题的最优解，否则转到下一步.

(2) 在线性规划问题的求解中,任意选择一个不符合整数条件的变量 x_j(假设 $x_j=b_j$),对线性规划问题分别增加两个约束条件 $x_j\leqslant \mathrm{INT}(b_j)$ 和 $x_j\geqslant \mathrm{INT}(b_j)+1$(其中,$\mathrm{INT}(b_j)$表示对 b_j 取整数),然后进行后继分枝.

(3) 对每个后继分枝再采用步骤(1)和步骤(2),直至找出原整数规划问题的最优解为止.

由此可见,分枝定界法是在一部分可行整数解中寻求最优解,因此比枚举法更优越. 但对于求解可行解数目相当大的整数规划问题,采用分枝定界法仍然是相当麻烦的.

3.2 隐枚举法

0-1 型整数规划是一种特殊的整数规划,它的决策变量 x_j 仅取 0 或 1 两个值,x_j 称为 0-1 变量(二进制变量或逻辑变量). 0-1 型整数规划与一般整数规划模型形式上一致,可以用上节介绍的“分枝定界法”进行求解. 然而,由于 0-1 规划模型的特殊性,存在更简便的求解方法——隐枚举法(Implicit enumeration method).

隐枚举法是通过建立过滤条件而使计算工作量大为减少的枚举法,下面通过例子说明采用隐枚举法求解的具体步骤.

[**例 3-2**]　采用枚举法求解下列 0-1 型整数规划问题.

$$\min z=-3x_1+2x_2-5x_3,$$

$$\text{s. t.}\begin{cases}x_1+2x_2-x_3\leqslant 2, & (1)\\ x_1+4x_2+x_3\leqslant 4, & (2)\\ x_1+x_2\leqslant 3, & (3)\\ 4x_2+x_3\leqslant 6, & (4)\\ x_1,x_2,x_3=0 \text{ 或 } 1.\end{cases}$$

解: 该问题的变量个数 $n=3$,变量取值的组合共有 $2^3=8$ 种,图 3.3 为相应的组合树.

将这 8 种组合分别代入约束条件,发现第Ⅳ种组合(0,1,1)不满足约束条件(2),第Ⅶ种组合(1,1,0)不满足约束条件(1)和(2),第Ⅷ种组合(1,1,1)不满足约束条件(2),因此满足约束条件的有 5 种组合Ⅰ,Ⅱ,Ⅲ,Ⅴ和Ⅵ. 分别计算目标函数值,得:

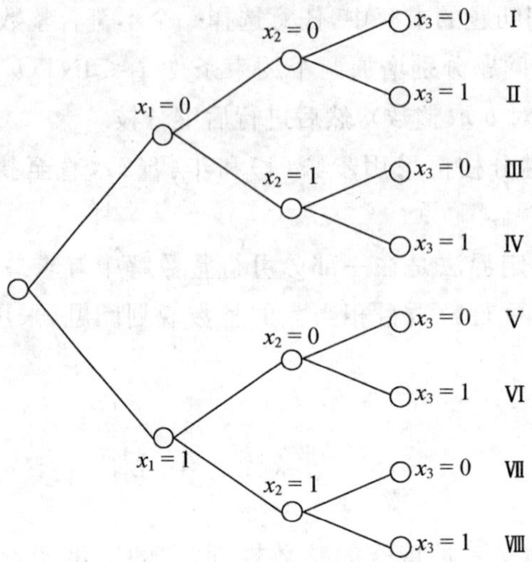

图 3.3　组合树

$$f_1=-3\times0+2\times0-5\times0=0,$$
$$f_2=-3\times0+2\times0-5\times1=-5,$$
$$f_3=-3\times0+2\times1-5\times0=2,$$
$$f_5=-3\times1+2\times0-5\times0=-3,$$
$$f_6=-3\times1+2\times0-5\times1=-8.$$

比较目标函数的大小,发现第Ⅵ种组合的目标值最小,因此 0-1 型整数规划问题的最优解为 $\boldsymbol{X}^*=(1,0,1)^{\mathrm{T}}$,相应的目标函数值为 $z^*=-8$.

由此例可看出,对于较简单的问题,枚举法是可行的也是有效的.但当变量个数较多时,如 $n=20$,变量取值的组合共有 $2^{20}=1048576$ 种,若要分别检查每种组合是否满足每个约束条件,并计算相应的目标函数值,几乎是不可能的.因此,需要设计一种方法——隐枚举法,只检查变量取值组合的一部分,就可以求出问题的最优解.

[例 3-3]　采用枚举法求解下列 0-1 型整数规划问题.

$$\min z=-3x_1+2x_2-5x_3,$$

$$\text{s.t.}\begin{cases}x_1+2x_2-x_3\leqslant2, & (1)\\ x_1+4x_2+x_3\leqslant4, & (2)\\ x_1+x_2\leqslant3, & (3)\\ 4x_2+x_3\leqslant6, & (4)\\ x_1,x_2,x_3=0\text{ 或 }1.\end{cases}$$

解：首先通过试探法找到一个可行解，并求出相应的目标函数值.容易看出本例中$(x_1,x_2,x_3)=(1,0,0)$满足约束条件(1)～(4)，是一个可行解，其相应的目标函数值$z=-3$.

由于我们寻求的是目标函数的最小值，当然希望$z\leqslant-3$，于是增加一个约束条件

$$-3x_1+2x_2-5x_3\leqslant-3,$$

该约束条件称为**过滤条件**，记为约束条件(0).于是，原问题的线性约束条件就变成5个，将5个约束条件按(0)～(4)顺序排好（见表3.1），对每种组合依次代入约束条件左侧，求出数值，看是否适合不等式条件.如果某一条件不满足，则同行以下各条件不必再检查，从而减少运算次数.在计算过程中，如果遇到目标函数值小于现有过滤条件中不等式右侧的值，则应改变过滤条件，使右边为最小者，然后继续进行.例如，当组合为(0,0,1)时，由于目标函数$z=-5\leqslant-3$，所以应将过滤条件改为

$$-3x_1+2x_2-5x_3\leqslant-5.$$

当组合为(1,0,1)时，由于目标函数$z=-8\leqslant-5$，所以应将过滤条件改为

$$-3x_1+2x_2-5x_3\leqslant-8.$$

随着过滤条件的不断改进，可以进一步减少计算次数.

表3.1 隐枚举法计算过程

变量取值组合 (x_1,x_2,x_3)	约束条件					满足条件？是(√)否(×)	z值
	(0)	(1)	(2)	(3)	(4)		
(0,0,0)	0					×	
(0,0,1)	−5	−1	1	0	1	√	−5
(0,1,0)	2					×	
(0,1,1)	−3	1	5			×	
(1,0,0)	−3	1	1	1	0	√	−3
(1,0,1)	−8	0	2	1	1	√	−8
(1,1,0)	−1					×	
(1,1,1)	−6	2	6			×	

本例的计算过程如表3.1所示，最终求得最优解$(x_1,x_2,x_3)=(1,0,1)$，相应的目标函数为$\min z=-8$.

采用隐枚举法求解本例，只进行了27次运算．如果采用全部枚举的方法，3个变量共有$2^3=8$种组合，分别计算是否满足4个约束条件，共需32次运算．由此可见，隐枚举法可以大大减少运算次数，当变量个数和约束条件个数较多时，这种效果将更明显．

为了进一步减少运算次数，可以重新排列目标函数中x_i的顺序，使目标函数中x_i对应系数的绝对值是递增（递减）的．在例3-3中，因为目标函数中x_i的系数2，-3，-5的绝对值是递增的，因此改写目标函数为$z=2x_2-3x_1-5x_3$．然后，变量(x_2,x_1,x_3)按下述顺序取值：$(0,0,0)$，$(0,0,1)$，$(0,1,0)$，$(0,1,1)$，…，这样将容易较早地发现最优解．再结合过滤条件的改进，可使计算过程更为简化．

［**例3-4**］　用隐枚举法求解0-1型整数规划问题．

$$\min z=-8x_1-2x_2+4x_3+7x_4+5x_5,$$

$$\text{s.t.}\begin{cases}3x_1+3x_2+x_3+2x_4+3x_5\leqslant 4,\\5x_1+3x_2-2x_3-x_4+x_5\leqslant 4,\\x_i=0\text{ 或 }1,\quad i=1,2,3,4,5.\end{cases}$$

解：首先，重新排列目标函数中x_i的顺序，使目标函数中x_i对应系数的绝对值是递增的，则新的0-1型整数规划问题如下：

$$\min z=-2x_2+4x_3+5x_5+7x_4-8x_1,$$

$$\text{s.t.}\begin{cases}3x_2+x_3+3x_5+2x_4+3x_1\leqslant 4,\\3x_2-2x_3+x_5-x_4+5x_1\leqslant 4,\\x_i=0\text{ 或 }1,\quad i=1,2,3,4,5.\end{cases}$$

通过试探法找到一个可行解，并求出相应的目标函数值．容易看出，$(x_2,x_3,x_5,x_4,x_1)=(0,1,0,0,1)$满足约束条件，相应的目标函数值为$z=-4$，于是增加一个约束条件（即过滤条件）$-2x_2+4x_3+5x_5+7x_4-8x_1\leqslant -4$．原问题的线性约束条件就变成3个，将3个约束条件按(0)～(2)顺序排好（见表3.2），对每种组合依次代入约束条件左侧，求出数值，看是否适合不等式条件．

采用隐枚举法的具体计算过程如表3.2所示，最终求得最优解$(x_2,x_3,x_5,x_4,x_1)=(0,1,0,0,1)$，相应的目标函数为$\min z=-4$．

表 3.2　隐枚举法计算过程

变量取值组合 (x_2,x_3,x_5,x_4,x_1)	约束条件 (0)	 (1)	 (2)	满足条件？ 是(√)否(×)	z 值
(0,0,0,0,0)	0			×	
(0,0,0,0,1)	−8	3	5	×	
(0,0,0,1,0)	7			×	
(0,0,0,1,1)	−1			×	
(0,0,1,0,0)	5			×	
(0,0,1,0,1)	−3			×	
(0,0,1,1,0)	12			×	
(0,0,1,1,1)	4			×	
(0,1,0,0,0)	4			×	
(0,1,0,0,1)	−4	4	3	√	−4
(0,1,0,1,0)	11			×	
(0,1,0,1,1)	3			×	
(0,1,1,0,0)	9			×	
(0,1,1,0,1)	1			×	
(0,1,1,1,0)	16			×	
(0,1,1,1,1)	8			×	
(1,0,0,0,0)	−2			×	
(1,0,0,0,1)	−10	6	8	×	
(1,0,0,1,0)	5			×	
(1,0,0,1,1)	−3			×	
(1,0,1,0,0)	3			×	
(1,0,1,0,1)	−5	9	9	×	
(1,0,1,1,0)	10			×	
(1,0,1,1,1)	2			×	
(1,1,0,0,0)	2			×	
(1,1,0,0,1)	−6	7	6	×	
(1,1,0,1,0)	9			×	
(1,1,0,1,1)	1			×	
(1,1,1,0,0)	7			×	
(1,1,1,0,1)	−1			×	
(1,1,1,1,0)	14			×	
(1,1,1,1,1)	6			×	

3.3 教育装备指派问题

在日常的教育教学管理或装备管理中常常会遇到这样的问题：有几项不同的任务，需要几个人分别完成其中的一项，由于任务的性质以及个人专长的不同，每个人完成每项任务的效率(或花费的时间及费用)不同，应该派哪个人完成哪项任务才能达到总效率最高？这类问题在运筹学中称为指派问题或分派问题(Assignment problem). 指派问题的名称来源于将“任务”指派给“人”或将“任务”指派给机器等.

3.3.1 指派问题的数学模型

常规指派问题的数学模型是这样描述的：设 n 个人(或机器)被分配去做 n 件工作，规定每个人(或机器)只做 1 件工作，每件工作只由 1 个人(或机器)完成. 由于工作性质和各人(或机器)的专长不同，各人(或机器)完成不同工作的效益(时间、成本、收益等)将有差别. 已知第 i 个人(或机器)去做第 j 件工作的效益为 $c_{ij}(i=1,2,\cdots,n;j=1,2,\cdots,n)$，且 $c_{ij}\geqslant 0$，问应如何分配才能使总效益最高(时间最少、成本最小、收益最大等)？

为了建立指派问题的数学模型，首先引入 0-1 型决策变量 $x_{ij}(i,j=1,2,\cdots,n)$，令

$$x_{ij}=\begin{cases}1, & \text{分配第 } i \text{ 个人去做第 } j \text{ 件工作}, \\ 0, & \text{不分配第 } i \text{ 个人去做第 } j \text{ 件工作}, \quad i,j=1,2,\cdots,n.\end{cases}$$

对于最小化问题(如成本最小、时间最少等)，其数学模型为：

$$\min z=\sum_{i=1}^{n}\sum_{j=1}^{n}c_{ij}x_{ij},$$

$$\text{s. t.}\begin{cases}\sum_{j=1}^{n}x_{ij}=1, & i=1,2,\cdots,n, \\ \sum_{i=1}^{n}x_{ij}=1, & j=1,2,\cdots,n, \\ x_{ij}=0 \text{ 或 } 1, & i,j=1,2,\cdots,n.\end{cases}$$

其中，第一个约束条件说明第 i 个人(或机器) 只能完成 1 件工作，第二个约束条件说明第 j 项任务只能由 1 个人(或 1 台机器) 完成，$c_{ij}(i=1,2,\cdots,n;j=1,2,\cdots,n)$ 组成了指派问题的系数矩阵. 从指派问题的数学模型可以看出，指派问题是 0-1 规划的特例，也是运输问题的特例. 因此，求解指派问题可以采用整数规划或运输问题的求解方法，如隐枚举法、分枝定界法、表上作业法等，然而根据指派问题的特点有更简便的求解方法 —— 匈牙利法.

在介绍匈牙利法之前，首先介绍指派问题最优解的性质.

性质1：系数矩阵的任一行(或列)减去(或加上)任一常数，指派问题的最优解不会改变.

不失一般性，如果系数矩阵的第一行 $c_{1j}(j=1,2,\cdots,n)$ 中的各元素均减少"k"，由于

$$\sum_{j=1}^{n} x_{1j}=1, \quad j=1,2,\cdots,n,$$

则指派问题的目标函数变为：

$$z'=\sum_{j=1}^{n}(c_{1j}-k)x_{1j}+\sum_{i=2}^{n}\sum_{j=1}^{n}c_{ij}x_{ij}=\sum_{i=1}^{n}\sum_{j=1}^{n}c_{ij}x_{ij}-k\sum_{j=1}^{n}x_{1j}=z-k.$$

在相同的约束下，"z'"与"z"只相差一个常数，显然最优解不会改变.

性质2：如果系数矩阵的每一个元素都是非负的，并且有一个解矩阵使目标函数取值为0，则这个解矩阵就是指派问题的最优解.

3.3.2 指派问题的求解步骤

1955年，库恩(T. Kuln)利用匈牙利数学家克尼格(D. Konig)的关于矩阵中独立"0"元素的定理，提出了求解指派问题的一种方法，习惯上称之为匈牙利法.

匈牙利法的具体求解步骤如下：

(1) 变换指派问题的系数矩阵，使其每行每列都出现0元素.具体方法为：从系数矩阵的每行元素中分别减去该行的最小元素，再从所得系数矩阵的各列元素中分别减去该列的最小元素，则系数矩阵的每行每列均出现0元素.

(2) 进行试指派以寻求最优解.在系数矩阵中，寻找是否有 n 个位于不同行不同列的0元素(即独立0元素)，若存在 n 个独立0元素，则令这 n 个独立0元素对应的解 $x_{ij}=1$，其余的 $x_{ij}=0$，这个解矩阵就是原指派问题的最优解.否则，转到下一步.寻找独立0元素的常用步骤如下：

① 从只有一个0元素的行(列)开始，给0元素加圈，记作◎，然后划去◎所在行(列)的其他0元素，记作 φ；表示这行(列)所代表的任务已指派完，不必再考虑别人了.

② 若仍有未划圈的0元素，且同行(列)的0元素至少有两个，则从剩余0元素最少的行(列)开始，比较该行(列)中各0元素所在的列(行)中的0元素个数，选择个数最少的0元素加圈.然后划掉同行同列的其他0元素.反复进行，直到所有的0元素都被圈出和划掉为止.

③ 若◎元素的数目 m 等于矩阵阶数 n，那么指派问题的最优解已经得到.若 $m<n$，则转入下一步.

(3) 做能覆盖所有0元素的最少直线集合.具体做法如下：

① 对没有◎的行打√.

② 对已打√号的行中所有含 φ 元素的列打√.

③ 对打有√号的列中含有◎元素的行打√.

④ 重复步骤②和③,直到得不出新的打√的行、列为止.

⑤ 对没有打√的行划横线,有打√的列划竖线,从而得到覆盖所有 0 元素的最少直线数 l. 可以证明：能覆盖所有 0 元素的最少直线数 l 应等于不同行不同列上的 0 元素的最多个数(◎元素的数目)m,即 $l=m$. 若不相等,说明指派过程有误,应重新指派. 若 $l=m<n$,则需变换当前的系数矩阵,以找到 n 个独立的 0 元素.

(4) 变换系数矩阵(b_{ij})以增加 0 元素. 在没有被直线覆盖的所有元素中找出最小元素,然后打√各行都减去最小元素；打√各列都加上最小元素(以保证系数矩阵不出现负元素),再转回第(2)步. 新系数矩阵的最优解和原问题仍然相同.

3.3.3 指派问题的应用案例

在教育装备的实际应用中,也涉及指派问题,即：将多种教学设备分配到多个教育教学单位,完成不同的工作. 如何合理优化地进行分配,使教育装备完成其功能,产生最大整体效益是一个非常重要的问题.

[例 3-5] 设备与任务分配问题.

现有 4 台机器 A,B,C,D,分别完成数据文件处理、媒体文件处理、文字文件处理、网络文件处理 4 项工作,各机器完成不同任务所需时间表如表 3.3 所示. 请问如何确定机器指派方案,才能使完成这 4 项工作所需的总时间最少？

表 3.3 不同机器完成不同任务所需时间表 (单位：min)

任务 / 机器	数据文件	媒体文件	文字文件	网络文件
A	4	9	5	8
B	5	11	4	7
C	3	13	6	6
D	6	12	4	9

解：这是一类最简单的指派问题,所对应的二分网络如图 3.4 所示.

由题意得指派问题的系数矩阵为：

$$(c_{ij})=\begin{pmatrix}4 & 9 & 5 & 8\\ 5 & 11 & 4 & 7\\ 3 & 13 & 6 & 6\\ 6 & 12 & 4 & 9\end{pmatrix}.$$

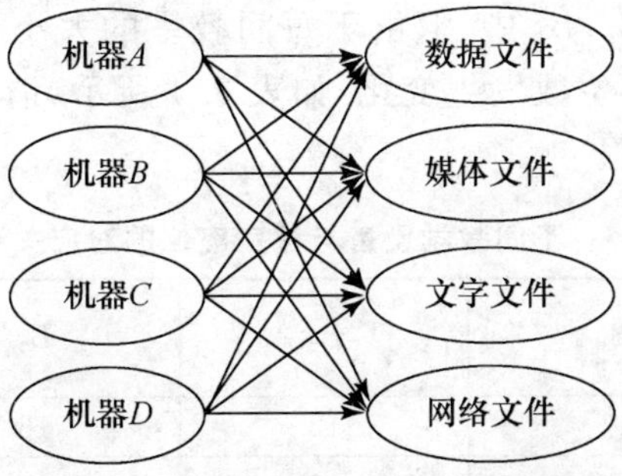

图 3.4　指派问题对应的二分网络

采用匈牙利法的求解过程如下：

(1) 变换指派问题的系数矩阵，使其每行每列都出现 0 元素.

$$\begin{pmatrix} 4 & 9 & 5 & 8 \\ 5 & 11 & 4 & 7 \\ 3 & 13 & 6 & 6 \\ 6 & 12 & 4 & 9 \end{pmatrix}\begin{matrix} -4 \\ -4 \\ -3 \\ -4 \end{matrix} \xrightarrow{\text{行减去最小元素}} \begin{matrix}\begin{pmatrix} 0 & 5 & 1 & 4 \\ 1 & 7 & 0 & 3 \\ 0 & 10 & 3 & 3 \\ 2 & 8 & 0 & 5 \end{pmatrix} \\ \quad -5 \qquad -3 \end{matrix} \xrightarrow{\text{列减去最小元素}} \begin{pmatrix} 0 & 0 & 1 & 1 \\ 1 & 2 & 0 & 0 \\ 0 & 5 & 3 & 0 \\ 2 & 3 & 0 & 2 \end{pmatrix}.$$

(2) 进行试指派以寻求最优解.

从 0 元素最少的行(列)开始，对 0 元素加圈，记作◎；然后划去◎所在行(列)的其他 0 元素，记作 φ，得到：

$$\begin{pmatrix} \varphi & ◎ & 1 & 1 \\ 1 & 2 & \varphi & ◎ \\ ◎ & 5 & 3 & \varphi \\ 2 & 3 & ◎ & 2 \end{pmatrix}.$$

由于◎元素的数目等于矩阵的阶数 4，因此指派问题的最优解已经得到. 指派问题的最优解为：

$$(x_{ij}) = \begin{pmatrix} 0 & 1 & 0 & 0 \\ 0 & 0 & 0 & 1 \\ 1 & 0 & 0 & 0 \\ 0 & 0 & 1 & 0 \end{pmatrix}.$$

指派问题的最优方案为：机器 A 处理媒体文件、机器 B 处理网络文件、机器 C 处理数据文件、机器 D 处理文字文件，所花费最短时间为：

$$z^* = c_{12} + c_{24} + c_{31} + c_{43} = 9 + 7 + 3 + 4 = 23 \text{ min}.$$

[例 3-6]　教育装备安置问题.

某校为提高教学质量，引进了 4 套不同的教学设备 A_1, A_2, A_3, A_4，准备安排在 4 间教室 B_1, B_2, B_3, B_4 中，但由于每间教室的大小不同，不同设备放置在不同教室将导致教室座位数发生变化，如表 3.4 所示. 请设计一种分配方案，使 4 间教室容纳的总人数最多.

表 3.4　不同教学设备与教室座位的对应关系表

设备 \ 教室	B_1	B_2	B_3	B_4
A_1	11	12	16	7
A_2	9	10	14	13
A_3	8	6	15	9
A_4	10	14	13	7

解：本例是非标准形式的指派问题，即求最大值的指派问题. 采用匈牙利法的求解过程如下：

(1) 将求最大值的指派问题转化为求最小值的指派问题. 具体方法为：

选择系数矩阵$(c_{ij})(i=1,2,\cdots,n;j=1,2,\cdots,n)$中的最大元素 M，令 $b_{ij}=M-c_{ij}$，产生新的系数矩阵$(b_{ij})(i=1,2,\cdots,n;j=1,2,\cdots,n)$，则最大化问题的数学模型：

$$\max z=\sum_{i=1}^{n}\sum_{j=1}^{n}c_{ij}.x_{ij},$$

$$\text{s.t.}\begin{cases}\sum\limits_{j=1}^{n}x_{ij}=1, & i=1,2,\cdots,n,\\ \sum\limits_{i=1}^{n}x_{ij}=1, & j=1,2,\cdots,n,\\ x_{ij}=0\text{ 或 }1, & i,j=1,2,\cdots,n,\end{cases}$$

转化为最小化问题的数学模型：

$$\min z'=\sum_{i=1}^{n}\sum_{j=1}^{n}b_{ij}x_{ij}=\sum_{i=1}^{n}\sum_{j=1}^{n}(M-c_{ij})x_{ij}=nM-\sum_{i=1}^{n}\sum_{j=1}^{n}c_{ij}x_{ij}=nM-z,$$

$$\text{s.t.}\begin{cases}\sum\limits_{j=1}^{n}x_{ij}=1, & i=1,2,\cdots,n,\\ \sum\limits_{i=1}^{n}x_{ij}=1, & j=1,2,\cdots,n,\\ x_{ij}=0\text{ 或 }1, & i,j=1,2,\cdots,n,\end{cases}$$

最小化问题的最小解即为最大化问题的最大解.

由题意得最大化问题的系数矩阵为：

$$(c_{ij})=\begin{pmatrix}11 & 12 & 16 & 7\\ 9 & 10 & 14 & 13\\ 8 & 6 & 15 & 9\\ 10 & 14 & 13 & 7\end{pmatrix}.$$

其元素的最大值为16，因此相应的最小化问题的系数矩阵为：

$$(b_{ij})=\begin{pmatrix}16-11 & 16-12 & 16-16 & 16-7\\ 16-9 & 16-10 & 16-14 & 16-13\\ 16-8 & 16-6 & 16-15 & 16-9\\ 16-10 & 16-14 & 16-13 & 16-7\end{pmatrix}=\begin{pmatrix}5 & 4 & 0 & 9\\ 7 & 6 & 2 & 3\\ 8 & 10 & 1 & 7\\ 6 & 2 & 3 & 9\end{pmatrix}.$$

(2) 变换指派问题的系数矩阵，使其每行每列都出现0元素.

$$\begin{pmatrix}5 & 4 & 0 & 9\\ 7 & 6 & 2 & 3\\ 8 & 10 & 1 & 7\\ 6 & 2 & 3 & 9\end{pmatrix}\begin{matrix}-0\\-2\\-1\\-2\end{matrix}\xrightarrow{\text{行减去最小元素}}\begin{pmatrix}5 & 4 & 0 & 9\\ 5 & 4 & 0 & 1\\ 7 & 9 & 0 & 6\\ 4 & 0 & 1 & 7\end{pmatrix}\xrightarrow{\text{列减去最小元素}}\begin{pmatrix}1 & 4 & 0 & 8\\ 1 & 4 & 0 & 0\\ 3 & 9 & 0 & 5\\ 0 & 0 & 1 & 6\end{pmatrix}.$$

$$\begin{matrix}-4 & & & -1\end{matrix}$$

(3) 进行试指派以寻求最优解.

从0元素最少的行(列)开始，对0元素加圈，记作◎；然后划去◎所在行(列)的其他0元素，记作 φ，得到：

$$\begin{pmatrix}1 & 4 & ◎ & 8\\ 1 & 4 & \varphi & ◎\\ 3 & 9 & \varphi & 5\\ ◎ & \varphi & 1 & 6\end{pmatrix}.$$

(4) 做能覆盖所有0元素的最少直线集合.

$$\begin{pmatrix}1 & 4 & ◎ & 8\\ 1 & 4 & \varphi & ◎\\ 3 & 9 & \varphi & 5\\ ◎ & \varphi & 1 & 6\end{pmatrix}\begin{matrix}\surd\\ \\ \surd\\ \\ \end{matrix}.$$

$$\begin{matrix} & & \surd & \end{matrix}$$

由于 $l=m=3<n=4$，则需变换当前的系数矩阵，以找到4个独立的0元素.

(5) 变换系数矩阵 (b_{ij}) 以增加0元素. 从没有被直线覆盖的所有元素中，找出最小元素1，然后打√各行都减去最小元素1；打√各列都加上最小元素1，得到新的系数矩阵. 然后，继续进行试指派，寻找独立0元素，得到：

$$\begin{pmatrix} ◎ & 3 & \varphi & 7 \\ 1 & 4 & \varphi & ◎ \\ 2 & 8 & ◎ & 4 \\ \varphi & ◎ & 2 & 6 \end{pmatrix}.$$

由于◎元素的数目等于矩阵的阶数 4，因此指派问题的最优解已经得到. 指派问题的最优解为：

$$(x_{ij}) = \begin{pmatrix} 1 & 0 & 0 & 0 \\ 0 & 0 & 0 & 1 \\ 0 & 0 & 1 & 0 \\ 0 & 1 & 0 & 0 \end{pmatrix}.$$

指派问题的最优方案为：设备 A_1 放在教室 B_1，设备 A_2 放在教室 B_4，设备 A_3 放在教室 B_3，设备 A_4 放在教室 B_2. 此时，4 间教室容纳人数最多为：

$$z^* = c_{11} + c_{24} + c_{33} + c_{42} = 11 + 13 + 15 + 14 = 53.$$

3.3.4 指派问题的拓展

指派问题是特殊的运输问题，它与运输问题一样也具有不平衡的情形，下面就讨论一些指派问题的特殊形式.

1. 人数(或机器数)多于任务数

人数(或机器数)多于任务数，属于择优录用的问题. 处理此类指派问题的方法是引入假想任务，由于每个人(或机器)完成假想任务都不需要时间，因此其对应的系数矩阵元素为“0”. 与运输问题一样，通过引入假想任务可以将不平衡的指派问题转化成平衡的指派问题.

[例 3-7] 有 5 名学生 A_1, A_2, A_3, A_4, A_5 竞争 4 项勤工俭学工作 B_1, B_2, B_3, B_4，若他们完成各项勤工俭学工作所需的时间如表 3.5 所示，请问应如何分配任务才能使总的工作效率最高？

表 3.5 各名学生完成 4 项不同工作所需时间 (单位：天)

学生 \ 工作	B_1	B_2	B_3	B_4
A_1	12	10	8	9
A_2	20	5	15	25
A_3	10	11	10	15
A_4	15	19	18	6
A_5	18	16	5	20

解： 增加 1 项假想工作，见表 3.6.

表 3.6　各名学生完成 5 项不同工作所需时间　（单位：天）

学生＼工作	B_1	B_2	B_3	B_4	B_5
A_1	12	10	8	9	**0**
A_2	20	5	15	25	**0**
A_3	10	11	10	15	**0**
A_4	15	19	18	6	**0**
A_5	18	16	5	20	**0**

采用匈牙利法求解过程如下：

变换指派问题的系数矩阵，使其每行每列都出现 0 元素.

$$\begin{pmatrix} 12 & 10 & 8 & 9 & 0 \\ 20 & 5 & 15 & 25 & 0 \\ 10 & 11 & 10 & 15 & 0 \\ 15 & 19 & 18 & 6 & 0 \\ 18 & 16 & 5 & 20 & 0 \end{pmatrix} \xrightarrow{\text{列减去最小元素}} \begin{pmatrix} 2 & 5 & 3 & 3 & 0 \\ 10 & 0 & 10 & 19 & 0 \\ 0 & 6 & 5 & 9 & 0 \\ 5 & 14 & 13 & 0 & 0 \\ 8 & 11 & 0 & 14 & 0 \end{pmatrix}.$$

$$-10 \quad -5 \quad -5 \quad -6 \quad 0$$

从 0 元素最少的行（列）开始，对 0 元素加圈，记作◎；然后划去◎所在行（列）的其他 0 元素，记作 φ，得到：

$$\begin{pmatrix} 2 & 5 & 3 & 3 & ◎ \\ 10 & ◎ & 10 & 19 & \varphi \\ ◎ & 6 & 5 & 9 & \varphi \\ 5 & 14 & 13 & ◎ & \varphi \\ 8 & 11 & ◎ & 14 & \varphi \end{pmatrix}.$$

由于◎元素的数目等于矩阵的阶数 5，因此指派问题的最优解已经得到. 指派问题的最优解为：

$$(x_{ij}) = \begin{pmatrix} 0 & 0 & 0 & 0 & 1 \\ 0 & 1 & 0 & 0 & 0 \\ 1 & 0 & 0 & 0 & 0 \\ 0 & 0 & 0 & 1 & 0 \\ 0 & 0 & 1 & 0 & 0 \end{pmatrix}.$$

指派问题的最优方案为：学生 A_2——工作 B_2，学生 A_3——工作 B_1，学生 A_4——工作 B_4，学生 A_5——工作 B_3，而学生 A_1 被淘汰.

2. 任务数多于人数（或机器数）

任务数多于人数（或机器数）可以有两种具体的情形：

第一，只选择与人员数量相等的任务来完成，其他任务留下不管. 处理此类指派问题的方法是引入假想人（或机器），使人数（或机器数）与任务数相等. 由于假想人（或机器）反映的是剩余的任务，所以其对应的系数矩阵元素也为“0”. 通过引入假想人（或机器），可以将不平衡的指派问题转化成平衡的指派问题.

第二，允许一个人同时完成多项任务（兼职），所有的任务都必须完成. 处理此类指派问题的方法是引入假想人（或机器），使人数（或机器数）与任务数相等. 但由于此时假想人（或机器）反映的是兼做的任务，而不再是剩余的任务，所以其对应的系数矩阵元素将不再是“0”. 设想一下，如果已经得到了一个最优指派方案，那么对于最优指派方案而言，被兼做的任务一定是由完成该项任务时间最短的人（或机器）来完成. 因此，假想人（或机器）所对应的系数矩阵元素是完成各项任务的最短时间.

［例 3-8］ 有 4 名学生 A_1, A_2, A_3, A_4 面临 5 项实验 B_1, B_2, B_3, B_4, B_5，若在 5 项实验中选择 4 项进行分配，每名学生完成各项实验所需的时间如表 3.7 所示，请问应如何分配才能使总的工作效率最高？

表 3.7 各名学生完成 5 项不同实验所需时间 （单位：小时）

学生 \ 实验	B_1	B_2	B_3	B_4	B_5
A_1	12	10	8	9	15
A_2	20	5	15	25	8
A_3	10	11	10	15	6
A_4	15	19	18	6	12

解： 增加 1 名假想学生，见表 3.8.

表 3.8 各名学生完成 5 项不同实验所需时间 （单位：小时）

学生 \ 实验	B_1	B_2	B_3	B_4	B_5
A_1	12	10	8	9	15
A_2	20	5	15	25	8
A_3	10	11	10	15	6
A_4	15	19	18	6	12
A_5	**0**	**0**	**0**	**0**	**0**

采用匈牙利法求解过程如下：

变换指派问题的系数矩阵，使其每行每列都出现 0 元素.

$$\begin{pmatrix} 12 & 10 & 8 & 9 & 15 \\ 20 & 5 & 15 & 25 & 8 \\ 10 & 11 & 10 & 15 & 6 \\ 15 & 19 & 18 & 6 & 12 \\ 0 & 0 & 0 & 0 & 0 \end{pmatrix}\begin{matrix} -8 \\ -5 \\ -6 \\ -6 \\ 0 \end{matrix} \xrightarrow{\text{行减去最小元素}} \begin{pmatrix} 4 & 2 & 0 & 1 & 7 \\ 15 & 0 & 10 & 20 & 3 \\ 4 & 5 & 4 & 9 & 0 \\ 9 & 13 & 12 & 0 & 6 \\ 0 & 0 & 0 & 0 & 0 \end{pmatrix}.$$

从0元素最少的行(列)开始,对0元素加圈,记作◎;然后划去◎所在行(列)的其他0元素,记作φ,得到:

$$\begin{pmatrix} 4 & 2 & ◎ & 1 & 7 \\ 15 & ◎ & 10 & 20 & 3 \\ 4 & 5 & 4 & 9 & ◎ \\ 9 & 13 & 12 & ◎ & 6 \\ ◎ & \varphi & \varphi & \varphi & \varphi \end{pmatrix}.$$

由于◎元素的数目等于矩阵的阶数5,因此指派问题的最优解已经得到:

$$(x_{ij})=\begin{pmatrix} 0 & 0 & 1 & 0 & 0 \\ 0 & 1 & 0 & 0 & 0 \\ 0 & 0 & 0 & 0 & 1 \\ 0 & 0 & 0 & 1 & 0 \\ 1 & 0 & 0 & 0 & 0 \end{pmatrix}.$$

最优指派方案为:学生A_1——实验B_3,学生A_2——实验B_2,学生A_3——实验B_5,学生A_4——实验B_4,而实验B_1被淘汰.

[例3-9]　有4名学生面临5项社会实践工作,其中有1名学生兼任1项工作,其他3名学生各完成1项工作.4名学生完成各项工作所需的时间如表3.9所示,请问应如何分配任务才能使总的工作效率最高?

表3.9　各名学生完成5项不同工作所需时间　(单位:天)

学生＼工作	B_1	B_2	B_3	B_4	B_5
A_1	12	10	8	9	15
A_2	20	5	15	25	8
A_3	10	11	10	15	6
A_4	15	19	18	6	12

解: 增加1名假想学生,假想学生所对应的系数矩阵元素是完成各项任务的最短时间,见表3.10.

表 3.10 各名学生完成 5 项不同工作所需时间 （单位：天）

学生 \ 工作	B_1	B_2	B_3	B_4	B_5
A_1	12	10	8	9	15
A_2	20	5	15	25	8
A_3	10	11	10	15	6
A_4	15	19	18	6	12
A_5	**10**	**5**	**8**	**6**	**6**

采用匈牙利法求解过程如下：

变换指派问题的系数矩阵，使其每行每列都出现 0 元素.

$$\begin{pmatrix} 12 & 10 & 8 & 9 & 15 \\ 20 & 5 & 15 & 25 & 8 \\ 10 & 11 & 10 & 15 & 6 \\ 15 & 19 & 18 & 6 & 12 \\ 10 & 5 & 8 & 6 & 6 \end{pmatrix} \begin{matrix} -8 \\ -5 \\ -6 \\ -6 \\ -5 \end{matrix} \xrightarrow{\text{行减去最小元素}} \begin{pmatrix} 4 & 2 & 0 & 1 & 7 \\ 15 & 0 & 10 & 20 & 3 \\ 4 & 5 & 4 & 9 & 0 \\ 9 & 13 & 12 & 0 & 6 \\ 5 & 0 & 3 & 1 & 1 \end{pmatrix}$$
$$\begin{matrix} -4 & & & & \end{matrix}$$

$$\xrightarrow{\text{列减去最小元素}} \begin{pmatrix} 0 & 2 & 0 & 1 & 7 \\ 11 & 0 & 10 & 20 & 3 \\ 0 & 5 & 4 & 9 & 0 \\ 5 & 13 & 12 & 0 & 6 \\ 1 & 0 & 3 & 1 & 1 \end{pmatrix}.$$

从 0 元素最少的行(列)开始，对 0 元素加圈，记作◎；然后划去◎所在行(列)的其他 0 元素，记作 φ，并做能覆盖所有 0 元素的最少直线集合，得到：

$$\begin{pmatrix} \varphi & 2 & ◎ & 1 & 7 \\ 11 & ◎ & 10 & 20 & 3 \\ \varphi & 5 & 4 & 9 & ◎ \\ 5 & 13 & 12 & ◎ & 6 \\ 1 & \varphi & 3 & 1 & 1 \end{pmatrix} \begin{matrix} \\ \surd \\ \\ \\ \surd \end{matrix}.$$
$$\begin{matrix} & \surd & & & \end{matrix}$$

由于 $l<n$，则需变换当前的系数矩阵，以找到 5 个独立的 0 元素，即

$$\begin{pmatrix} \varphi & 3 & ◎ & 1 & 7 \\ 10 & ◎ & 9 & 19 & 2 \\ ◎ & 6 & 4 & 9 & \varphi \\ 5 & 14 & 12 & ◎ & 6 \\ \varphi & \varphi & 2 & \varphi & ◎ \end{pmatrix}.$$

利用匈牙利法求解可得最优指派方案(不唯一)：学生 A_1——工作 B_3,学生 A_2——工作 B_2,学生 A_3——工作 B_1,学生 A_4——工作 B_4,而学生 A_3 兼任工作 B_5.

第 4 章　教育装备资源分配与动态规划

【本章学习要点】

1. 动态规划的基本概念、适用条件及数学模型.
2. 确定性动态规划问题的基本概念及求解步骤.
3. 随机性动态规划问题的求解算法.
4. 教育装备资源分配问题的基本思想、数学模型及求解算法.

【本章内容结构】

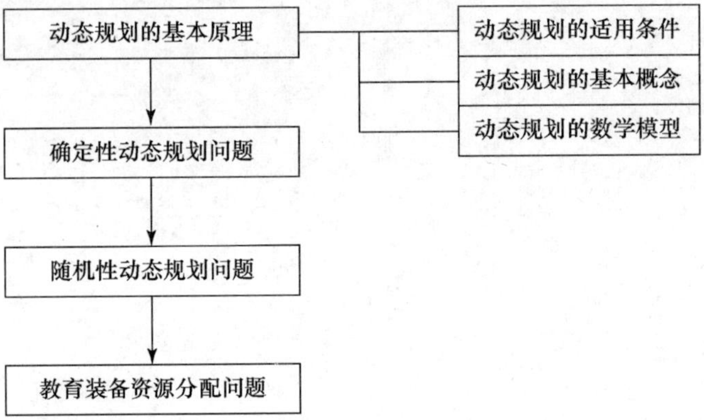

教育装备资源分配中的许多决策优化问题属于多阶段决策问题，即需要对资源分配过程的每个阶段都做出决策，并使整个过程达到最优. 在多阶段决策问题中，阶段既可以按时间划分，也可以按空间或其他特征进行划分. 各阶段是相互联系相互影响的，某一阶段的结束状态作为下一阶段的初始状态. 每个阶段的决策确定以后，就得到一个决策序列，称为策略. 多阶段决策问题就是寻求一个策略，使各阶段的效益和达到最优，因此必须把每个阶段当做决策链的一环来考虑. 动态规划是求解多阶段决策问题的有效工具，与前面章节介绍的线性规划和整数规划不同，多阶段决策问题的决策变量需要分期、分批处理. 本章主要介绍动态规划的基本概念、理论和方法，并通过典型案例阐述动态规划理论和方法在教育装备资源分配中的具体应用.

4.1　动态规划的基本原理

动态规划(Dynamic programming)是一种求解多阶段决策问题的系统技术,与前几章介绍的优化方法不同,它不是一种算法,而是考察问题的一种途径.动态规划没有标准的数学表达式和明确定义的规则,必须针对具体问题进行分析处理,根据具体问题的性质并结合一些数学技巧来求解.有些多阶段决策问题,对阶段的划分具有明显的时序性,动态规划的"动态"二字由此得名.虽然动态规划主要用于求解以时间划分阶段的动态过程的优化问题,但是一些与时间无关的静态规划,只要人为地引进时间因素,把它视为多阶段决策过程,也可以用动态规划方法方便地求解.

动态规划的主要创始人是美国数学家贝尔曼(R. Bellman).1951年,当时在兰德公司(Rand Corporation)从事研究工作的贝尔曼等人在研究多阶段决策过程的优化问题时,提出了著名的"最优化原理",把多阶段过程转化为一系列单阶段问题,逐个求解,创立了解决这类过程优化问题的新方法——动态规划.1957年,贝尔曼发表了数篇研究论文并出版了他的第一部著作 *Dynamic Programming*,成为当时进一步研究和应用动态规划的理论源泉.1961年,贝尔曼出版了关于动态规划的第二部著作,并于1962年同杜瑞佛思(S. Dreyfus)合作出版了关于动态规划的第三部著作.在贝尔曼及其助手们致力于发展和推广这一技术的同时,其他一些学者也对动态规划的发展作出了重大贡献.其中最值得一提的是,爱尔思(R. Aris)先后于1961年和1964年出版了两部关于动态规划的著作;1964年,他同尼母霍思尔(G. Nemhauser)等创建了处理分枝、循环性多阶段决策系统的一般性理论.

动态规划问世以来,在工程技术、经济管理、生产调度、最优控制、军事等方面得到了广泛应用,取得了显著成效.动态规划可以用来解决最优路径问题、资源分配问题、生产调度问题、库存管理问题、排序问题、设备更新问题,以及生产过程最优控制问题等,是一种重要的管理决策技术.许多规划问题用动态规划的方法来处理,往往比线性规划或非线性规划更有效.特别是对于离散的问题,由于解析数学无法发挥作用,动态规划便成为一种非常有用的工具.

下面以最短路径问题为例说明动态规划的基本原理.

[例4-1]　如图4.1所示,给定一个网络,从 A_0 点铺设一条管道到 A_6 点,必须经过5个中间站,第1中间站可以在 A_1 和 B_1 中选择,第2中间站可以在 A_2,B_2,C_2 和 D_2 中选择,其余类似.图4.1中两站间连线上的数字表示两站间的距离,如果两站间没有连线,则表示这两站之间不能铺设管道.试确定一条由 A_0 到

A_6 的最短管道铺设路线.

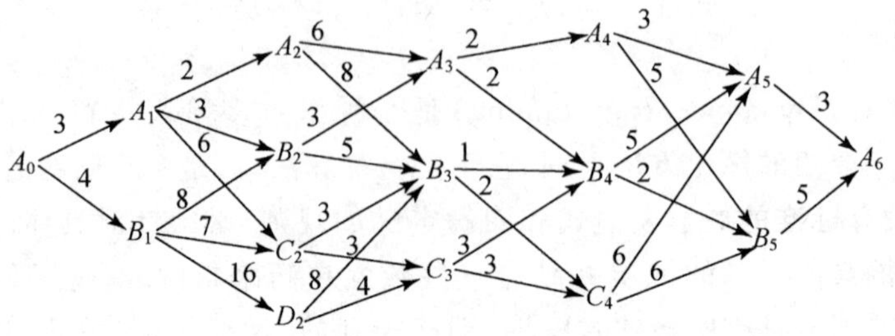

图 4.1　管道铺设路线

解: 求解这个问题最容易想到的方法是枚举法. 但现在从另一个角度来考虑,这是一个多阶段决策问题. 首先将问题分为 6 个阶段,第 1 阶段为从起点 A_0 到第 1 中间站 A_1 或 B_1,第 2 阶段为从第 1 中间站到第 2 中间站 A_2,B_2,C_2 或 D_2,依此类推. 以第 1 阶段为例,有 2 个选择——走到 A_1 或走到 B_1,若选择走到 A_1,则 A_1 就是第 2 阶段的起始点;在第 2 阶段,从 A_1 点出发,有一个可供选择的决策集合 $\{A_2, B_2, C_2\}$. 由此可见,前面各阶段的决策,将直接影响后续各阶段的行进路线. 我们的目的就是在每个阶段选择一个决策,使由它们决定的总路程最短. 采用动态规划,可以实现对每个阶段的决策,最终获得整个过程的最优,即最短铺设路线. 动态规划的基本核心是最优化原理,下面予以详细介绍.

4.1.1　动态规划的适用条件

适用动态规划的问题必须满足最优化原理和无后效性.

1. 最优化原理

最优化原理是动态规划的基石,它的主要表述方式有如下几种:

表述 1: 一个最优策略具有这样的性质,不论初始状态及初始决策如何,对于该决策所造成的某一状态而言,其余的所有决策必构成一个最优策略.

表述 2: 假设对任意的时刻 t,不论过程在时刻 t 以前的历史状态如何,若按时刻 t 的状态而言,过程今后的行为是最优的,则整个过程的行为也必是最优的.

表述 3: 假设采取了最优策略,得到某个系统运动的最优轨线,该最优轨线将状态空间中的起点和终点连接起来,如果在最优轨线上取某个中间点,将最优轨线分为Ⅰ(前段)和Ⅱ(后段),则子轨线Ⅱ也是最优的.

采用反证法,可以很容易地证明最优化原理. 最优化原理的简单描述为: 最优策略的子策略总是最优的. 一个问题满足最优化原理又称其具有最优子结构性质.

2. 无后效性

将各阶段按照一定的次序排列后，对于某个给定的阶段状态，只有通过当前的状态影响未来的决策，以前各阶段的状态无法直接起作用. 换句话说，每个状态都是过去历史的一个完整总结.

4.1.2　动态规划的基本概念

动态规划的数学描述离不开基本概念与符号，因此有必要系统地介绍动态规划的基本概念.

1. 阶段(Stage)

阶段是对整个过程的自然划分. 通常根据顺序或空间特征等，将整个过程划分为若干个相互联系的阶段，以便按阶段的次序解优化问题. 描述阶段的变量称为阶段变量，常用 i 来表示，n 表示阶段的个数. 对于具有 n 个阶段的决策过程，其阶段变量 $i=1,2,\cdots,n$. 如例 4-1 可分为 6 个阶段，$i=1,2,\cdots,6$.

2. 状态(State)

状态表示每个阶段开始所处的自然状况或客观条件，它描述过程的特征. 状态不仅反映了前面各阶段系列决策的结果，而且是本阶段决策的出发点和依据；它是各阶段信息的传递点和结合点. 状态具有无后效性(The future is independent of the past)或健忘性(The process is forgetful)，即当某阶段状态给定时，该阶段以后过程的发展不受此阶段以前各阶段状态的影响. 换句话说，过程的历史只能通过当前的状态影响未来，当前的状态是以往历史的一个总结. 通常状态是直接或间接可以观测的.

描述各阶段状态的变量称为状态变量，简称状态. 通常用 s_i 表示第 i 阶段的状态变量，它可以是一个数或一个向量. 变量允许取值的范围称为允许状态集合，通常用 X_i 表示第 i 阶段的允许状态集合. n 个阶段的决策过程有 $n+1$ 个状态变量，x_{n+1} 表示 x_n 演变的结果. 根据过程演变的具体情况，状态变量可以是离散的或连续的. 为了计算的方便有时将连续变量离散化；为了分析的方便有时又将离散变量视为连续的.

3. 决策(Decision)

当一个阶段的状态确定后，决策者在所面临的若干个方案中做出选择，从而演变到下一阶段的某个状态，这种选择手段称为决策，在最优控制问题中也称为控制.

描述决策的变量称为决策变量，简称决策，通常用 d_i 表示第 i 阶段的决策. 决策变量允许取值的范围称为允许决策集合，记为 D_i.

4. 状态转移方程(Transformation function)

状态转移方程是描述系统由一个状态 s_i 到另一状态 s_{i+1} 演变过程的方程，这种演变的对应关系记为：

$$s_{i+1}=T(s_i,d_i). \tag{4.1}$$

5. 策略(Policy)

由所有阶段决策所组成的一个决策序列称为一个策略，具有 n 个阶段的动态规划问题的策略可表示为：

$$p=\{d_1,d_2,\cdots,d_n\}. \tag{4.2}$$

从阶段 i 开始到过程终点为止的过程，称为一个 i 子过程，包含阶段 i，阶段 $i+1,\cdots$，阶段 n. i 子过程对应的决策子序列，称为 i 子策略，记为：

$$p_i=\{d_i,d_{i+1},\cdots,d_n\},\quad i=1,2,\cdots,n-1. \tag{4.3}$$

当 $i=1$ 时，即为全过程，因此 $p=p_1$. 显然，有

$$p_i=\{d_i,p_{i+1}\},\quad i=1,2,\cdots,n-1. \tag{4.4}$$

即：i 子策略 p_i 是由阶段 i 的决策 d_i 与 $(i+1)$ 阶段的子策略 p_{i+1} 组合而成的.

6. 指标函数

指标函数又称为目标函数，用来表示系统所要实现的目标，是衡量策略优劣的尺度. 指标函数分为阶段指标函数和过程指标函数.

阶段指标函数是对应某一阶段决策的效率度量，记为 $g_i=r(s_i,d_i)$. 对于最短路径问题，阶段指标函数表示第 i 阶段的起点 s_i 到终点 s_{i+1} 的距离.

过程指标函数是用来衡量所实现过程优劣的数量指标，是定义在活动全过程(策略)或所有 i 子过程(子策略)上的一个数量函数，分别记为 G 和 G_i.

构成动态规划的过程指标函数，应具有可分性并满足如下递推关系：

$$G_i=g_i\oplus G_{i+1}. \tag{4.5}$$

这里的 $\oplus$ 表示某种运算，最常见的运算关系有如下两种：

(1) 过程指标函数是其所包含的各阶段指标函数的“和”，即：

$$G_i=\sum_{j=i}^{n}g_j, \tag{4.6}$$

于是

$$G_i=g_i+G_{i+1}. \tag{4.7}$$

由于 $G=G_1=\sum_{j=1}^{n}g_j=\sum_{j=1}^{n}r(s_j,d_j)$，代入状态方程(4.6)，得：

$$\begin{aligned}G&=\sum_{j=1}^{n}r(s_j,d_j)=r(s_1,d_1)+r(s_2,d_2)+\cdots+r(s_n,d_n)\\&=r(s_1,d_1)+r(T(s_1,d_1),d_2)+\cdots\end{aligned}$$

$$+ r(T(T(T(\cdots T(s_1, d_1), d_2)\cdots), d_{n-1}), d_n). \tag{4.8}$$

由此可见，指标函数 G 仅依赖于过程的初始状态 s_1 及策略 $p_1 = \{d_1, d_2, \cdots, d_n\}$，因此可记为：

$$G = f(s_1, p_1). \tag{4.9}$$

(2) 过程指标函数是其所包含的各阶段指标函数的"积"，即：

$$G_i = \prod_{j=i}^{n} g_j, \tag{4.10}$$

于是

$$G_i = g_i \times G_{i+1}. \tag{4.11}$$

7. 最优指标函数

从阶段 i 开始的最优子策略所对应的过程指标函数称为最优指标函数，可表示为：

$$f_i(s_i) = \underset{d_{i-n}}{\mathrm{opt}}\{g_i \oplus g_{i+1} \oplus \cdots \oplus g_n\}. \tag{4.12}$$

其中"opt"是最优化"optimization"的缩写，可根据题意取最大"max"或最小"min". 在不同的问题中，指标函数的含义可能不同，可以是距离、利润、成本、产量或资源量等.

4.1.3　动态规划的数学模型

根据最优化原理，可以将式(4.12)表示为递推最优指标函数关系式(4.13)或式(4.14)：

$$f_i(s_i) = \underset{d_{i-n}}{\mathrm{opt}}\{g_i \oplus g_{i+1} \oplus \cdots \oplus g_n\} = \underset{d_i}{\mathrm{opt}}\{g_i + f_{i+1}(s_{i+1})\}. \tag{4.13}$$

$$f_i(s_i) = \underset{d_{i-n}}{\mathrm{opt}}\{g_i \oplus g_{i+1} \oplus \cdots \oplus g_n\} = \underset{d_i}{\mathrm{opt}}\{g_i \times f_{i+1}(s_{i+1})\}. \tag{4.14}$$

利用式(4.13)或式(4.14)可表示出最后一个阶段(第 n 个阶段)的最优指标函数为：

$$f_n(s_n) = \underset{d_n}{\mathrm{opt}}\{g_n + f_{n+1}(s_{n+1})\}. \tag{4.15}$$

$$f_n(s_n) = \underset{d_n}{\mathrm{opt}}\{g_n \times f_{n+1}(s_{n+1})\}. \tag{4.16}$$

其中 $f_{n+1}(s_{n+1})$ 称为边界条件. 一般情况下，第 n 阶段的输出状态 s_{n+1} 将不影响本过程的策略，即式(4.15)中的边界条件 $f_{n+1}(s_{n+1})=0$，式(4.16)中的边界条件 $f_{n+1}(s_{n+1})=1$；但当第 n 阶段的输出状态 s_{n+1} 对本过程的策略产生某种影响时，边界条件 $f_{n+1}(s_{n+1})$ 就要根据问题的具体情况取适当的值.

已知边界条件 $f_{n+1}(s_{n+1})$，利用式(4.13)和式(4.14)即可求得第 n 个阶段的最优指标函数 $f_n(s_n)$；已知 $f_n(s_n)$，继续利用式(4.13)和式(4.14)即可求得第

$n-1$ 个阶段的最优指标函数 $f_{n-1}(s_{n-1})$；已知 $f_{n-1}(s_{n-1})$，进而可得第 $n-2$ 个阶段的最优指标函数 $f_{n-2}(s_{n-2})$；如此递推，直至求得第 1 个阶段的最优指标函数 $f_1(s_1)$，从而使问题得到解决. 由于上述最优指标函数的构建是按阶段的逆序从后向前进行的，所以也称为动态规划的逆序算法.

通过上述分析，可以将动态规划方法求解问题的步骤概括为：

(1) 划分阶段. 按照时间、空间、变量或其他特征，将实际问题划分为若干个阶段. 注意这若干个阶段一定是有序的或者是可排序的，否则问题将无法用动态规划求解.

(2) 确定状态和决策. 将问题发展到各个阶段时所处的各种客观情况用不同的状态表示，确定各个阶段的状态变量和决策变量及各自的取值范围. 其中，状态的选择要满足无后效性.

(3) 写出状态转移方程. 决策和状态转移之间存在必然的联系. 根据上一阶段的状态和决策，可以导出本阶段的状态，即写出状态转移方程. 但事实上，通常反过来做，根据相邻两阶段各状态之间的关系来确定决策.

(4) 建立指标函数 G_i. 得到实际问题的函数方程，即递推关系式.

(5) 求解最优指标值和最优策略. 采用动态规划的逆序算法或正向递推算法，求出每个阶段的最优指标值及相应的最优策略. 最后求得全过程的最优策略.

动态规划具有两个突出的优点. 第一，求解更容易、效率更高. 动态规划方法是一种逐步改善法，它把原问题分解为一系列结构相似的最优化子问题，而每个子问题的变量个数比原问题少得多，约束集合也简单得多，因此比较易于确定最优解. 第二，解的信息更加丰富. 线性规划是对问题的整体进行一次性求解，因此只能得到全过程的解；而动态规划方法将过程分解成多个阶段进行求解，因此不仅可以得到全过程的解，还可以得到所有子过程的解.

动态规划也有三个明显的缺点. 第一，没有统一的标准模型. 实际问题的动态规划模型各有差异，模型构建存在一定困难. 第二，应用条件苛刻. 构造动态规划模型的状态变量必须满足"无后效性"，这一条件既依赖于状态转移方程，又依赖于允许决策集合和指标函数的结构. 针对具体的实际问题，取其自然特征作为状态变量，往往难以满足"无后效性"，因此大大降低了动态规划的通用性. 第三，状态变量存在"维数障碍". 当状态变量的维数增加时，最优指标函数 $f_i(s_i)$ 的计算量将成指数倍增长，无论采用手工计算还是电脑编程，"维数障碍"均无法完全克服.

4.2　确定性动态规划问题

根据决策过程的演变是否确定，可以将动态规划分为确定性动态规划和随机性动态规划，本节重点阐述确定性动态规划问题. 确定性动态规划问题是指阶段的输出状态完全由其输入状态和决策所决定的动态规划问题. 确定性动态规划问题涉及教育装备、教育管理等领域的方方面面，典型的包括最短路径问题、资源配置问题等. 最短路径问题直观、具体地展示了动态规划的基本概念和基本步骤，因此首先来分析一下最短路径问题.

[例 4-2]　某地区教育物资的输运网络如图 4.2 所示，其中地点 S 为教育物资输运的起点，地点 T_1, T_2, T_3 为教育物资输运的终点，起点和终点间有若干个中间站 M_{ij}，中间站的连通情况见图 4.2，图中线段上的数字代表两站之间的距离(单位：1 km). 请确定一个最佳的输运线路，使输运距离最短.

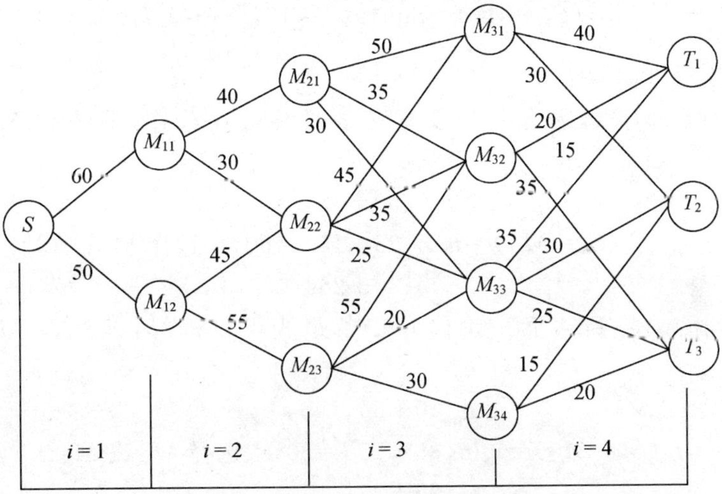

图 4.2　某地区教育物资的输运网络

解：由最优化原理可知，最短路径有一个重要性质：如果由起点 A 经过 B 点和 C 点到达终点 D 是一条最短路径，则由 B 点经 C 点到达终点 D 一定是 B 到 D 的最短路径. 根据这一性质，寻找最佳输运线路的方法就是从最后阶段开始，由后向前逐步递推求出各点到终点的最短路径，最后求得由始点到终点的最短输运线路.

按照动态规划的求解方法，将全过程划分为 4 个阶段，即阶段变量 $i=1,2,3,4$，取过程在各阶段所处的位置为状态变量 S_i，按动态规划的逆序算法求解.

(1) 当 $i=4$ 时

由中间点 M_{31} 到达目的地有两条路线可以选择,即选择 T_1 或 T_2,则

$$f_4(S_4=M_{31})=\min\begin{Bmatrix}40\\30\end{Bmatrix}=30,\quad 选择\ T_2.$$

由中间点 M_{32} 到达目的地有三条路线可以选择,即选择 T_1,T_2 或 T_3,则

$$f_4(S_4=M_{32})=\min\begin{Bmatrix}20\\15\\35\end{Bmatrix}=15,\quad 选择\ T_2.$$

由中间点 M_{33} 到达目的地有三条路线可以选择,即选择 T_1,T_2 或 T_3,则

$$f_4(S_4=M_{33})=\min\begin{Bmatrix}35\\30\\25\end{Bmatrix}=25,\quad 选择\ T_3.$$

由中间点 M_{34} 到达目的地有两条路线可以选择,即选择 T_2 或 T_3,则

$$f_4(S_4=M_{34})=\min\begin{Bmatrix}15\\20\end{Bmatrix}=15,\quad 选择\ T_2.$$

(2) 当 $i=3$ 时

由中间点 M_{21} 到达下一阶段有三条路线可以选择,即选择 M_{31},M_{32} 或 M_{33},则

$$f_3(S_3=M_{21})=\min\begin{Bmatrix}50+30\\35+15\\30+25\end{Bmatrix}=50,\quad 选择\ M_{32}.$$

由中间点 M_{22} 到达下一阶段有三条路线可以选择,即选择 M_{31},M_{32} 或 M_{33},则

$$f_3(S_3=M_{22})=\min\begin{Bmatrix}45+30\\35+15\\25+25\end{Bmatrix}=50,\quad 选择\ M_{32}或\ M_{33}.$$

由中间点 M_{23} 到达下一阶段也有三条路线可以选择,即选择 M_{32},M_{33} 或 M_{34},则

$$f_3(S_3=M_{23})=\min\begin{Bmatrix}55+15\\20+25\\30+15\end{Bmatrix}=45,\quad 选择\ M_{33}或\ M_{34}.$$

(3) 当 $i=2$ 时

由中间点 M_{11} 到达下一阶段有两条路线可以选择,即选择 M_{21} 或 M_{22},则

$$f_2(S_2=M_{11})=\min\begin{Bmatrix}40+50\\30+50\end{Bmatrix}=80,\quad 选择\ M_{22}.$$

由中间点 M_{12} 到达下一阶段也有两条路线可以选择，即选择 M_{22} 或 M_{23}，则

$$f_2(S_2=M_{12})=\min\begin{Bmatrix}45+50\\55+45\end{Bmatrix}=95,\quad \text{选择 } M_{22}.$$

(4) 当 $i=1$ 时

由起点 S 到达下一阶段有两条路线可以选择，即选择 M_{11} 或 M_{12}，则

$$f_1(S_1=S)=\min\begin{Bmatrix}60+80\\50+95\end{Bmatrix}=140,\quad \text{选择 } M_{11}.$$

从而通过计算的反顺序追踪，得到两条最佳的输运线路：$S—M_{11}—M_{22}—M_{32}—T_2$；$S—M_{11}—M_{22}—M_{33}—T_3$，最短的输送距离是 140 km.

4.3　随机性动态规划问题

由于随机性动态规划问题存在一定的不确定性，因此通常依据期望值进行目标的优化. 下面通过两个典型例题来介绍随机性动态规划问题的求解.

[例 4-3]　某教学仪器生产厂家承担一种新型教学仪器的试制任务，合同要求 3 个月内提供 1 台合格样品，否则将支付 15 万元的赔偿费. 据估算，投产 1 台进行试制时，成功的概率是 1/3；投产一批的固定费用为 0.5 万元，每台的试制费为 0.8 万元，试制周期为 1 个月. 试确定最佳的试制计划，使总的期望费用最小.

分析：令阶段 $i=1,2,3$ 表示试制周期(月份)，决策变量 x_i 为第 i 阶段投产试制的台数，状态变量 s_i 为第 i 阶段初是否已获得合格样品，尚无合格样品时 $s_i=1$，已获得合格样品时 $s_i=0$，则状态转移方程为：

$$\begin{cases}P(s_{i+1}=1)=(2/3)^{x_i},\\P(s_{i+1}=0)=1-(2/3)^{x_i}.\end{cases}$$

允许决策集合为：

$$D_i(s_i)=\begin{Bmatrix}1,2,3,\cdots; & s_i=1\\0; & s_i=0\end{Bmatrix}.$$

由题目知，边界条件为：

$$\begin{cases}s_1=1,\\f_4(s_4=1)=15,\\f_4(s_4=0)=0.\end{cases}$$

令阶段指标函数 $g_i(x_i)$ 为第 i 阶段的总费用：

$$g_i(x_i)=\begin{Bmatrix}0.5+0.8x_i; & x_i>0\\0; & x_i=0\end{Bmatrix}.$$

令最优值函数 $f_i(s_i=1)$表示第 i 阶段初没有合格样品时，试制样品 x_i 台，采用最佳试制计划的总费用；$f_i(s_i=0)$表示第 i 阶段初已获得合格样品时的总费用，则最优指标函数为：

$$\begin{cases} f_i(s_i=1)=\min\limits_{x_i\in D_i(s_i)}\{g_i(x_i)+(2/3)^{x_i}f_{i+1}(s_{i+1}=1)+[1-(2/3)^{x_i}]f_{i+1}(s_{i+1}=0)\} \\ \qquad\qquad =\min\limits_{x_i\in D_i(s_i)}\{g_i(x_i)+(2/3)^{x_i}f_{i+1}(s_{i+1}=1)\}, \\ f_i(s_i=0)=0. \end{cases}$$

解：当 $i=3$ 时，

$$\begin{cases} f_3(s_3=1)=\min\limits_{x_3\in D_3(s_3)}\{g_3(x_3)+(2/3)^{x_3}f_4(s_4=1)\}, \\ f_3(s_3=0)=0. \end{cases}$$

将阶段指标函数 $g_3(x_3)$和边界条件带入上式，当 x_3 取不同值时，得到 $f_3(s_3)$的值如表 4.1 所示.

表 4.1　第 3 阶段的最优决策　　(单位：万元)

s_3 \ x_3	0	1	2	3	4	5	6	x_3^*	$f_3(s_3)$
0	0	0	0	0	0	0	0	0	0
1	15	11.3	8.77	7.34	6.66	6.48	6.62	5	6.48

此时，$x_3^*=5$，$f_3(s_3)=6.48$.

当 $i=2$ 时，

$$\begin{cases} f_2(s_2=1)=\min\limits_{x_2\in D_2(s_2)}\{g_2(x_2)+(2/3)^{x_2}f_3(s_3=1)\}, \\ f_2(s_2=0)=0. \end{cases}$$

将阶段指标函数 $g_2(x_2)$和 $f_3(s_3=1)$带入上式，当 x_2 取不同值时，得到 $f_2(s_2)$的值如表 4.2 所示.

表 4.2　第 2 阶段的最优决策　　(单位：万元)

s_2 \ x_2	0	1	2	3	4	x_2^*	$f_2(s_2)$
0	0	0	0	0	0	0	0
1	6.48	5.62	4.98	4.82	4.98	3	4.82

此时，$x_2^*=3$，$f_2(s_2)=4.82$.

当 $i=1$ 时，

$$f_1(s_1=1)=\min\limits_{x_1\in D_1(s_1)}\{g_1(x_1)+(2/3)^{x_1}f_2(s_2=1)\}.$$

将阶段指标函数 $g_1(x_1)$和 $f_2(s_2=1)$带入上式，当 x_1 取不同值时，得到 $f_1(s_1)$的

值如表 4.3 所示.

表 4.3　第 1 阶段的最优决策　　（单位：万元）

s_1 \ x_1	0	1	2	3	x_1^*	$f_1(s_1)$
1	4.82	4.58	4.24	5.76	2	4.24

此时，$x_1^*=2, f_1(s_1)=4.24$.

综上所述，最佳试制计划为：第 1 个月初投产试制 2 台；如果在第 2 个月初无合格样品出现，再投产试制 3 台；如果在第 3 个月初仍然无合格样品出现，再投产试制 5 台. 按此最佳试制方案最小期望总费用是 4.24 万元.

［例 4-4］　某高校实验室需要在近 4 周内采购一批实验设备，估计在未来 4 周内价格会有一定波动，假设价格波动具有 4 种状态——50，60，70 和 80 元，其概率分别为 0.2，0.3，0.4 和 0.1. 试确定该实验室的设备最佳采购计划，以使期望采购价格最小.

分析：令每周为一个阶段，用 $i=1,2,3,4$ 表示；状态变量 s_i 代表第 i 周设备的市场价格；决策变量 x_i 为第 i 周是否决定采购，$x_i=1$ 代表第 i 周决定采购，$x_i=0$ 代表第 i 周决定等待；中间变量 y_i 代表第 i 周决定等待，但在以后采取最佳子策略的采购价格期望值. 显然，是否采购取决于当前市场价格与等待价格期望值的相对大小，如果前者大于后者，则等待，否则采购. 因此，最优指标函数为：

$$f_i(s_i)=\min\{s_i, y_i\}.$$

由题目知：在第 4 周，没有继续等待的余地，因此边界条件为 $f_4(s_4)=s_4$，即：

$$\begin{cases} f_4(s_4=50)=50, \\ f_4(s_4=60)=60, \\ f_4(s_4=70)=70, \\ f_4(s_4=80)=80, \end{cases}$$

则，中间变量 y_i 表示为：

$$\begin{aligned} y_i= E\{f_{i+1}(s_{i+1})\}&=0.2\cdot f_{i+1}(50)+0.3\cdot f_{i+1}(60) \\ &+0.4\cdot f_{i+1}(70)+0.1\cdot f_{i+1}(80). \end{aligned}$$

决策变量 x_i 为：

$$x_i=\begin{cases} 1; & f_i(s_i)=s_i \\ 0; & f_i(s_i)=y_i \end{cases}.$$

解：当 $i=4$ 时，只有采购一种选择，

$$\begin{cases} f_4(s_4=50)=50, \\ f_4(s_4=60)=60, \\ f_4(s_4=70)=70, \\ f_4(s_4=80)=80. \end{cases}$$

当 $i=3$ 时，等待价格期望值为：

$$y_3=0.2\times 50+0.3\times 60+0.4\times 70+0.1\times 80=64.$$

则，

$$f_3(s_3)=\min\{s_3, y_3\}=\min\{s_3, 64\}=\begin{Bmatrix} 50; & s_3=50 \\ 60; & s_3=60 \\ 64; & s_3=70 \\ 64; & s_3=80 \end{Bmatrix}.$$

即第 3 周的最佳决策为：

$$x_3=\begin{Bmatrix} 1; & s_3=50,60 \\ 0; & s_3=70,80 \end{Bmatrix}.$$

当 $i=2$ 时，

$$y_2=0.2\times 50+0.3\times 60+0.4\times 64+0.1\times 64=60.$$

则，

$$f_2(s_2)=\min\{s_2, y_2\}=\min\{s_2, 60\}=\begin{Bmatrix} 50; & s_2=50 \\ 60; & s_2=60 \\ 60; & s_2=70 \\ 60; & s_2=80 \end{Bmatrix}.$$

即第 2 周的最佳决策为：

$$x_2=\begin{Bmatrix} 1; & s_2=50,60 \\ 0; & s_2=70,80 \end{Bmatrix}.$$

当 $i=1$ 时，

$$y_1=0.2\times 50+0.3\times 60+0.4\times 60+0.1\times 60=58.$$

则，

$$f_1(s_1)=\min\{s_1, y_1\}=\min\{s_1, 58\}=\begin{Bmatrix} 50; & s_1=50 \\ 58; & s_1=60 \\ 58; & s_1=70 \\ 58; & s_1=80 \end{Bmatrix}.$$

即第 1 周的最佳决策为：

$$x_1=\begin{Bmatrix} 1; & s_1=50 \\ 0; & s_1=60,70,80 \end{Bmatrix}.$$

综上所述，最佳采购计划为：第 1 周，只有价格为 50 元时才采购，否则等待；第 2 周、第 3 周，只要价格不超过 60 元就采购，否则继续等待；如果已经等待到第 4 周，则无论什么价格都采购，别无选择.

4.4　教育装备资源分配问题

资源分配问题，是将一定数量的一种或若干种资源(如教育装备、教育资金等)恰当地分配给若干使用方，以使资源得到最有效的利用. 目前，我国的教育资源明显不足且分配不均，研究教育资源分配问题具有重要的理论意义和现实意义.

设有 m 种资源，总量分别为 $b_i(i=1,2,\cdots,m)$，用于生产 n 种产品，若用 x_{ij} 代表用于生产第 j 种产品的第 i 种资源的数量$(j=1,2,\cdots,n)$，则生产第 j 种产品的收益是其所获得的各种资源数量的函数，即 $g_j=f(x_{1j},x_{2j},\cdots,x_{mj})$. 由于总收益是 n 种产品收益之和，因此可用如下静态模型加以描述：

$$\max z=\sum_{j=1}^{n} g_j,$$

$$\begin{cases}\sum\limits_{j=1}^{n} x_{ij}=b_i,\\ x_{ij}\geqslant 0,\quad i=1,2,\cdots,m;j=1,2,\cdots,n.\end{cases}$$

若 x_{ij} 是连续变量，当 $g_j=f(x_{1j},x_{2j},\cdots,x_{mj})$ 是线性函数时，则模型是线性规划模型；当 $g_j=f(x_{1j},x_{2j},\cdots,x_{mj})$ 是非线性函数时，则模型是非线性规划模型. 若 x_{ij} 是离散变量或 $g_j=f(x_{1j},x_{2j},\cdots,x_{mj})$ 是离散函数，则可以将其看做一个多阶段决策问题，采用动态规划法求解.

本章只考虑一种资源的分配问题，描述如下：设有数量为 a 的资源，计划分配给 n 个项目. 设 $x_i(i=1,2,\cdots,n)$ 为分配给第 i 个项目的资源量，$g_i(x_i)$ 为第 i 个项目得到数量为 x_i 的资源后可提供的收益，如何分配资源 a，使总收益最高？该问题可转化为下列规划问题：

$$\max f=\sum_{i=1}^{n} g_i(x_i),$$

$$\begin{cases}\sum\limits_{i=1}^{n} x_i=a,\\ x_i\geqslant 0,\quad i=1,2,\cdots,n.\end{cases}$$

采用动态规划法求解该问题，每个项目代表 1 个阶段. 令状态变量 s_i 为分配给第 i 个项目到第 n 个项目的资源量，即第 i 个阶段初资源的拥有量；决策变量 x_i 表示第 i 个项目(阶段)资源的分配量；$f_i(s_i)$ 为将数量 s_i 的资源分配给第 i 个

项目到第 n 个项目可得到的最大收益，则问题为求 $f_1(s_1)$.

当 $i=1,2,\cdots,n-1$ 时，因分配给第 i 个项目的资源为 x_i，则状态转移方程为：

$$s_{i+1}=s_i-x_i. \tag{4.17}$$

允许决策集合：

$$D_i(s_i)=\{x_i \mid 0\leqslant x_i\leqslant s_i\}. \tag{4.18}$$

根据最优化原理，得最优指标函数（动态规划的逆序递推关系式）为：

$$\begin{cases} f_i(s_i)=\max\limits_{0\leqslant x_i\leqslant s_i}\{g_i(x_i)+f_{i+1}(s_{i+1})\}, \quad i=1,2,\cdots,n, \\ f_{n+1}(s_{n+1})=0. \end{cases} \tag{4.19}$$

利用式(4.17)和(4.19)，依次递推，最后求得 $f_1(s_1)$ 即为所求问题的最大总收益.

[例 4-5] 某大型教育装备生产商拟将 500 万元资本投入 3 个分厂的技术改造，各分厂获得投资后的年利润将有相应增长，增长额如表 4.4 所示. 试确定 500 万元资本的分配方案，以使生产商总的年利润增长额最大.

表 4.4 各分厂获得投资后的年利润增长额 （单位：万元）

分厂 \ 投资	0	100	200	300	400	500
Ⅰ	0	30	70	90	120	130
Ⅱ	0	50	100	110	110	110
Ⅲ	0	40	60	110	120	120

解： 将问题按分厂分为 3 个阶段 $i=1,2,3$，设状态变量 $s_i(i=1,2,3)$ 表示从第 i 个分厂到第 3 个分厂的投资额，决策变量 x_i 表示对第 i 个分厂的投资额（资金的分配以 100 万元为单位），$g_i(x_i)$ 为第 i 个分厂获得投资 x_i 后的年利润增长额（见表 4.4）. 则状态转移方程为

$$s_{i+1}=s_i-x_i.$$

最优指标函数为：

$$\begin{cases} f_i(s_i)=\max\limits_{0\leqslant x_i\leqslant s_i}\{g_i(x_i)+f_{i+1}(s_{i+1})\}, \quad i=1,2,3, \\ f_4(s_4)=0. \end{cases}$$

第 3 阶段：求 $f_3(s_3)$.

已知 $f_4(s_4)=0$，则最优指标函数为：

$$f_3(s_3)=\max_{0\leqslant x_3\leqslant s_3}\{g_3(x_3)+0\}=\max_{0\leqslant x_3\leqslant s_3}\{g_3(x_3)\}.$$

第 3 个阶段的最优决策为 $x_3^*=s_3$，于是可得第 3 阶段在状态变量取不同值时的

最优指标函数值 $f_3(s_3)$ 和最优决策 x_3^*，如表 4.5 所示.

表 4.5　第 3 阶段的最优决策　　（单位：万元）

s_3	0	100	200	300	400	500
$f_3(s_3)$	0	40	60	110	120	120
x_3^*	0	100	200	300	400	500

第 2 阶段：求 $f_2(s_2)$.

s_2 的可能取值为 0,100,200,300,400,500 万元，则最优指标函数为：

$$f_2(s_2)=\max_{0\leqslant x_2\leqslant s_2}\{g_2(x_2)+f_3(s_2-x_2)\}.$$

若 $s_2=0$，则：

$$f_2(0)=\max_{0\leqslant x_2\leqslant s_2}\{g_2(0)+f_3(0)\}=0.$$

最优决策为 $(x_2^* \quad x_3^*)=(0 \quad 0)$.

若 $s_2=100$，则：

$$f_2(100)=\max_{x_2\in[0,100]}\{g_2(x_2)+f_3(100-x_2)\}$$

$$=\max\begin{Bmatrix}g_2(0)+f_3(100)\\g_2(100)+f_3(0)\end{Bmatrix}=\max\begin{Bmatrix}0+40\\50+0\end{Bmatrix}=50.$$

最优决策为 $(x_2^* \quad x_3^*)=(100 \quad 0)$.

若 $s_2=200$，则：

$$f_2(200)=\max_{x_2\in[0,100,200]}\{g_2(x_2)+f_3(200-x_2)\}$$

$$=\max\begin{Bmatrix}g_2(0)+f_3(200)\\g_2(100)+f_3(100)\\g_2(200)+f_3(0)\end{Bmatrix}=\max\begin{Bmatrix}0+60\\50+40\\100+0\end{Bmatrix}=100.$$

最优决策为 $(x_2^* \quad x_3^*)=(200 \quad 0)$.

若 $s_2=300$，则：

$$f_2(300)=\max_{x_2\in[0,100,200,300]}\{g_2(x_2)+f_3(300-x_2)\}$$

$$=\max\begin{Bmatrix}g_2(0)+f_3(300)\\g_2(100)+f_3(200)\\g_2(200)+f_3(100)\\g_2(300)+f_3(0)\end{Bmatrix}=\max\begin{Bmatrix}0+110\\50+60\\100+40\\110+0\end{Bmatrix}=140.$$

最优决策为 $(x_2^* \quad x_3^*)=(200 \quad 100)$.

若 $s_2=400$，则：

$$f_2(400)=\max_{x_2\in[0,100,200,300,400]}\{g_2(x_2)+f_3(400-x_2)\}$$

$$= \max\begin{Bmatrix} g_2(0)+f_3(400) \\ g_2(100)+f_3(300) \\ g_2(200)+f_3(200) \\ g_2(300)+f_3(100) \\ g_2(400)+f_3(0) \end{Bmatrix} = \max\begin{Bmatrix} 0+120 \\ 50+110 \\ 100+60 \\ 110+40 \\ 110+0 \end{Bmatrix} = 160.$$

最优决策为$(x_2^* \quad x_3^*)=(100 \quad 300)$或$(200 \quad 200)$.

若 $s_2=500$,则:

$$f_2(500)=\max_{x_2\in[0,100,200,300,400,500]}\{g_2(x_2)+f_3(500-x_2)\}$$

$$= \max\begin{Bmatrix} g_2(0)+f_3(500) \\ g_2(100)+f_3(400) \\ g_2(200)+f_3(300) \\ g_2(300)+f_3(200) \\ g_2(400)+f_3(100) \\ g_2(500)+f_3(0) \end{Bmatrix} = \max\begin{Bmatrix} 0+120 \\ 50+120 \\ 100+110 \\ 110+60 \\ 110+40 \\ 110+0 \end{Bmatrix} = 210.$$

最优决策为$(x_2^* \quad x_3^*)=(200 \quad 300)$.

因此,第 2 阶段在状态变量取不同值时的最优指标函数值 $f_2(s_2)$和最优决策$(x_2^* \quad x_3^*)$如表 4.6 所示.

表 4.6　第 2 阶段的最优决策　　(单位:万元)

s_2	0	100	200	300	400	500
$f_2(s_2)$	0	50	100	140	160	210
x_2^*	0	100	200	200	100　200	200
x_3^*	0	0	0	100	300　200	300

第 1 阶段:求 $f_1(s_1)$.

s_1 的可能取值为 0,100,200,300,400,500 万元,则最优指标函数为:

$$f_1(s_1)=\max_{0\leqslant x_1\leqslant s_1}\{g_1(x_1)+f_2(s_1-x_1)\}.$$

若 $s_1=0$,则:

$$f_1(0)=\max_{0\leqslant x_1\leqslant s_1}\{g_1(0)+f_2(0)\}=0.$$

最优决策为$(x_1^* \quad x_2^* \quad x_3^*)=(0 \quad 0 \quad 0)$.

若 $s_1=100$,则:

$$f_1(100)=\max_{x_1\in[0,100]}\{g_1(x_1)+f_2(100-x_1)\}$$

$$= \max\begin{Bmatrix} g_1(0)+f_2(100) \\ g_1(100)+f_2(0) \end{Bmatrix} = \max\begin{Bmatrix} 0+50 \\ 30+0 \end{Bmatrix} = 50.$$

最优决策为$(x_1^* \quad x_2^* \quad x_3^*)=(0 \quad 100 \quad 0)$.

若 $s_1=200$,则:

$$f_1(200)=\max_{x_1\in[0,100,200]}\{g_1(x_1)+f_2(200-x_1)\}$$

$$=\max\begin{Bmatrix}g_1(0)+f_2(200)\\g_1(100)+f_2(100)\\g_1(200)+f_2(0)\end{Bmatrix}=\max\begin{Bmatrix}0+100\\30+50\\70+0\end{Bmatrix}=100.$$

最优决策为$(x_1^* \quad x_2^* \quad x_3^*)=(0 \quad 200 \quad 0)$.

若 $s_1=300$,则:

$$f_1(300)=\max_{x_1\in[0,100,200,300]}\{g_1(x_1)+f_2(300-x_1)\}$$

$$=\max\begin{Bmatrix}g_1(0)+f_2(300)\\g_1(100)+f_2(200)\\g_1(200)+f_2(100)\\g_1(300)+f_2(0)\end{Bmatrix}=\max\begin{Bmatrix}0+140\\30+100\\70+50\\90+0\end{Bmatrix}=140.$$

最优决策为$(x_1^* \quad x_2^* \quad x_3^*)=(0 \quad 200 \quad 100)$.

若 $s_1=400$,则:

$$f_1(400)=\max_{x_1\in[0,100,200,300,400]}\{g_1(x_1)+f_2(400-x_1)\}$$

$$=\max\begin{Bmatrix}g_1(0)+f_2(400)\\g_1(100)+f_2(300)\\g_1(200)+f_2(200)\\g_1(300)+f_2(100)\\g_1(400)+f_2(0)\end{Bmatrix}=\max\begin{Bmatrix}0+160\\30+140\\70+100\\90+50\\120+0\end{Bmatrix}=170.$$

最优决策为$(x_1^* \quad x_2^* \quad x_3^*)=(100 \quad 200 \quad 100)$或$(200 \quad 200 \quad 0)$.

若 $s_1=500$,则:

$$f_1(500)=\max_{x_1\in[0,100,200,300,400,500]}\{g_1(x_2)+f_2(500-x_1)\}$$

$$=\max\begin{Bmatrix}g_1(0)+f_2(500)\\g_1(100)+f_2(400)\\g_1(200)+f_2(300)\\g_1(300)+f_2(200)\\g_1(400)+f_2(100)\\g_1(500)+f_2(0)\end{Bmatrix}=\max\begin{Bmatrix}0+210\\30+160\\70+140\\90+100\\120+50\\130+0\end{Bmatrix}=210.$$

最优决策为$(x_1^* \quad x_2^* \quad x_3^*)=(0 \quad 200 \quad 300)$或$(200 \quad 200 \quad 100)$.

因此,第 1 阶段在状态变量取不同值时的最优指标函数值 $f_1(s_1)$和最优决策(x_1^* x_2^* x_3^*),如表 4.7 所示.

表 4.7 第 1 阶段的最优决策 (单位：万元)

s_1	0	100	200	300	400	500
$f_1(s_1)$	0	50	100	140	160	210
x_1^*	0	0	0	0	100 200	0 200
x_2^*	0	100	200	200	200 200	200 200
x_3^*	0	0	0	100	100 0	300 100

由表 4.7 可知,最优分配方案有两个：(1) 第 1 个分厂没有投资,第 2 个分厂投资 200 万元,第 3 个分厂投资 300 万元;(2) 第 1 个分厂投资 200 万元,第 2 个分厂投资 200 万元,第 3 个分厂投资 100 万元.按最优分配方案分配投资,年利润将增长 210 万元.

例 4-5 是决策变量为离散值的一类资源分配问题,还有一种决策变量为连续值的资源分配问题,典型的如机器负荷分配问题,请见例 4-6.

[例 4-6] 某用于金工实习的教学设备可工作在高低两种不同的负荷下,在高负荷下的产量函数为 $g_1=8x$,其中 x 为工作在高负荷下的机器数量,年度完好率 $\alpha=0.7$(年底的完好设备数等于年初完好设备数的 70%);在低负荷下的产量函数为 $g_2=5y$,其中 y 为工作在低负荷下的机器数量,年度完好率 $\beta=0.9$.假定初始完好的教学设备总量为 1000 台,试问每年应如何合理分配机器负荷,才能使 5 年的总效益最高?

分析：令阶段 $i=1,2,3,4,5$ 表示年度,状态变量 s_i 为第 i 年度初拥有的完好设备数(即第 $i-1$ 年度末时的完好设备数).决策变量 x_i 为第 i 年度分配在高负荷下生产的设备数,则 s_i-x_i 为该年度分配在低负荷下生产的设备数.其中,s_i 和 x_i 均为连续变量,可取非整数值,如：$s_i=0.7$ 表示一台机器在第 k 年度中正常工作时间只占全部时间的 70%,$x_i=0.3$ 表示一台机器在第 i 年度中有 30% 的工作时间在高负荷下运转.状态转移方程为：

$$s_{i+1}=\alpha x_i+\beta(s_i-x_i)=0.7x_i+0.9(s_i-x_i)=0.9s_i-0.2x_i \qquad (4.20)$$

允许决策集合：

$$D_i(s_i)=\{x_i \mid 0\leqslant x_i\leqslant s_i\}. \qquad (4.21)$$

设阶段指标 $g_i(s_i,x_i)$ 为第 i 年度的效益,则：

$$g_i(s_i,x_i)=8x_i+5(s_i-x_i)=5s_i+3x_i,$$

则最优值函数 $f_i(s_i)$ 表示从资源量 s_i 出发,采取最优子策略产生的效益,因而有逆推关系式：

$$f_i(s_i)=\max_{x_i\in D_i(s_i)}\{g_i(s_i,x_i)+f_{i+1}(s_{i+1})\}.$$

根据最优化原理，得最优指标函数（动态规划的逆序递推关系式）为：

$$\begin{cases} f_i(s_i)=\max\limits_{x_i \in D_i(s_i)} \{5s_i+3x_i+f_{i+1}(0.9s_i-0.2x_i)\}, \quad i=1,2,\cdots,n, \\ f_{n+1}(s_{n+1})=0. \end{cases} \tag{4.22}$$

解：求解步骤从 $i=5$ 开始，逆向运算.

当 $i=5$ 时，

$$f_5(s_5)=\max_{0\leqslant x_5\leqslant s_5}\{5s_5+3x_5+f_6(s_6)\}=\max_{0\leqslant x_5\leqslant s_5}\{5s_5+3x_5\}.$$

由于 x_5 为第 5 年度分配在高负荷下工作的设备数，显然 $x_5^*=s_5$，因此 $f_5(s_5)=8s_5$.

当 $i=4$ 时，

$$\begin{aligned} f_4(s_4)&=\max_{0\leqslant x_4\leqslant s_4}\{5s_4+3x_4+f_5(0.9s_4-0.2x_4)\} \\ &=\max_{0\leqslant x_4\leqslant s_4}\{5s_4+3x_4+8(0.9s_4-0.2x_4)\} \\ &=\max_{0\leqslant x_4\leqslant s_4}\{12.2s_4+1.4x_4\}. \end{aligned}$$

由于 x_4 为第 4 年度分配在高负荷下工作的设备数，且 $f_4(s_4)$ 是关于 x_4 的单调递增函数，故取 $x_4^*=s_4$，因此 $f_4(s_4)=13.6s_4$.

当 $i=3$ 时，

$$\begin{aligned} f_3(s_3)&=\max_{0\leqslant x_3\leqslant s_3}\{5s_3+3x_3+f_4(0.9s_3-0.2x_3)\} \\ &=\max_{0\leqslant x_3\leqslant s_3}\{5s_3+3x_3+13.6(0.9s_3-0.2x_3)\} \\ &=\max_{0\leqslant x_3\leqslant s_3}\{17.24s_3+0.28x_3\}. \end{aligned}$$

由于 x_3 为第 3 年度分配在高负荷下工作的设备数，且 $f_3(s_3)$ 是关十 x_3 的单调递增函数，故取 $x_3^*=s_3$，因此 $f_3(s_3)=17.52s_3$.

当 $i=2$ 时，

$$\begin{aligned} f_2(s_2)&=\max_{0\leqslant x_2\leqslant s_2}\{5s_2+3x_2+f_3(0.9s_2-0.2x_2)\} \\ &=\max_{0\leqslant x_2\leqslant s_2}\{5s_2+3x_2+17.52(0.9s_2-0.2x_2)\} \\ &=\max_{0\leqslant x_2\leqslant s_2}\{20.768s_2-0.504x_2\}. \end{aligned}$$

由于 x_2 为第 2 年度分配在高负荷下工作的设备数，且 $f_2(s_2)$ 是关于 x_2 的单调递减函数，故取 $x_2^*=0$，因此 $f_2(s_2)=20.768s_2$.

当 $i=1$ 时，

$$\begin{aligned} f_1(s_1)&=\max_{0\leqslant x_1\leqslant s_1}\{5s_1+3x_1+f_3(0.9s_1-0.2x_1)\} \\ &=\max_{0\leqslant x_1\leqslant s_1}\{5s_1+3x_1+20.768(0.9s_1-0.2x_1)\} \end{aligned}$$

$$= \max_{0 \leqslant x_1 \leqslant s_1} \{23.69 s_1 - 1.154 x_1\}.$$

由于 x_1 为第 1 年度分配在高负荷下工作的设备数,且 $f_1(s_1)$是关于 x_1 的单调递减函数,故取 $x_1^* = 0$,因此 $f_1(s_1) = 23.69 s_1$.

结果表明:最优策略为 $x_1^* = 0, x_2^* = 0, x_3^* = s_3, x_4^* = s_4, x_5^* = s_5$;即前 2 年将全部设备都投入低负荷生产,后 3 年将全部设备都投入高负荷生产,将使 5 年的总效益最大.基于上述最优策略,可获得各阶段的状态(即各年度年初的完好设备数).

已知 $s_1 = 1000$,根据公式(4.20) 可分别计算 $s_i(i=2,3,4,5,6)$如下:

$$s_2 = 0.9 s_1 - 0.2 x_1 = 0.9 \times 1000 - 0.2 \times 0 = 900,$$
$$s_3 = 0.9 s_2 - 0.2 x_2 = 0.9 \times 900 - 0.2 \times 0 = 810,$$
$$s_4 = 0.9 s_3 - 0.2 x_3 = 0.9 \times 810 - 0.2 \times 810 = 567,$$
$$s_5 = 0.9 s_4 - 0.2 x_4 = 0.9 \times 567 - 0.2 \times 567 = 397,$$
$$s_6 = 0.9 s_5 - 0.2 x_5 = 0.9 \times 397 - 0.2 \times 397 = 278,$$

总收益为:

$$f_1(s_1 = 1000) = 23690.$$

[例 4-7] 在例 4-6 的基础上,增加约束条件:在第 5 年结束时,完好的设备数不低于 350 台,请问应如何合理分配机器负荷,才能在满足此终端要求的情况下使总效益最高?

分析: 令阶段 $i=1,2,3,4,5$ 表示年度,状态变量 s_i 为第 i 年度初拥有的完好设备数,决策变量 x_i 为第 i 年度分配高负荷下生产的设备数,状态转移方程为:

$$s_{i+1} = \alpha x_i + \beta(s_i - x_i) = 0.7 x_i + 0.9(s_i - x_i) = 0.9 s_i - 0.2 x_i.$$

由终端约束条件知:

$$s_6 = 0.9 s_5 - 0.2 x_5 \geqslant 350.$$

变换可得:

$$x_5 \leqslant 4.5 s_5 - 1750.$$

允许决策集合:

$$D_i(s_i) = \{x_i \mid 0 \leqslant x_i \leqslant s_i\}.$$

考虑 $i=5$ 的终端约束条件,则:

$$D_5(s_5) = \{x_5 \mid 0 \leqslant x_5 \leqslant 4.5 s_5 - 1750 \leqslant s_5\},$$

即:

$$389 \leqslant s_5 \leqslant 500.$$

同理其他各阶段的允许决策集合可在过程指标函数的递推中产生.

设阶段指标:

$$g_i(s_i, x_i) = 8x_i + 5(s_i - x_i) = 5s_i + 3x_i.$$

根据最优化原理，得最优指标函数（动态规划的逆序递推关系式）为：

$$\begin{cases} f_i(s_i) = \max\limits_{x_i \in D_i(s_i)} \{5s_i + 3x_i + f_{i+1}(0.9s_i - 0.2x_i)\}, \quad i = 1, 2, \cdots, n, \\ f_{n+1}(s_{n+1}) = 0. \end{cases}$$

解：当 $i=5$ 时，

$$f_5(s_5) = \max_{x_5 \in D_5(s_5)} \{5s_5 + 3x_5 + f_6(s_6)\} = \max_{x_5 \in D_5(s_5)} \{5s_5 + 3x_5\}.$$

由于 x_5 为第 5 年度分配在高负荷下工作的设备数，且 $f_5(s_5)$ 是关于 x_5 的单调递增函数，故取 $x_5^* = 4.5s_5 - 1750$，同时满足 $0 \leqslant 4.5s_5 - 1750 \leqslant s_5$（即：$389 \leqslant s_5 \leqslant 500$），因此 $f_5(s_5) = 18.5s_5 - 5250$.

当 $i=4$ 时，

$$\begin{aligned} f_4(s_4) &= \max_{x_4 \in D_4(s_4)} \{5s_4 + 3x_4 + f_5(0.9s_4 - 0.2x_4)\} \\ &= \max_{x_4 \in D_4(s_4)} \{5s_4 + 3x_4 + 18.5(0.9s_4 - 0.2x_4) - 5250\} \\ &= \max_{x_4 \in D_4(s_4)} \{21.65s_4 - 0.7x_4 - 5250\}. \end{aligned}$$

由 $s_5 = 0.9s_4 - 0.2x_4 \leqslant 500$，得 $x_4 \geqslant 4.5s_4 - 2500$，又因为 $f_4(s_4)$ 是关于 x_4 的单调递减函数，故取 $x_4^* = 4.5s_4 - 2500$，同时满足 $0 \leqslant 4.5s_4 - 2500 \leqslant s_4$（即：$556 \leqslant s_4 \leqslant 714$），因此 $f_4(s_4) = 18.5s_4 - 3500$.

当 $i=3$ 时，

$$\begin{aligned} f_3(s_3) &= \max_{x_3 \in D_3(s_3)} \{5s_3 + 3x_3 + f_4(0.9s_3 - 0.2x_3)\} \\ &= \max_{x_3 \in D_3(s_3)} \{5s_3 + 3x_3 + 18.5(0.9s_3 - 0.2x_3) - 3500\} \\ &= \max_{x_3 \in D_3(s_3)} \{21.65s_3 - 0.7x_3 - 3500\}. \end{aligned}$$

由 $s_4 = 0.9s_3 - 0.2x_3 \leqslant 714$，得 $x_3 \geqslant 4.5s_3 - 3570$，又因为 $f_3(s_3)$ 是关于 x_3 的单调递减函数，故取 $x_3^* = 4.5s_3 - 3570$，同时满足 $0 \leqslant 4.5s_3 - 3570 \leqslant s_3$（即：$793 \leqslant s_3 \leqslant 1020$）。由于 $s_1 = 1000$，则 $s_3 \leqslant 1020$ 恒成立，即 $s_3 \geqslant 793$. 此时，$f_3(s_3) = 18.5s_3 - 1001$.

当 $i=2$ 时，

$$\begin{aligned} f_2(s_2) &= \max_{x_2 \in D_2(s_2)} \{5s_2 + 3x_2 + f_3(0.9s_2 - 0.2x_2)\} \\ &= \max_{x_2 \in D_2(s_2)} \{5s_2 + 3x_2 + 18.5(0.9s_2 - 0.2x_2) - 1001\} \\ &= \max_{x_2 \in D_2(s_2)} \{21.65s_2 - 0.7x_2 - 1001\}. \end{aligned}$$

由于 $f_2(s_2)$ 是关于 x_2 的单调递减函数，且 s_3 的取值并不对 x_2 有下界的约束，故取 $x_2^* = 0$，因此 $f_2(s_2) = 21.65S_2 - 1001$.

当 $i=1$ 时,

$$\begin{aligned} f_1(s_1) &= \max_{x_1 \in D_1(s_1)} \{5s_1 + 3x_1 + f_2(0.9s_1 - 0.2x_1)\} \\ &= \max_{x_1 \in D_1(s_1)} \{5s_1 + 3x_1 + 21.65(0.9s_1 - 0.2x_1) - 1001\} \\ &= \max_{x_1 \in D_1(s_1)} \{24.485s_1 - 1.33x_1 - 1001\} \\ &= \max_{x_1 \in D_1(S_1)} \{24.485S_1 - 1.33x_1 - 1001\}. \end{aligned}$$

由于 $f_1(s_1)$是关于 x_1 的单调递减函数,且 s_2 的取值并不对 x_1 有下界的约束,故取 $x_1^*=0$,因此 $f_1(s_1=1000)=24.485s_1-1001=23484$.

结果表明,最优策略如下:

(1) 第 1 年将全部设备都投入低负荷生产.

$$s_1=1000,$$
$$x_1=0.$$

阶段指标:

$$g_1(s_1, x_1)=5s_1+3x_1=5\times1000+3\times0=5000.$$

根据式(4.20),得第 2 阶段的状态(即:第 2 年度年初的完好设备数):

$$s_2=0.9s_1-0.2x_1=0.9\times1000-0.2\times0=900.$$

(2) 第 2 年将全部设备都投入低负荷生产.

$$s_2=900,$$
$$x_2=0.$$

阶段指标:

$$g_2(s_2, x_2)=5s_2+3x_2=5\times900+3\times0=4500.$$

根据式(4.20),得第 3 阶段的状态(即:第 3 年度年初的完好设备数):

$$s_3=0.9s_2-0.2x_2=0.9\times900-0.2\times0=810.$$

(3) 第 3 年将 $x_3^*=4.5s_3-3570=4.5\times810-3570=75$ 台完好设备投入高负荷生产,将剩余的 $s_3-x_3^*=810-75=735$ 台完好设备投入低负荷生产.

阶段指标:

$$g_3(s_3, x_3)=5s_3+3x_3=5\times810+3\times75=4275.$$

根据式(4.20),得第 4 阶段的状态(即:第 4 年度年初的完好设备数):

$$s_4=0.9s_3-0.2x_3=0.9\times810-0.2\times75=714.$$

(4) 第 4 年将 $x_4^*=4.5s_4-2500=4.5\times714-2500=713$ 台完好设备均投入高负荷生产,将剩余的 1 台完好设备投入低负荷生产.

阶段指标:

$$g_4(s_4, x_4)=5s_4+3x_4=5\times714+3\times713=5709.$$

根据式(4.20)，得第 5 阶段的状态(即：第 5 年度年初的完好设备数)：

$$s_5 = 0.9s_4 - 0.2x_4 = 0.9\times 714 - 0.2\times 713 = 500.$$

(5) 第 5 年将 $x_5^* = 4.5s_5 - 1750 = 4.5\times 500 - 1750 = 500$ 台完好设备均投入高负荷生产.

阶段指标：

$$g_5(s_5, x_5) = 5s_5 + 3x_5 = 5\times 500 + 3\times 500 = 4000.$$

根据式(4.20)，得第 6 阶段的状态(即：第 6 年度年初的完好设备数)：

$$s_6 = 0.9s_5 - 0.2x_5 = 0.9\times 500 - 0.2\times 500 = 350.$$

总收益为：

$$f_1(s_1 = 1000) = \sum_{j=1}^{5} g_j(s_j, x_j) = 23484.$$

由例 4-6 和例 4-7 对比可知：由于例 4-7 要求最后拥有较多的完好设备，所以例 4-7 的总收益有所下降.

第 5 章　教育装备保障与图论

【本章学习要点】

1. 图和树图的概念、性质及最小部分(支撑)树问题.
2. 最短路径问题的基本思想及求解算法.
3. 最大流问题的基本思想及求解算法.
4. 最小费用最大流问题的基本思想及求解算法.
5. 选址问题的基本思想及求解算法.

【本章内容结构】

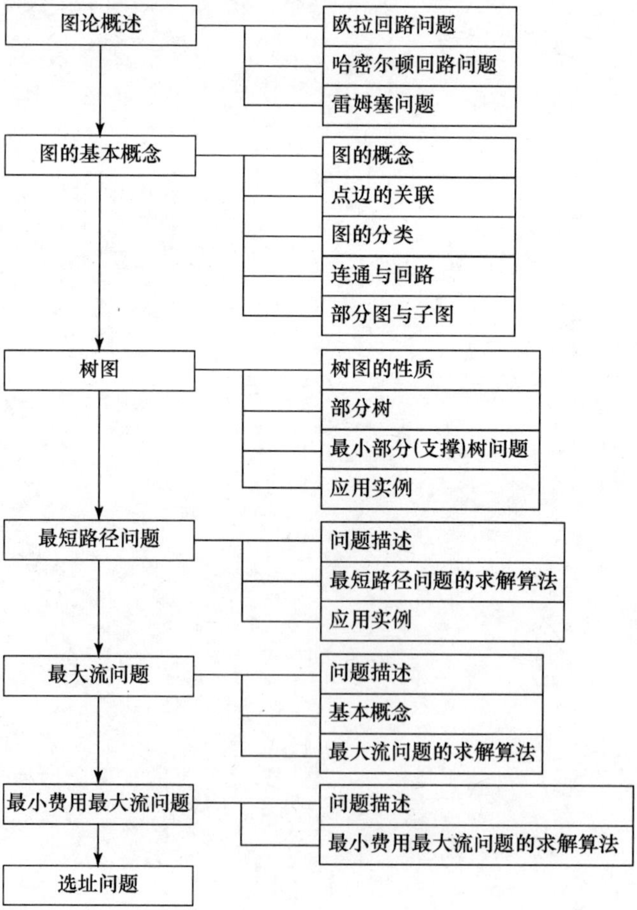

教育装备保障活动中,经常遇到最短路径问题、最大流问题、最小费用最大流问题、选址问题等,这些都与图有关.因此本章从介绍图的基本概念入手,采用图论的理论、方法,研究教育装备保障活动中的优化问题.

5.1 图论概述

图是人们日常生活中常见的一种信息载体,是由点和连接点的线组成的结构,其突出的特点是直观、形象.图论是运用数学手段研究图性质的理论,已被广泛地应用于计算机、物理学、化学、控制论、信息论、管理科学、心理学等各个领域,受到社会各界的广泛重视.

图论的产生和发展经历了二百多年历史,1736 年瑞士著名数学家欧拉(L. Euler)提出并解决了"哥尼斯堡七桥问题",标志着图论的起源,从 1736 年到 19 世纪中叶是图论发展的第一阶段.

19 世纪中叶至 1936 年是图论发展的第二阶段,研究内容主要包括:迷宫问题、博弈问题、棋盘上马的行走线路问题、四色问题(1852 年)和哈密尔顿环游世界问题(1856 年)等游戏问题.除此之外,还出现了以图为工具解决其他领域问题的成果.1847 年,德国的克希霍夫(G. R. Kirchoff)将树的概念和理论应用于工程技术的电网络方程组的研究;1857 年,英国的凯莱(A. Cayley)也独立地提出了树的概念,并应用于有机化合物的分子结构的研究中.1936 年,匈牙利数学家哥尼格(D. Konig)发表了第一部图论专著《有限图与无限图理论》,标志着图论作为一门独立学科的产生,是现代图论发展的里程碑.

1936 年至今是图论发展的第三阶段.现代电子计算机的出现与广泛应用极大地促进了图论的发展.目前,图论已广泛应用于物理、化学、运筹学、计算机科学、电子学、信息论、控制论、网络理论、社会科学及经济管理等几乎所有学科领域,其主要分支包括:图论、超图理论、极值图论、算法图论、网络图论和随机图论等.

为了便于直观认识图论思想的产生,以有助于后续的学习,首先介绍几个古典图论中具有重要影响的经典问题.

5.1.1 欧拉(Euler)回路问题

图论的起源可以追溯到 1736 年瑞士数学家欧拉发表的一篇解决"哥尼斯堡七桥问题"的论文.由于欧拉率先解决了这一问题,故称其为欧拉回路问题.

哥尼斯堡是东普鲁士的一座城市,第二次世界大战后划归苏联,即现在的加里宁格勒.Pregel 河流经此城市,河中有两个孤岛,两岸与两岛之间有七座桥相连，如图 5.1(a)所示. 当时当地居民热衷于这样一个有趣的游戏：从一个地方出发，能否通过每座桥一次且仅一次，最后回到原来的出发地？

欧拉给出了解决这个问题的简单证明. 他把图 5.1(a)抽象为图 5.1(b)，用 A,B,C,D 四点分别表示两岛和两岸，两点间的连线表示沟通它们的桥梁；因此，问题转化为从 A,B,C,D 中任一点出发，通过每条边一次且仅一次，最后回到原出发点，问这样的路径是否存在？欧拉的结论是不存在这样的路径，因为图 5.1(b)中的每一个点都只与奇数条线相关联，所以不可能不重复地一笔画出这个图. 我们也可以这样来分析，对于开始的点，有一"去"就必然有一"回"，一去一回构成偶数条关联边；对于中间的点，有一"来"就必然有一"去"，一来一去也构成偶数条关联边；所以实现这样的路径要求图 5.1(b)中的每一个点都有偶数条关联边. 显然，图 5.1(b)中的点不满足这样的要求，所以这样的路径不存在.

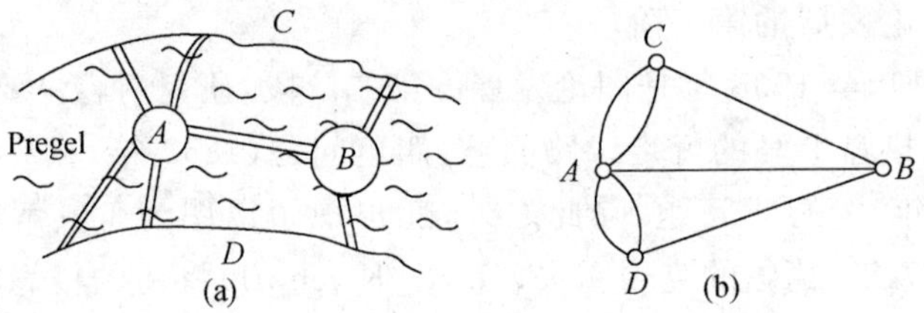

图 5.1　哥尼斯堡七桥问题

其实，问题的结果并不重要，最重要的是欧拉解决这个问题的中间步骤，即抽象为图的形式来分析问题. 当时来说，这是一种全新的思考方式，欧拉在他的论文中提出了一个新的数学分支——图论，因此欧拉常被图论学家称为图论之父.

5.1.2　哈密尔顿(Hamilton)回路问题

与欧拉回路非常类似的问题是哈密尔顿回路问题. 爱尔兰著名数学家哈密尔顿(W. R. Hamilton)发明了一种"周游世界"的游戏，有力地推动了图论的发展.

1857 年，哈密尔顿在给他的朋友的一封信中，首先谈到一个关于 12 面体的数学游戏(如图 5.2 所示)：能否在图中找到一条环，使它包含图中各顶点一次且仅一次？如果 20 个顶点分别表示世界的 20 个名城，两点之间的连线表示两城市间的交通线，于是问题转化为能否找到旅行路线，沿着交通线经过每个城市恰好一次，最后返回原来的出发地？哈密尔顿把这个问题称为周游世界问题. 由于哈密尔顿提出了这个有趣的问题，故称为哈密尔顿回路问题.

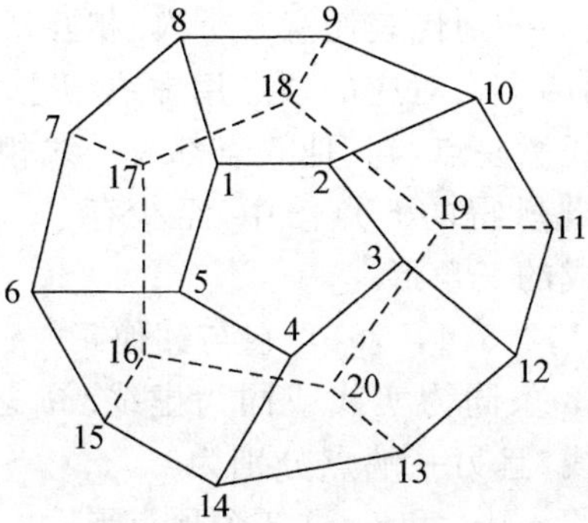

图 5.2　周游世界问题

图 5.2 所示 12 面体的每个面均为五边形. 沿着 12 面体的棱到达每一个顶点时，旅行者都面临两条路线的选择：一是向左，记为 L；另一是向右，记为 R. L^2R 表示连续向左两步后再向右一步，其他依此类推. 由于 $R^5=1$，即从某一点连续向右走五步，最终将回到原出发点；$R^2=LR^3L$，即从某一点连续向右走两步，与先向左走一步、再连续向右走三步、最后再向左走一步等价. 由此可得：

$$
\begin{aligned}
1 &= R^5 \\
&= R^2R^3 \\
&- (LR^3L)R^3 \\
&= (LR^3)^2 \\
&= (LR^2R)^2 \\
&= [L(LR^3L)R]^2 \qquad (5.1) \\
&= [L^2R^2RLR]^2 \\
&= [L^2(LR^3L)RLR]^2 \\
&= [L^3R^3LRLR]^2 \\
&= L^3R^3LRLRL^3R^3LRLR.
\end{aligned}
$$

等式 5.1 的左侧归 1，右侧有 20 项，说明按右侧的规律走 20 步，能够回到原来的出发点. 由于右侧的部分项没有归 1 的可能，因此从任意一点出发沿右侧的规律将遍历各点一次返回原出发地.

哈密尔顿回路问题在运筹学中有着重要意义，具有很好的应用意义，如：旅行商人问题(Travel Salers Problem，TSP)、时间分配问题等.

5.1.3　雷姆塞(Ramsey)问题

雷姆塞问题描述如下：任意 6 个人在一起，如果不存在单方认识，那么 6 人中要不是有 3 人彼此相互认识，必有 3 人互不相识；即二者必居其一.

设 $v_1, v_2, v_3, v_4, v_5, v_6$ 分别代表任意 6 个人. 相互认识的两个人对应的顶点用实线相连，互不相识的两个人对应的顶点用虚线相连. 因为两个人要么相互认识，要么互不相识，所以任意一点与其他 5 点都有一线相连，或是实线或是虚线；这样问题便转化为在由此所得的 6 点图中，至少存在一个由实线或虚线组成的三角形.

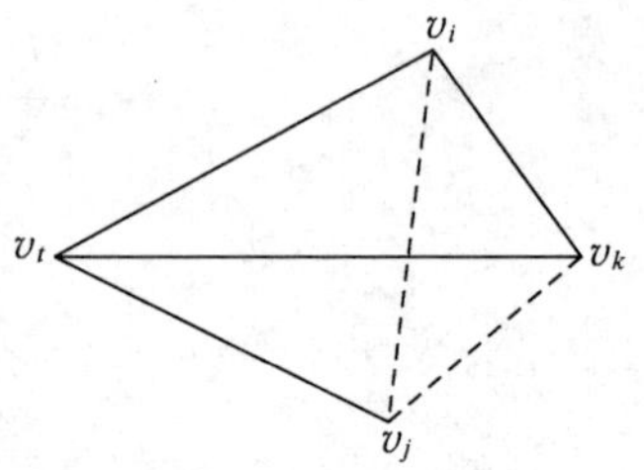

图 5.3　雷姆塞问题

任意取一点 $v_t(t\in\{1,2,3,4,5,6\})$，它与其他 5 点的 5 条连线中至少有 3 条同为实线或同为虚线. 不妨假设有 3 条同为实线，且另一端点分别为 v_i, v_j 和 v_k. 如图 5.3 所示，如果 v_i, v_j 和 v_k 这 3 个顶点形成的三角形一定是虚线三角形，那么问题得到证明；否则，由 v_i, v_j 和 v_k 形成的三角形就至少有一条实线边，不妨设为 v_iv_k，则由 v_i, v_j 和 v_k 形成的三角形就一定是实线三角形，问题同样也得到证明.

5.2　图的基本概念

5.2.1　图的概念

在日常生活和工作中，人们经常碰到各种各样的图，如零件加工图、交通图、管网图等. 图表明所研究对象之间的相互联系，如交通图展示了城镇之间的道路沟通情况. 图论中的图是上述各种类型图的抽象和概括，它用点表示研究对象，用边表示这些对象之间的联系.

定义 5.1　点和边的集合称为图(Graph)，记作 $G(V,E)$；其中 V 是点的集合，E 是边的集合. 如果 V 和 E 都是有限集合，则称 G 为有限图(Finite graph)；否则称为无限图(Infinite graph). 只有点没有边的图称为空图(Empty graph)，记为 $E(G)=\Phi$；只有一个点的图称为平凡图(Trivial graph)；图中顶点的个数称为图的阶(Order).

定义 5.2　点和弧的集合称为有向图(Digraph)，记作 $D=(V,A)$；式中 V 是点的集合，A 是弧的集合(弧是两个点的有序偶对). 换言之，有向图就是每条边都具有一定方向的图.

在图论的应用中，经常遇到这样的情况：问题的解决不仅需要画出描述问题的图形，而且需要指出图示中每一条边的方向；即一对顶点之间的关系是不对称的情况，如城市道路系统中的单行道和时序电路的状态转换等. 这种顶点关系不对称的问题，往往采用有向图描述.

定义 5.3　设图 $G(V,E)$ 的任意一条边 (v_i, v_j) 均有一个数 w_{ij} 与之对应，w_{ij} 称为边 (v_i, v_j) 的权，这样的图称为赋权图(Weighted graph).

各种管道的铺设、线路的安排等问题，不但需要反映研究对象的相互关系，而且还要求有一数量指标与这一关系相对应. 采用图论的方法求解，就需要借助赋权图.

5.2.2　点边的关联

1. 端点、关联边

若有边 e 可表示为 $e=\{v_i, v_j\}$，则称 v_i 和 v_j 为 e 的两个端点（Terminal vertex），而 e 是 v_i 和 v_j 的关联边（Incident edge）. 图 5.4 中，v_2 和 v_5 是边 e_4 的两个端点，e_4 为 v_2 和 v_5 的关联边；v_4 和 v_5 是边 e_8 的两个端点，e_8 是 v_4 和 v_5 的关联边.

2. 相邻

若 v_i 和 v_j 与同一条边相关联，则称 v_i 和 v_j 相邻. 图 5.4 中，v_4 和 v_5 均与 e_8 相关联，所以 v_4 和 v_5 相邻. 若边 e_i 与 e_j 具有一个公共的端点，则称 e_i 与 e_j 相邻. 图 5.4 中，e_6 和 e_7 有一个公共的端点 v_3，e_6 和 e_7 相邻.

3. 环

若边 e_i 的两个端点相互重合，则称 e_i 为环或圈（Loop）. 图 5.4 中，e_1 即为一个环.

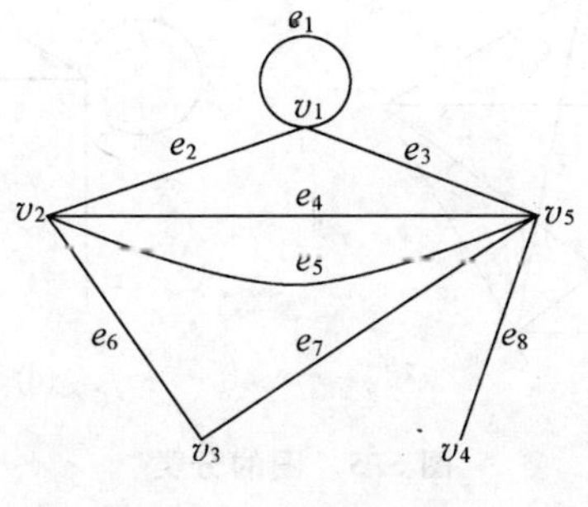

图 5.4　点边的关联

4. 多重边

若两点之间存在二条或二条以上的边，称为这两点之间具有多重边. 图 5.4 中，v_2 和 v_5 之间存在 e_4 和 e_5 二条边，所以称 v_2 和 v_5 之间具有二重边.

5. 点的度

在图 $G=\{V, E\}$ 中，与点 v_i 相关联的边的个数称为点 v_i 的度（Degree），记作 $d(v_i)$. 图 5.4 中，$d(v_1)=3$，$d(v_2)=4$，$d(v_5)=5$，$d(v_4)=1$. 度为奇数的点称为奇点，如 v_4 和 v_5；度为“1”的点称为悬挂点，如 v_4；度为偶数的点称为偶点，如 v_2，v_3；度为“0”的点称为孤立点.

5.2.3 图的分类

1. 简单图(Simple graph)

无环(圈)、无多重边的图称为简单图;如图 5.5 中(a)、(b)、(c)是简单图,而(d)不是简单图.

2. 完全图(Complete graph)

任意一对顶点均相邻的简单图称为完全图;图 5.5 中的(c)是完全图,而(a)、(b)、(d)均不是完全图.

3. 二分图(Bipartite graph)

如果图 $G=\{V,E\}$ 的点集 V 能被分成二个不相交的子集 V_1 和 V_2,使得同一子集中的任何两点均不相邻,则称此图为二分图;图 5.5 中的(b)即为一个二分图.

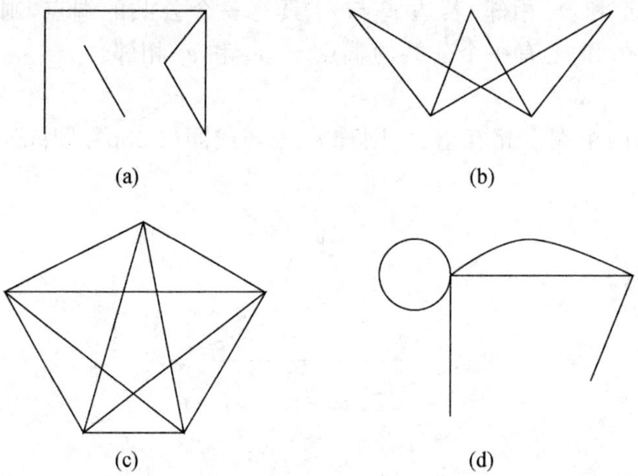

图 5.5 图的分类

5.2.4 连通与回路

1. 链(Chain)

链是一个相关联的点和边的交替序列;边不重复的链称为简单链;边、点均不重复的链称为初等链. 在图 5.4 中,很容易找出如下三条链:

(1) $\{v_4, e_8, v_5, e_4, v_2, e_5, v_5, e_4, v_2, e_2, v_1\}$,

(2) $\{v_1, e_1, v_1, e_3, v_5, e_4, v_2, e_5, v_5, e_8, v_4\}$,

(3) $\{v_3, e_6, v_2, e_2, v_1, e_3, v_5, e_8, v_4\}$,

其中第二条是简单链,第三条是初等链.

2. 连通(Connected)

设 v_i 和 v_j 为图 G 中的二个点，若存在从 v_i 和 v_j 的链，则称点 v_i 和 v_j 是连通的. 如果图 G 中的任何一对顶点均连通，则称 G 为连通图(Connected Graph)，否则称为不连通图(Disconnected Graph). 图 5.5 中，(a)是不连通图，(b)、(c)、(d)均为连通图.

3. 回路(Circuit)

链的首尾重合便构成回路，简单链的首尾重合构成简单回路，初等链的首尾重合构成初等回路.

5.2.5 部分图与子图

1. 部分图

图 $G_1=\{V_1,E_1\}$，$G_2=\{V_2,E_2\}$，若 $V_1=V_2$，$E_1\supset E_2$，则称图 G_2 是 G_1 的部分图；如图 5.6 中的(a)即为图 5.4 的部分图.

2. 子图

图 $G_1=\{V_1,E_1\}$，$G_2=\{V_2,E_2\}$，若 $V_1\supset V_2$，$E_1\supset E_2$，则称图 G_2 是 G_1 的子图；如图 5.6 中的(b)即为图 5.4 的子图.

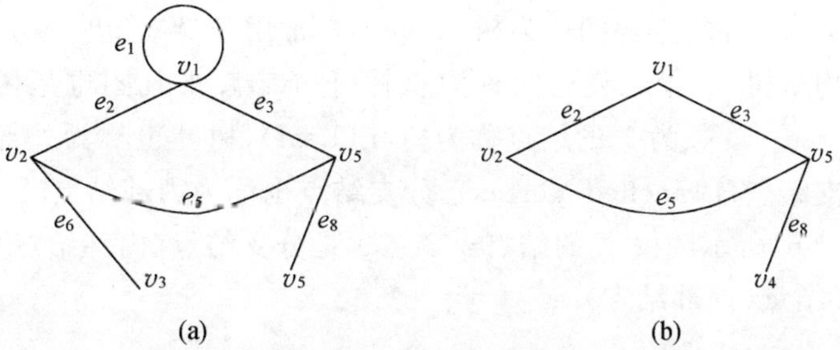

图 5.6　部分图与子图

5.3 树　　图

现实世界中，几乎每个人都见过自然界中的树，而计算机中也可以生成如图 5.7(a)所示的枝干相连姿态各异的树. 1857 年，英国数学家凯莱在研究有机化学中的碳氢化合物时，发现了一类重要的图，其结点表示原子，其边表示原子间的化学键，这类图结点间都连通且图中不存在环，凯莱称这类图为树. 树是图论中被广泛研究与应用的一类图. 树的应用例子很多，如：

(1) 表达式树：用树来表示表达式,并根据树得到适合计算机处理的表达式.

(2) 计算机文件系统：用树状结构表示文件系统.

(3) 乡村公路网络图：乡村公路网复杂,可以用树表示其关键路径.

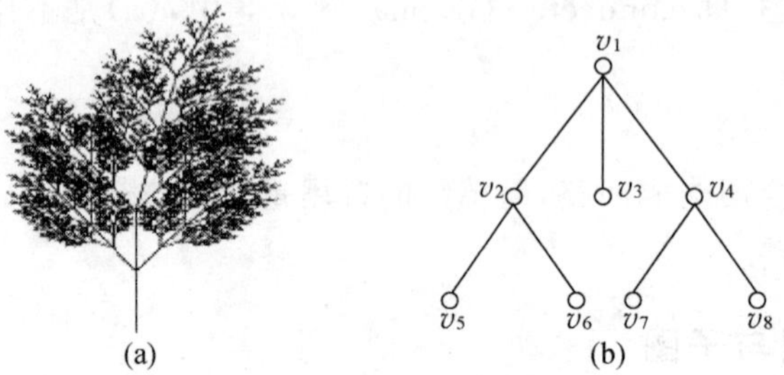

图 5.7　树的示例图

(4) 决策树：如何在词典中查找单词？为提高效率,在计算机中实现查找方法时,常常借助于索引文件,而决策树(如二叉树等)是构建查找索引的好方法.

(5) 数据编码：远距离通信中,对字母或单词进行编码是非常重要的,如何设计一套高效率的编码系统？树的结构可以为此提供一种简单方便的方法.

定义 5.4　无环的连通图称为树(Tree).常常用 T 来标记一棵树.无环图的每一个分支均是树,所以无环的图称为森林(Forest).平凡图也是树,称为平凡树(Trivial Tree).度数为 1 的结点称为树叶(Leaf),树叶也称为外部结点,其他结点称为分支结点(Branched Vertex),分支结点也称为内部结点.

如图 5.7(b)所示的树 T 的结点 v_1,v_2,v_4 是分支结点(内部结点),v_3,v_5,v_6,v_7,v_8 是叶子结点(外部结点).

5.3.1　树图的性质

性质 1　树中任意两顶点间有且仅有一条链.

证明：因为树是连通的,所以树中任意两顶点之间必有链相连;又如果两顶点之间有两条不同的链存在,则这两条链结合在一起便构成了一个回路,即树中必将出现回路,而这与树的定义相矛盾.

性质 2　对于一定的点集而言,树是边数最少的连通图.

证明：因为树图的任意一条边都是沟通该边两个端点的唯一的一条链,所以如果在树图中去掉一条边,则该边的两个端点不再连通.

性质 3　设 T 是具有 p 个顶点的一棵树,则 T 的边数一定为 $p-1$.

证明：在证明此性质之前,先引入收缩(Contraction)的概念,若把图 G 的一条边缩短直到它的两个端点重合，则称图 G 被收缩，如图 5.8 所示.

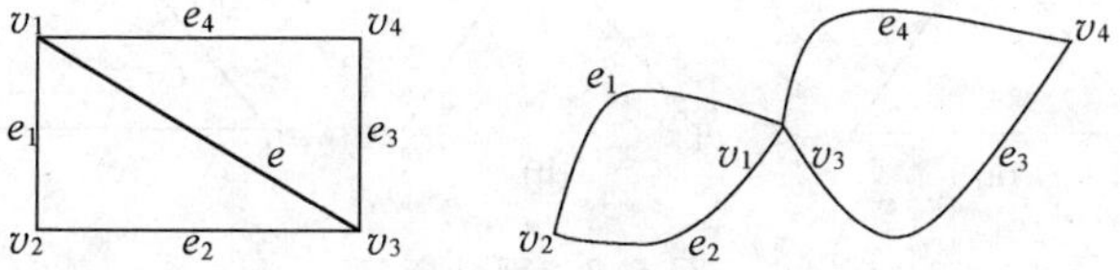

图 5.8　图的收缩

当 $p=2$ 时，命题显然成立；假设当 $p=k$ 时命题成立，现在来证明 $p=k+1$ 时命题成立. 因为树是没有回路的连通图，因此在树 T 中任意取一条边进行收缩，收缩的结果应形成一棵点和边数都减少 1 的树. 若树 T 具有 $k+1$ 个点，则收缩树 T^* 具有 k 个点，根据归纳法的假设，T^* 具有 $k-1$ 条边. 再把收缩的边还原，则树 T 具有 $k+1$ 个点、k 条边；即如果 $p=k$ 时命题成立，$p=k+1$ 时命题成立.

性质 4　任意一棵树，至少存在两个叶子结点.

证明：设树 T 具有 p 个顶点、n 条边，因为一条边要有两个端点，所以树 T 各点的度之和为 $2n$，即：

$$\sum_{v\in V(T)} d(v) = 2n. \tag{5.2}$$

根据性质 3 有 $n=p-1$，所以：

$$\sum_{v\in V(T)} d(v) = 2n = 2(p-1) = 2p-2. \tag{5.3}$$

若树 T 中每一点的度都大于或等于 2，那么：

$$\sum_{v\in V(T)} d(v) \geqslant 2p. \tag{5.4}$$

显然，这与式(5.3)相矛盾，所以树 T 中每一个点的度都大于或等于 2 的假设不能成立. 为使式(5.3)成立，故必须至少有两个顶点的度数为 1，即至少有两个叶子结点.

性质 5　具有 $n-1$ 条边的 n 阶连通图是树图.

证明：假设命题不成立，那么此图中必有回路. 任意取一个回路去掉其中的一条边，图仍然连通. 如此下去直到图中无回路为止，便得到一个具有 n 个顶点、少于 $n-1$ 条边的树图，这与性质 3 相矛盾，假设不成立，原命题得证.

5.3.2　部分树(Spanning Tree)

如果树 T 是图 G 的一个部分图，则称树 T 是图 G 的部分树. 如图 5.9 的(b)，(c)均为(a)的部分树.

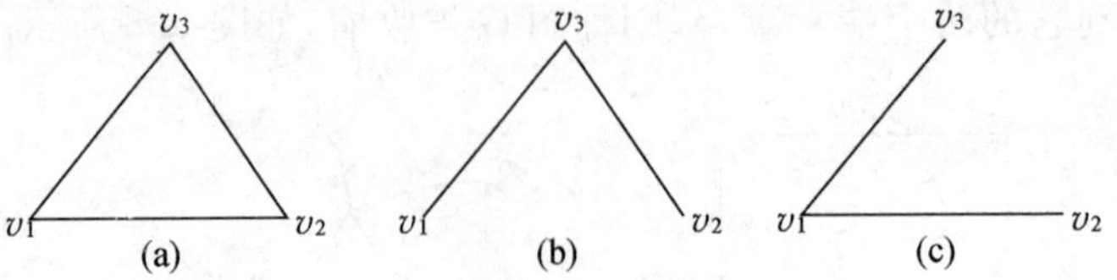

图 5.9　部分树

图 G 存在部分树的充分必要条件是 G 是连通图. 必要性是显然的;对充分性可证明如下:

设图 G 是连通的,如果不含回路,那么图 G 本身就是一个树,从而图 G 是它自身的一个部分树. 现假设图 G 含回路,从回路中任意地去掉一条边,得到图 G 的一个部分图 G_1,如果 G_1 不含回路,那么 G_1 是图 G 的一个部分树;如果 G_1 仍含有回路,那么从 G_1 中任意选取一个回路并任意去掉一条边,得到图 G 的另一个部分图 G_2,如此重复,最终可以得到图 G 的一个部分树 G_k.

从图 5.9 可以看出,一个连通图的部分树并不唯一. 上述充分性的证明过程给出了构造部分树的一种简单算法,即:在一个连通图中破掉所有的回路,剩下不含回路的连通图就是原连通图的一个部分树. 这种算法被形象地称为"破圈法".

构造连通图 G 的部分树,也可以按照下面的算法来进行,即在图 G 中任意选取一边 e_1,找一条不与 e_1 构成回路的边 e_2,然后再找一条不与 e_1,e_2 构成回路的边 e_3,这样下去,直到这一过程不能进行下去为止,所得到的图就是连通图 G 的一个部分树,这种算法称为"避圈法".

5.3.3　最小部分(支撑)树问题

设树 $T=(V, E_1)$是图(V, E)的支撑子图,那么称 T 是 G 的一个部分树(或支撑树). 在赋权图中,构成其部分树各边权的总和称为部分树的权,记作 $W(T)$,即:

$$W(T)=\sum_{v_i}^{v_j} w_{ij}\text{, } [v_i, v_j]\in T. \tag{5.5}$$

如果支撑树 T^* 的权 $W(T^*)$在 G 的所有支撑树 T 中的权最小,即 $W(T^*)=\min W(T)$,那么称 T^* 是 G 的最小部分树,也称最小支撑树. 最小部分树在教育领域具有重要的应用价值,因此有必要探讨一下最小部分树的算法.

1. *破圈法*

在连通图 G 中任意选取一个回路,从该回路中去掉一条权数最大的边(如果权数最大的边不唯一,则任意选取其中一条). 在余下的图中,重复这一步骤,直至得到一个不含回路的连通图(有 n 个顶点 $n-1$ 条边),该连通图便是最小部分树.

2. 避圈法

从图中任选一点 v_i,让 $v_i \in V$,其他各点均属于$\overline{V}$;从沟通集合V和$\overline{V}$的连线中找出最小边,使之包含在最小部分树内.不妨假设最小边为(v_i, v_j),令$(v_i, v_j) \in V$,其他各点均属于$\overline{V}$;重复寻找从集合V到$\overline{V}$的最小边并使之包含在最小部分树内,直到图中的所有点都包含在集合V中为止.

3. 顺序生枝法

首先将图中的所有边按权的大小从小到大进行排列,在确保不出现回路的前提下,将依次排列的边逐一绘出;若再增加某条边时出现了回路,则排除该边并继续寻找下一条边.

5.3.4　应用实例

[例 5-1]　图 5.10 中的 S,A,B,C,D,E,T 分别代表某高校的 7 座教学楼,它们之间的连线代表各教学楼间的道路情况,连线旁的数字(权)代表各教学楼间的距离.现要求沿道路架设电线,使上述教学楼全部通电,应如何架设使总的线路长度最短?

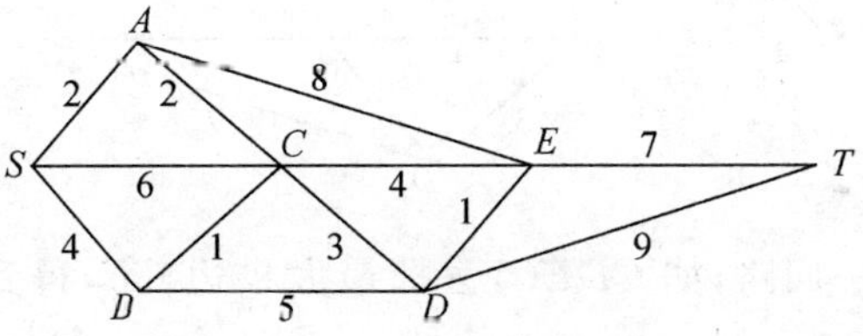

图 5.10　教学楼间的道路分布图

解: 因要使 7 座教学楼全部通电,所以 S,A,B,C,D,E,T 各点之间必须连通;此外图中不能存在回路,否则从回路中去掉一条边仍然连通,即含有回路的路径一定不是最短线路.故架设长度最短的线路就是从图 5.10 中寻找一个最小部分树.

[方法一]:用“破圈法”求最小部分树,步骤如下:

(1) 从图 5.10 中任取一回路,如 $SACBS$,去掉最大权边 SB,得到一个部分图(如下图所示);

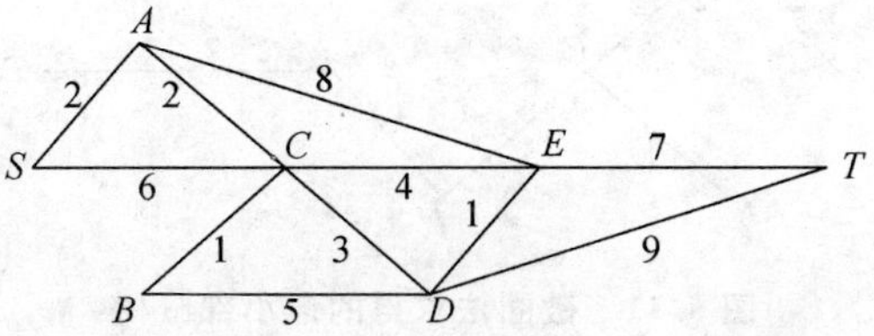

(2) 继续任取一回路,如 $SACS$,去掉最大权边 SC,得到另一个部分图(如下图所示);

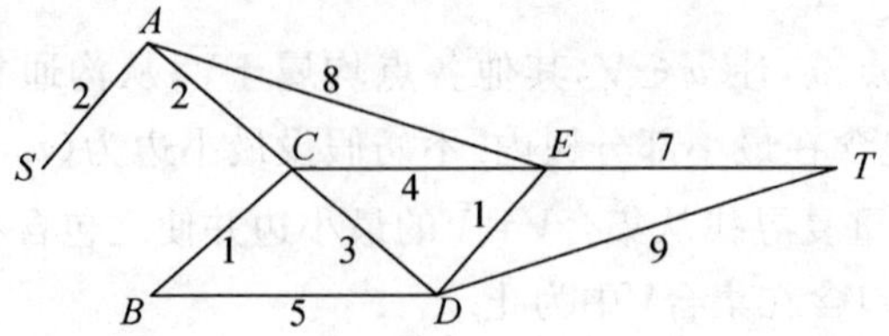

(3) 继续任取一回路,如 $BCDB$,去掉最大权边 BD,得到另一个部分图(如下图所示);

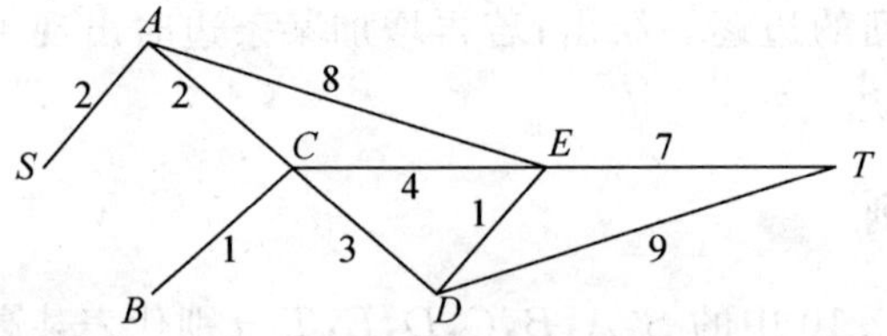

(4) 继续任取一回路,如 $ACEA$,去掉最大权边 AE,得到另一个部分图(如下图所示);

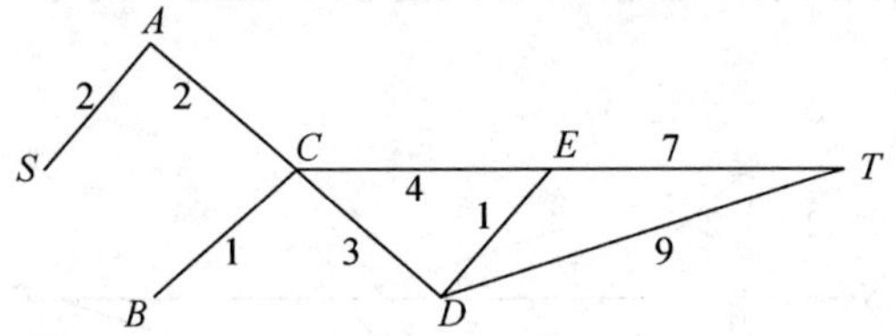

(5) 继续任取一回路,如 $CDEC$,去掉最大权边 CE,得到另一个部分图(如下图所示);

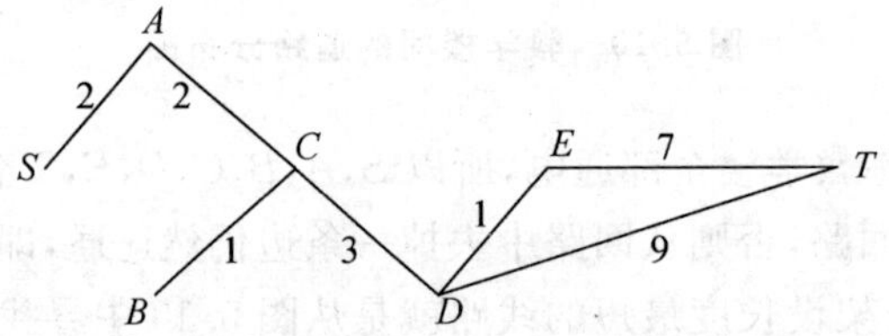

(6) 依此类推,取回路 $DETD$,去掉最大权边 DT,最终得如图 5.11 所示的最小部分树.

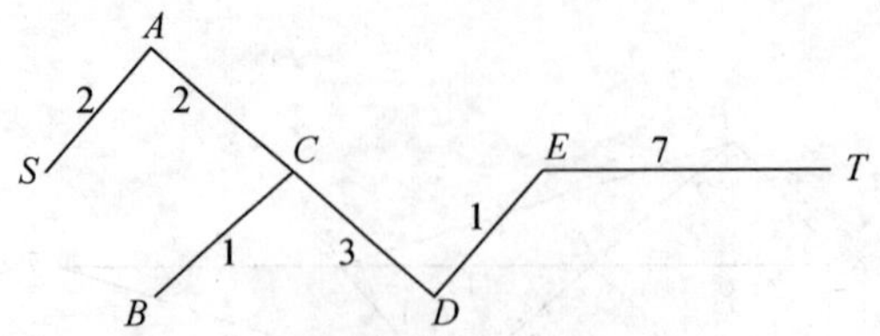

图 5.11　破圈法求得的最小部分树

总权值为：$W(T)=2+2+1+3+1+7=16$.

[**方法二**]：用"避圈法"求最小部分树，步骤如下：

(1) 从图 5.10 中任意选取一点，不妨假设为 S 点，令 $S\in V$，其余各点均属于$\overline{V}$，沟通集合 V 和$\overline{V}$的连线有 3 条——SA，SB 和 SC，其中最小边为 SA，将 SA 加粗，标志它是最小部分树内的边；

(2) 再令$(S,A)\in V$，其余各点均属于$\overline{V}$，沟通集合 V 和$\overline{V}$的连线有 4 条——AE、AC、SB 和 SC，其中最小的边为 AC，将 AC 加粗，标志它是最小部分树内的边；

(3) 再令$(S,A,C)\in V$，其余各点均属于$\overline{V}$，沟通集合 V 和$\overline{V}$的连线有 5 条——AE，SB，CE，CD 和 CB，其中最小的边为 CB，将 CB 加粗，标志它是最小部分树内的边；

(4) 再令$(S,A,B,C)\in V$，其余各点均属于$\overline{V}$，沟通集合 V 和$\overline{V}$的连线有 4 条——AE，CE，CD 和 BD，其中最小的边为 CD，将 CD 加粗，标志它是最小部分树内的边；

(5) 再令$(S,A,B,C,D)\in V$，其余各点均属于$\overline{V}$，沟通集合 V 和$\overline{V}$的连线有 4 条——AE，CE，DE 和 DT，其中最小的边为 DE，将 DE 加粗，标志它是最小部分树内的边；

(6) 再令$(S,A,B,C,D,E)\in V$，点 T 均属于$\overline{V}$，沟通集合 V 和$\overline{V}$的连线有 2 条——ET 和 DT，其中最小的边为 ET，将 ET 加粗，此时所有点已连通，即得如图 5.12 所示的最小部分树.

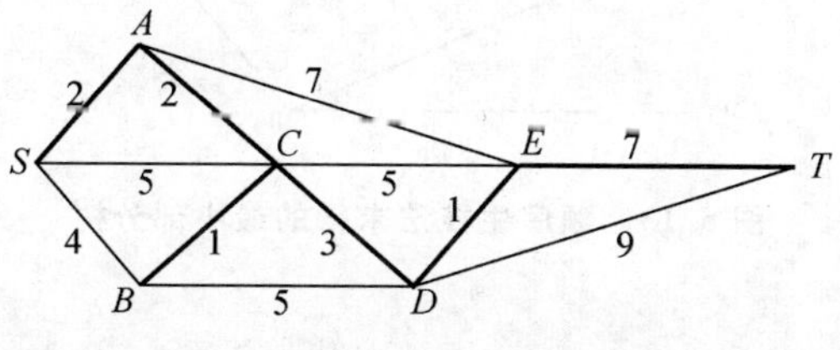

图 5.12　避圈法求得的最小部分树

[**例 5-2**]　已知某高校 5 座学生宿舍楼，相互间的距离如表 5.1 所示，问应如何铺设网线，才能使网线长度最短？

表 5.1　学生宿舍楼间的距离　(单位：km)

终点 / 起点	W_2	W_3	W_4	W_5
W_1	0.65	1.05	0.45	0.35
W_2		0.45	0.90	0.60
W_3			1.30	0.85
W_4				0.35

解：按“破圈法”或“避圈法”求图的最小部分树，均需先绘制出原图；对于此类问题可以想象，当学生宿舍楼的数量较多时，先绘制出原图再求解是很不方便的. 因此，选用顺序生枝法来求解此例.

(1) 将各边按距离从小到大进行排序，即：

$$d_{15}=d_{45}=0.35,$$
$$d_{14}=d_{23}=0.45,$$
$$d_{25}=0.6,$$
$$d_{12}=0.65,$$
$$d_{35}=0.85,$$
$$d_{24}=0.9,$$
$$d_{13}=1.05,$$
$$d_{34}=1.3.$$

(2) 按顺序生枝，即：

第一个生出的树枝是 e_{15}，第二个生出的树枝是 e_{45}；因 e_{14} 与 e_{15} 和 e_{45} 构成回路，故排除 e_{14}. 继续生出树枝 e_{23}，e_{25}，至此代表学生宿舍楼的 5 个点已经连通(5 个点、4 条边)，所以得到如图 5.13 所示的最小部分树. 该最小部分树即为长度最短的网线铺设方案.

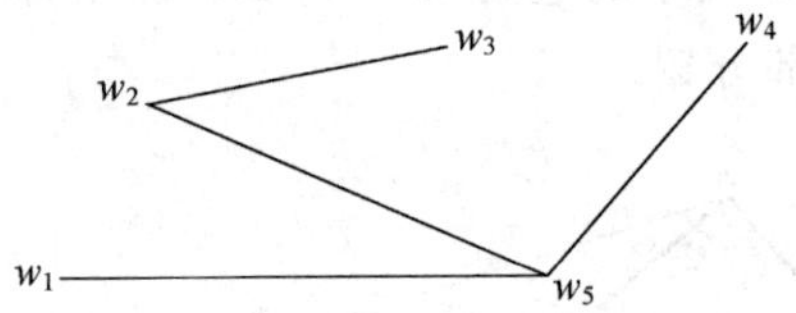

图 5.13　顺序生枝法求得的最小部分树

5.4　最短路径问题

图与网络分析是近几十年来运筹学领域中发展迅速，而且应用十分广泛的一个分支. 物理学、化学、电工学、管理学、控制论、信息论、交通运输等许多不同领域内的问题都可以用图论来描述和解决. 例如：交通网络的合理布局、各种通信线路的架设、邮递员如何选择行走路线等问题，都可以应用图论的方法，直观、便捷地加以解决.

最短路径问题是图论中的一个基本问题，经常被用于解决管道铺设、运输线路的选择、工厂布局、设备更新等实际问题. 最短路径已经成为人们解决许多最优化问题的基本工具.

5.4.1　问题描述

在一个连通网络中，求从某一指定结点（起点）到另一个指定结点（终点）的一条路，使其距离最短称做最短路径问题，即：寻求赋权图中任意两点之间的最短路径. 这里的距离只是权数的代名词，在解决实际问题时，可以是时间、费用或其他不同含义的量.

设 $D=(V,A)$ 为连通图，v_s，v_t 为图中的起点和终点，(v_i,v_j) 的权为 w_{ij}，要找到从 v_s 到 v_t 的一条总权最短路径 u，即

$$\min(u)=\sum_{v_i}^{v_j} w_{ij}, \quad (v_i, v_j)\in u. \tag{5.6}$$

最短路径问题是多个起点、多个终点的运输问题的一种特殊情况，两点的最短路径问题、多点间的运输问题在信息网络建设中得到广泛应用，对教育装备中网络建设、设备更新等问题的解决起着非常重要的作用，是研究教育装备优化的重要手段.

5.4.2　最短路径问题的求解算法

最短路径问题可以用线性规划的方法求解，但算法很不经济，常用的算法主要有狄克斯屈拉(Dijkstra)算法和弗洛伊德(Floyd)算法.

1. 狄克斯屈拉算法

1959 年，狄克斯屈拉首先提出了狄克斯屈拉算法（又称为标号法）. 其基本思路是逐点求最短路径，即从起点开始寻找到邻近点的最短路径，直至将最短路径延伸到指定的终点为止，从而确定出从起点到终点的最短路径. 这种算法适合所有权 $w_{ij}\geqslant 0$ 的情况，目前已经得到广泛应用.

定义 d_{ij} 为图中两点 i 和 j 之间的距离，即：

$$d_{ij}=\begin{cases} w_{ij}, & i \text{ 与 } j \text{ 相邻}, \\ +\infty, & i \text{ 与 } j \text{ 不相邻}, \\ 0, & i \text{ 与 } j \text{ 相等}. \end{cases}$$

V 表示所有已标号点的集合，L_{ij} 代表从 i 点到 j 点的最短路径，那么采用狄克斯屈拉算法求从 s 点到 t 点最短路径的具体步骤如下：

(1) 从点 s 出发，因 $L_{ss}=0$，将“0”标注在 s 旁的小方框内，表示 s 点已标号. $s\in V$，其他各点均属于 $\overline{V}$.

(2) 从点 s 出发，找出与点 s 相邻且距离最小的点 r，将 $L_{sr}=L_{ss}+L_{sr}$ 的值标注在点 r 旁的小方框内，表明点 r 也已标号. $(s,r)\in V$，其他各点均属于 $\overline{V}$.

(3) 找出所有与已标号点相邻的未标号点，若 $L_{sp}=\min\{L_{ss}+d_{sp}, L_{sr}+d_{rp}\}$，

则给 p 点标号，即将 L_{sp} 的值标注在 p 旁的小方框内. $(s,r,p)\in V$，其他各点均属于 $\overline{V}$.

(4) 重复第(3)步，直到 t 点得到标号为止. 此时各点小方框内的标注值就是 s 点到 t 点的最短路径，实际上也求出了从 s 点到所有各顶点的最短路径.

2. *弗洛伊德算法*

狄克斯屈拉算法提供了从图中某一点到其他各点的最短路径；但有些实际问题往往需要计算图中所有点之间的最短路径，如果仍采用狄克斯屈拉算法逐点来计算，过程将是很繁琐的. 下面介绍一种计算图中所有点之间最短路径的弗洛伊德算法.

定义 d_{ij} 为图中两点 i 和 j 之间的距离，即：

$$d_{ij}=\begin{cases}w_{ij}, & i\text{ 与 }j\text{ 相邻,}\\ +\infty, & i\text{ 与 }j\text{ 不相邻,}\\ 0, & i\text{ 与 }j\text{ 相等,}\end{cases}$$

则弗洛伊德算法的具体步骤如下：

(1) 由 d_{ij} 直接得到矩阵 $\boldsymbol{D}^{(0)}=\{d_{ij}\}$，$\boldsymbol{D}^{(0)}$ 表明从 i 点到 j 点直接到达的距离. 由于从 i 点到 j 点的最短路径不一定是直接到达的，可能有一个、二个或更多的中间点，因此必须求 $\boldsymbol{D}^{(1)},\boldsymbol{D}^{(2)},\cdots,\boldsymbol{D}^{(m)}$.

(2) 先考虑 i 点与 j 点之间有一个中间点的情况，i 点到 j 点的最短距离为 $\min\limits_{k}\{d_{ik}+d_{kj}\}$，其中 $k=1,2,3,\cdots,p$，则构造矩阵 $\boldsymbol{D}^{(1)}$，使其元素为 $d_{ij}^{(1)}=\min\limits_{k}\{d_{ik}+d_{kj}\}$，矩阵 $\boldsymbol{D}^{(1)}$ 给出了网络中任意两点之间可以有一个中间点时的最短距离.

(3) 在 $\boldsymbol{D}^{(1)}$ 的基础上再构造矩阵 $\boldsymbol{D}^{(2)}$，令 $\boldsymbol{D}^{(2)}$ 中的元素 $d_{ij}^{(2)}=\min\limits_{k}\{d_{ik}^{(1)}+d_{kj}^{(1)}\}$，则矩阵 $\boldsymbol{D}^{(2)}$ 给出了网络中任意两点之间可以有三个中间点时的最短距离.

(4) 一般，若定义 $d_{ij}^{(n)}=\min\limits_{k}\{d_{ik}^{(n-1)}+d_{kj}^{(n-1)}\}$，则矩阵 $\boldsymbol{D}^{(n)}$ 给出了网络中任意两点之间可以有 2^n-1 个中间点时的最短距离. 因为中间点至多有 $p-2$ 个(p 为图的顶点数)，所以计算的次数 n 应满足 $2^n-1\leqslant p-2$，即 $n\leqslant\dfrac{\lg(p-1)}{\lg 2}$.

(5) 如果计算过程中出现 $\boldsymbol{D}^{(m+1)}=\boldsymbol{D}^{(m)}$，计算即可结束，矩阵 $\boldsymbol{D}^{(m)}$ 中的各元素为各点间的最短距离.

5.4.3 应用实例

[例 5-3] 教育耗材统一发放路径的选择问题.

某城区有一种教育耗材，由教委统一购买并发放. 某学校到教委的路线图如图 5.14 所示，A,B,C,D 为要经过的较大地点，箭头为行驶方向，箭头边数字为该路线长度，请选择一条从教委 O 到学校 E 的路径，使该教育耗材能够通过最短路径发放到学校.

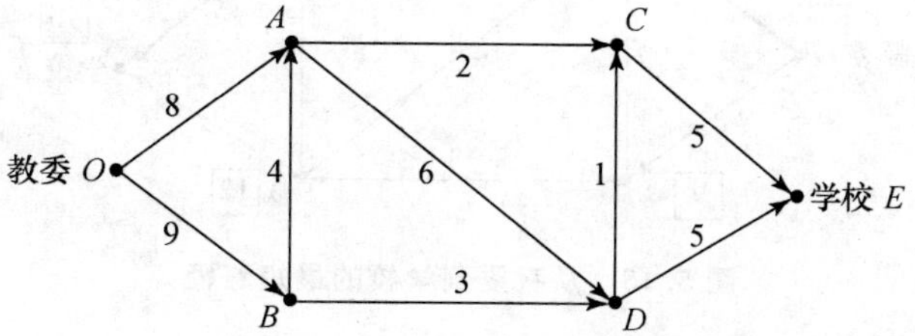

图 5.14　某学校到教委的交通路线图

解：该问题是典型的求解从 O 点到 E 点的最短路径问题. 如图 5-15 所示，利用狄克斯屈拉算法求解的步骤如下：

(1) 从 O 点出发，对其标“0”，令 $O\in V$，其他各点均属于 $\overline{V}$.

(2) 与 O 点相邻的未标号点有 A 和 B 两个点，由于 $\min\{0+8,0+9\}=8$，故 A 点得到标号“8”，令 $(O,A)\in V$，其他各点均属于 $\overline{V}$.

(3) 与标号点 O 和 A 相邻的未标号点有 B、C、D 三个点，由于

$$\min\left\{\begin{matrix}A\text{：}\min(8+2,8+4,8+6)=10\\ O\text{：}\min(0+9)=9\end{matrix}\right\}=9,$$

故 B 点得到标号“9”，令 $(O,A,B)\in V$，其他各点均属于 $\overline{V}$.

(4) 与标号点 O,A 和 B 相邻的未标号点有 C、D 两个点，由于

$$\min\left\{\begin{matrix}A\text{：}\min(8+2,8+6)=10\\ B\text{：}\min(9+3)=12\end{matrix}\right\}=10,$$

故 C 点得到标号“10”，令 $(O,A,B,C)\in V$，其他各点均属于 $\overline{V}$.

(5) 与标号点 O,A,B 和 C 相邻的未标号点有 D、E 两个点，由于

$$\min\left\{\begin{matrix}A\text{：}\min(8+6)=14\\ B\text{：}\min(9+3)=12\\ C\text{：}\min(10+5)=15\end{matrix}\right\}=12,$$

故 D 点得到标号“12”，令 $(O,A,B,C,D)\in V$，其他各点均属于 $\overline{V}$.

(6) 与标号点 O、A、B、C 和 D 相邻的未标号点仅有 E 点，由于

$$\min\left\{\begin{matrix}C\text{：}\min(10+5)=15\\ D\text{：}\min(12+5)=17\end{matrix}\right\}=15,$$

故 E 点得到标号“15”，此时所有点均得到标号.

(7) 逆推可得点 O 到点 E 的最短路径为：$O—A—C—E$（如图 5.15 所示），最短路长为 15.

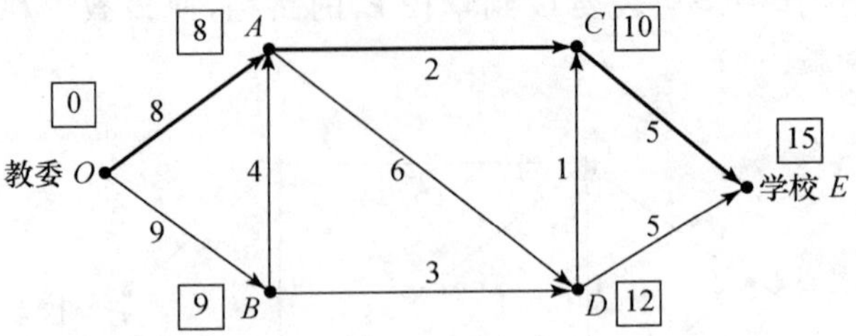

图 5.15　从教委到学校的最短路径

［**例 5-4**］　教学设备更新问题.

某校使用一种电教设备,每年年初决定继续使用旧设备还是购买新的.若继续使用旧的设备,需要支付一定的维修费(如表 5.2 所示),但随着设备的老化,维修费将随之上升;若购置新设备,则需要支付购置费(如表 5.2 所示)和较少的维修费.问:如何制订一个 5 年内的设备更新计划,使得总费用(购置费和维修费)最小?

表 5.2　5 年内的设备购置费和维修费　(单位:百元)

第 i 年	1	2	3	4	5
购置费	25	26	27	28	29
维修费	5	7	11	17	25

解:符合题设的更新设备方法有很多种,但每种方法花费的总费用不同.比如:

第 1 年购买的设备一直使用到第 5 年年底,则费用总和为第 1 年的设备购置费加上 5 年中每年的维修费:25＋5＋7＋11＋17＋25＝90.

如果每年都购置新的设备,设备只使用一年就更新,则对应费用总和为每年的设备购置费加上第 1 年的维修费:25＋26＋27＋28＋29＋5＋5＋5＋5＋5＝160.

我们可以将此问题转化为赋权有向图(如图 5.16)表示,然后求解最短路径.令:

i 表示在第 i 年年初要购置一台新设备,($i=1, 2, 3, 4, 5, 6$).

v_6 表示第 5 年年底.

(v_i, v_j):表示第 i 年购进的新设备一直使用到第 j 年年初(即 $j-1$ 年年底),($j=2,3,4,5,6$).

w_{ij}:弧(v_i, v_j)上所赋的权,表示第 i 年购置设备的费用加上从第 i 年使用到第 j 年年初(即 $j-1$ 年年底)的维修费用总和.

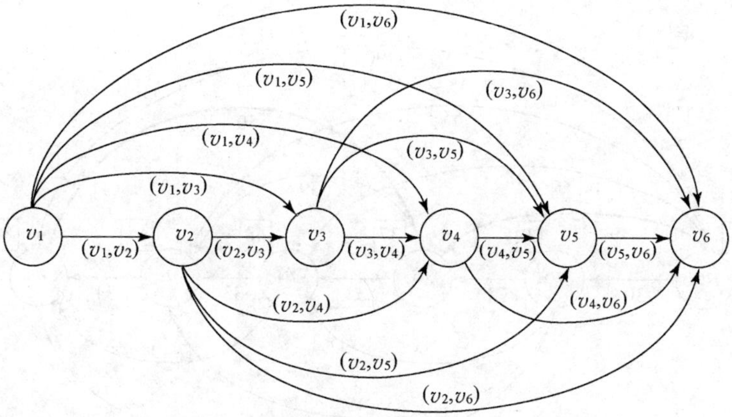

图 5.16　教学设备更新问题的赋权有向图

计算 w_{ij} 并填入有向图 5.17 中.

$$w_{12} = 25 + 5 = 30;$$
$$w_{13} = 25 + 5 + 7 = 37;$$
$$w_{14} = 25 + 5 + 7 + 11 = 48;$$
$$w_{15} = 25 + 5 + 7 + 11 + 17 = 65;$$
$$w_{16} = 25 + 5 + 7 + 11 + 17 + 25 = 90;$$
$$w_{23} = 26 + 5 = 31;$$
$$w_{24} = 26 + 5 + 7 = 38;$$
$$w_{25} = 26 + 5 + 7 + 11 = 49;$$
$$w_{26} = 26 + 5 + 7 + 11 + 17 = 66;$$
$$w_{34} = 27 + 5 = 32;$$
$$w_{35} = 27 + 5 + 7 = 39;$$
$$w_{36} = 27 + 5 + 7 + 11 = 50;$$
$$w_{45} = 28 + 5 = 33;$$
$$w_{46} = 28 + 5 + 7 = 40;$$
$$w_{56} = 29 + 5 = 34.$$

因此,制订费用最低的设备更新计划就等价于寻求从 v_1 到 v_6 的最短路径问题.用狄克斯屈拉算法求图 5.17 中从 v_1 到 v_6 的最短路径,此最短路径就对应着费用最低的设备更新计划.

(1) 从 v_1 点出发,对其标“0”,令 $v_1 \in V$,其他各点均属于$\overline{V}$.

(2) 与 v_1 点相邻的未标号点有 v_2, v_3, v_4, v_5 和 v_6 五个点,由于 $\min\{0+30, 0+37, 0+48, 0+65, 0+90\}=30$,故 v_2 点得到标号“30”,令$(v_1, v_2) \in V$,其他各

点均属于$\overline{V}$.

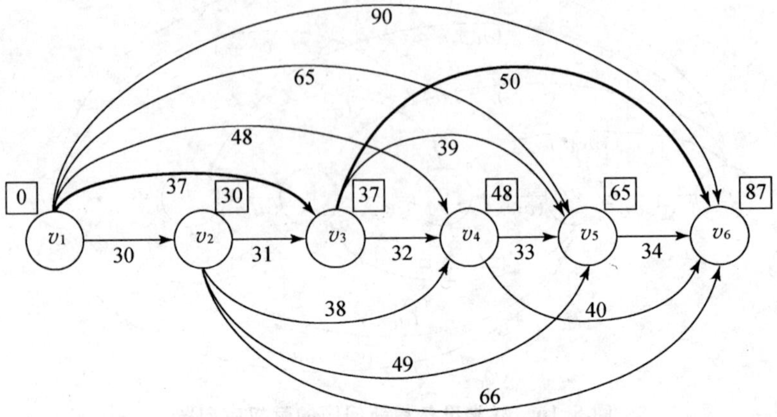

图 5.17 狄克斯屈拉算法求得的最短路径

(3) 与标号点 v_1 和 v_2 相邻的未标号点有 v_3、v_4、v_5 和 v_6 四个点,由于

$$\min\begin{Bmatrix} v_1: \min(0+37,0+48,0+65,0+90)=37 \\ v_2: \min(30+31,30+38,30+1,30+66)=61 \end{Bmatrix}=37,$$

故 v_3 点得到标号"37",令$(v_1,v_2,v_3)\in V$,其他各点均属于$\overline{V}$.

(4) 与标号点 v_1,v_2 和 v_3 相邻的未标号点有 v_4,v_5 和 v_6 三个点,由于

$$\min\begin{Bmatrix} v_1: \min(0+48,0+65,0+90)=48 \\ v_2: \min(30+38,30+1,30+66)=68 \\ v_3: \min(37+32,37+39,37+50)=69 \end{Bmatrix}=48,$$

故 v_4 点得到标号"48",令$(v_1,v_2,v_3,v_4)\in V$,其他各点均属于$\overline{V}$.

(5) 与标号点 v_1、v_2、v_3 和 v_4 相邻的未标号点有 v_5 和 v_6 两个点,由于

$$\min\begin{Bmatrix} v_1: \min(0+65,0+90)=65 \\ v_2: \min(30+1,30+66)=79 \\ v_3: \min(37+39,37+50)=76 \\ v_4: \min(48+33,48+40)=81 \end{Bmatrix}=65,$$

故 v_5 点得到标号"65",令$(v_1,v_2,v_3,v_4,v_5)\in V$,其他各点均属于$\overline{V}$.

(6) 与标号点 v_1,v_2,v_3,v_4 和 v_5 相邻的未标号点仅有 v_6 点,由于

$$\min\begin{Bmatrix} v_1: \min(0+90)=90 \\ v_2: \min(30+66)=96 \\ v_3: \min(37+50)=87 \\ v_4: \min(48+40)=88 \\ v_5: \min(65+34)=99 \end{Bmatrix}=87,$$

故 v_6 点得到标号"88",此时所有点均得到标号.

(7) 逆推可得点 v_1 到点 v_6 的最短路径为: v_1—v_3—v_6(如图 5.17 所示),最短路长为 87.

因此,总费用最小的更新计划为: 第 1 年购买设备,使用 2 年;第 3 年年初购买新设备,使用 3 年,直至第 5 年年底.

[例 5-5]　某高校有 5 个校区,各校区之间的道路连通情况如图 5.18 所示,图中各边的权数为各校区之间的距离(单位: km). 现已知各校区年度大学英语教材消耗量分别为 3000,2000,500,1000 和 1500 册. 若该校准备建一个大学英语教材配送中心以保证各校区的教学需要,问: 配送中心应建在哪个校区,使得运输册千米数最小?

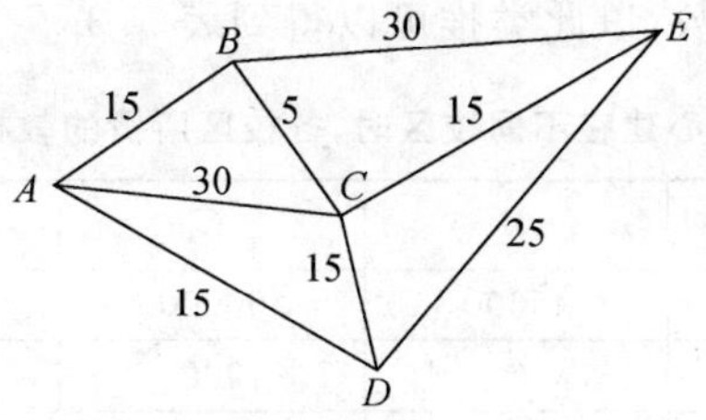

图 5.18　各校区间的道路连通图

解: 图 5.18 只有 5 个点,两点之间最多有 3 个点,因此 $\boldsymbol{D}^{(2)}$ 矩阵所反映的各点距离即为最短距离. 采用弗洛伊德算法求解如下.

(1) 由各校区直接的距离 d_{ij} 直接得到矩阵 $\boldsymbol{D}^{(0)}=\{d_{ij}\}$.

$$\boldsymbol{D}^{(0)}=\begin{bmatrix}0 & 15 & 30 & 15 & \infty\\15 & 0 & 5 & \infty & 30\\30 & 5 & 0 & 15 & 15\\15 & \infty & 15 & 0 & 25\\\infty & 30 & 15 & 25 & 0\end{bmatrix}.$$

(2) 令 $\boldsymbol{D}^{(1)}$ 中的元素为 $d_{ij}^{(1)}=\min\limits_{k}\{d_{ik}+d_{kj}\}$,则矩阵 $\boldsymbol{D}^{(1)}$ 给出了网络中任意两点之间可以有 1 个中间点时的最短距离.

$$\boldsymbol{D}^{(1)}=\begin{bmatrix}0 & 15 & 20 & 15 & 40\\15 & 0 & 5 & 20 & 20\\20 & 5 & 0 & 15 & 15\\15 & 20 & 15 & 0 & 25\\40 & 20 & 15 & 25 & 0\end{bmatrix}.$$

(3) 令 $\boldsymbol{D}^{(2)}$ 中的元素 $d_{ij}^{(2)}=\min\limits_{k}\{d_{ik}^{(1)}+d_{kj}^{(1)}\}$,则矩阵 $\boldsymbol{D}^{(2)}$ 给出了网络中任意

两点之间可以有 3 个中间点时的最短距离.

$$\boldsymbol{D}^{(2)}=\begin{bmatrix}0&15&20&15&35\\15&0&5&20&20\\20&5&0&15&15\\15&20&15&0&25\\35&20&15&25&0\end{bmatrix}.$$

在最短路的基础上,求配送中心建于不同校区时的教材运输册千米数.将 $\boldsymbol{D}^{(2)}$ 中第一行各元素乘以 A 校区所需的大学英语教材数 3000,即得配送中心建在不同校区时,A 校区所需的教材运输册千米数.同理,$\boldsymbol{D}^{(2)}$ 中第二行各元素乘以 B 校区所需的大学英语教材数 2000,即得配送中心建在不同校区时,B 校区所需的教材运输册千米数,以此类推可以得到表 5.3.

表 5.3　配送中心建在不同校区时,各校区所需的教材运输册千米数

终点 起点	A	B	C	D	E
A	0	45000	60000	45000	105000
B	30000	0	10000	40000	40000
C	10000	2500	0	7500	7500
D	15000	20000	15000	0	25000
E	52500	30000	22500	37500	0
合计	107500	97500	107500	130000	177500

表 5.3 中每列的合计数代表了配送中心建在该校区大学英语教材运输的册千米数,由于 B 列的合计数最小,所以配送中心应建在 B 校区,此时教材运输的册千米数为 97500.

5.5　最大流问题

流量问题在实际生活中是一种常见的问题,如公路系统中的车辆流量、供电系统中的电流量、控制系统中的信息流、灌溉系统中的水流、金融系统的现金流等.在装备保障活动中,经常遇到这样的问题:在一段时间内需要把一批设备由一地运到另一地,但由于运输系统运营能力的限制,不可能把设备全部运出.希望制订合理的安排运输计划,扩大运输能力,尽可能多地运送设备,这就是典型的最大流问题.

最大流问题的实质是在单位时间内安排一个运送方案,将发点的物质沿着弧的方向运送到收点,使总运输量最大.

5.5.1 问题描述

已知网络 $D=(V,A,C)$，其中 V 为顶点集，A 为弧集，$C=\{c_{ij}\}$ 为容量集，c_{ij} 为弧 (v_i, v_j) 上的容量. 现网络 D 上要通过一个流 $f=\{f_{ij}\}$，其中 f_{ij} 为弧 (v_i, v_j) 上的流量. 问应如何安排流量 f_{ij} 可使网络 D 上通过的总流量 $v=v(f)$ 最大?

最大流问题可以建立如下形式的线性规划数学模型，其决策变量、目标函数、约束条件分别如下：

决策变量：各弧 (v_i, v_j) 上的流量 f_{ij}，

目标函数：$\max v=v(f)$，

$$\text{s. t.} \begin{cases} 0 \leqslant f_{ij} \leqslant c_{ij}, \\ \sum f_{ij} - \sum f_{ji} = \begin{cases} v(f), & i=s, \\ 0, & i \neq s,t, \\ -v(f), & i=t. \end{cases} \end{cases}$$

由线性规划理论知，满足上式的约束条件的解 $\{f_{ij}\}$ 称为可行解，在最大流问题中称为可行流. 最大流问题的实质是求解满足上述所有约束的可行流.

5.5.2 基本概念

定义 5.5 已知网络 D，从某点发出的边的数目称为该点的“正线度”，记为 $d^+(v_i)$；进入该点的边的数目称为点的“负线度”，记为 $d^-(v_i)$.

定义 5.6 网络流图是满足下列 3 个条件的有向图：① 有且仅有一个点的负线度为“0”，称为源或发点(Source)；② 有且仅有一个点的正线度为“0”，称为沟或收点(Sink)；③ 每一条边均有一个非负的权数，称为边的容量(Capacity)，用 c_{ij} 来表示.

定义 5.7 网络流量是定义在弧集合上的一个函数 $f=F(f_{ij})$，其中 f_{ij} 为弧(v_i, v_j)上的流量(Flow)；网络流量等于发点的总发量或收点的总收量.

对所有的 i 和 j，当 f_{ij} 满足下述两个条件时，f 称为网络的可行流：① 对所有的 i 和 j 有 $f_{ij} \leqslant c_{ij}$；② 中间点输入与输出的量相等. 使网络流量达到最大值的可行流称为网络的最大流.

定义 5.8 对网络的某一可行流 $f=F(f_{ij})$ 而言，$f_{ij}=c_{ij}$ 的弧称为“饱和弧”；$f_{ij}=0$ 的弧称为“零流弧”；$0<f_{ij}<c_{ij}$ 的弧称为“非饱和弧”或“非零流弧”.

定义 5.9 若 u 是网络从发点 v_s 到收点 v_t 的一条链，定义链的方向是从发点 v_s 到收点 v_t，则链上的弧被分为两种：一种是弧的方向与链的方向一致，称为正向弧，正向弧的集合记为 u^+；另一种是弧的方向与链的方向相反，称为负向弧，负向弧的集合记为 u^-.

定义 5.10 设 $f=F(f_{ij})$是一个可行流，u 是网络从发点 v_s到收点 v_t的一条链，若 u 满足下列条件，就称之为关于可行流 f 的一条增广链：① u^+ 中的每一个弧均为非饱和弧；② u^- 中的每一个弧均为非零流弧.

在增广链上，正向弧的流量都可以增加，负向弧的流量都可以减少，所以一定存在一个量 $\Delta f=\min\begin{Bmatrix}u^+: c_{ij}-f_{ij}\\ u^-: f_{ji}\end{Bmatrix}$，使所有正向弧的流量加上 Δf、负向弧的流量减去 Δf 仍为可行流，而这样处理的结果是网络的流量增加了 Δf. 增广链提供了一种增加流量的途径：通过寻找网络流的增广链并在增广链上使流量增加 Δf，来实现总流量增加 Δf.

5.5.3 最大流问题的求解算法

标号法首先给出一个初始可行流，通过标号找出一条增广链，然后调整增广链上的流量，得到更大的流量. 再用标号找出一条新的增广链，再调整直到标号过程不能进行下去为止，这时的可行流就是最大流.

标号法是一种图上迭代计算方法，是由两个基本步骤构成的循环过程：第一步通过标号找出一条增广链，第二步沿着增广链增加网络的流量. 循环往复，直到网络中不再存在增广链(即网络的流量不能再增加)为止，此时的可行流即为最大流. 标号法的具体步骤如下：

(1) 给发点 v_s标号“$(0,+\infty)$”；“0”表示 v_s是发点，“$+\infty$”表示源泉本身没有量的限制.

(2) 标号过程：选择一个已标号的点 v_i，对于 v_i 所有相邻的未标号点 v_j，按下列规则处理：若$(v_i,v_j)\in A$ 且 $f_{ij}<c_{ij}$，令 $l(v_j)=\min\{c_{ij}-f_{ij},l(v_j)\}$并给 v_j 标号$(v_i,l(v_j))$；若$(v_j,v_i)\in A$ 且 $f_{ji}>0$，令 $l(v_j)=\min\{f_{ji},l(v_j)\}$并给 v_j 标号$(-v_i,l(v_j))$.

(3) 重复第(2)步直到收点 v_t被标号，或不再有顶点可以被标号为止. 若 v_t得到标号，说明从发点 v_s到收点 v_t存在一条增广链，故转向第(4)步增广过程；若 v_t未得到标号，说明从发点 v_s到收点 v_t已经不存在增广链，算法结束，此时的可行流即为最大流.

(4) 增广过程：利用反向追踪的办法，找出增广链 u. 在增广链 u 上，令：

$$\delta=\min_u\begin{Bmatrix}c_{ij}-f_{ij}, & u^+\\ f_{ji}, & u^-\end{Bmatrix}.$$

对网络的流量进行调整，令：

$$f_{ij}=\begin{Bmatrix}f_{ij}+\delta, & (v_i,v_j)\in u^+\\ f_{ji}-\delta, & (v_i,v_j)\in u^-\\ f_{ij}, & (v_i,v_j)\notin u\end{Bmatrix}.$$

即在保持非增广链弧的流量不变的情况下，在增广链上正向弧的流量增加 δ，负向弧的流量减少（反向增加）δ.

（5）去掉所有的标号，从发点重新标号寻找增广链，直到收点不能标号为止.

[例 5-6]　用标号法求图 5.19 所示网络的最大流，弧旁的数是 (c_{ij}, f_{ij}).

解： 采用标号法的解题步骤如下：

（1）首先给发点 v_s 标号“$(0, +\infty)$”.

（2）与已标号点 v_s 相邻的未标号点（不考虑方向）有“v_1”和“v_2”两点. 因为弧 (v_s, v_1) 和 (v_s, v_2) 都是正向非饱和弧，所以“v_1”和“v_2”两点分别得到标号 $(v_s, l(v_1))$ 和 $(v_s, l(v_2))$，其中：

$$l(v_1) = \min\{l(v_s), c_{s1} - f_{s1}\} = \min\{+\infty, 5-2\} = 3,$$

$$l(v_2) = \min\{l(v_s), c_{s2} - f_{s2}\} = \min\{+\infty, 4-3\} = 1.$$

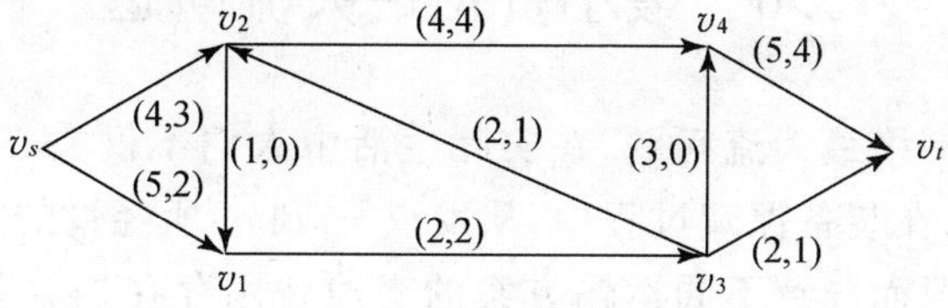

图 5.19　网络流量图

（3）与已标号点 v_1 相邻的未标号点只有 v_3，而弧 (v_1, v_3) 是饱和弧，所以 v_1 点的标号中断.

（4）与已标号点 v_2 相邻的未标号点只有 v_3 和 v_4，因为 (v_2, v_4) 是正向饱和弧而 (v_3, v_2) 是负向非零流弧，所以 v_3 得到标号 $(-v_2, l(v_3))$，其中：

$$l(v_3) = \min\{l(v_2), f_{32}\} = \min\{1, 1\} = 1.$$

（5）与已标号点 v_3 相邻的未标号点只有 v_4 和 v_t，优先选择收点 v_t，v_t 得到标号 $(v_3, l(v_t))$，其中：

$$l(v_t) = \min\{l(v_3), c_{3t} - f_{3t}\} = \min\{1, 1\} = 1.$$

由于收点 v_t 得到了标号，所以我们已经得到了一条增广链，如图 5.20 所示.

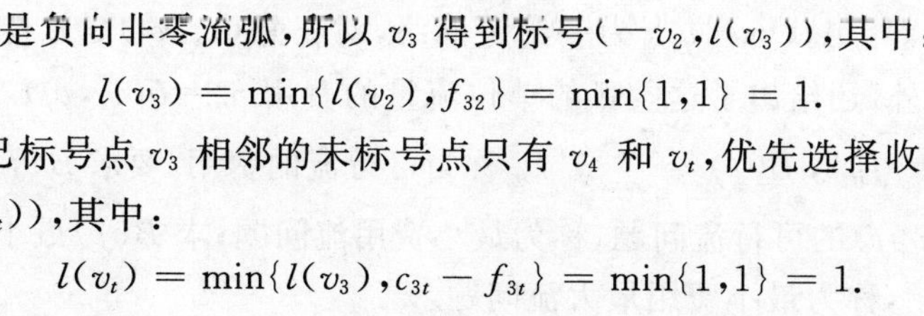

图 5.20　增广链

(6) 在此条增广链上，正向弧流量增加“1”，负向弧流量减少“1”. 去掉所有的标号，从发点 v_s 重新进行标号，结果见图 5.21，此时图中已不存在增广链，所以图 5.21 中的流即为网络的最大流，值为 6.

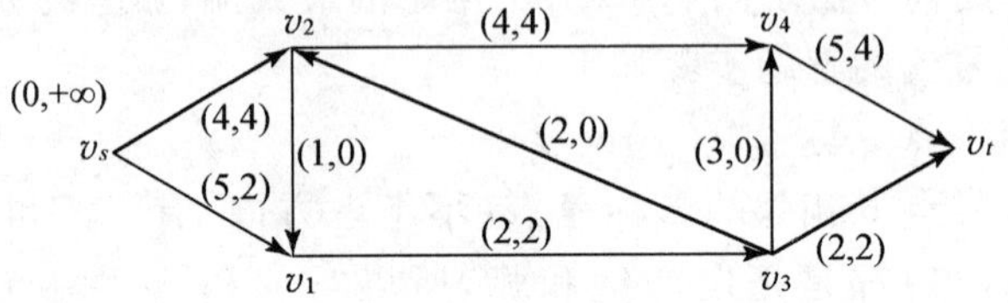

图 5.21　网络最大流

5.6　最小费用最大流问题

上节讨论了网络最大流问题. 在实际生活中人们不仅关心流量，还关心“费用”因素. 特别地，在装备保障过程中，从发点 v_s 到 v_t 所经过的路程，经常因为交通工具或道路状况而导致不同运输方案的交通费用存在显著差异. 在满足运输总量的前提下，如何选择运输线路，以最小的代价将所需设备运到目的地，是教育机构和装备部门必须考虑的一个重要问题，这类问题就是最小费用最大流问题.

5.6.1　问题描述

设 $D = (V, A, C, v_s, v_t)$ 为一给定网络，对任意 $(v_i, v_j) \in E$ 除了给出容量 $c_{ij} = c(v_i, v_j)$ 外，还给出了这段弧的单位流量的费用 $b_{ij} = b(v_i, v_j)$. 对 D 上的任一可行流 $f = \{f_{ij}\}$，$B(f) = \sum b_{ij} f_{ij}$ 称为可行流的费用. 要求 $B(f)$ 最小且流量为某确定值 $v(f)$ 的可行流问题，称为最小费用流问题；求 $B(f)$ 最小且流量 $v(f)$ 为最大的问题，称为最小费用最大流问题.

与最大流问题相似，如果把最小费用作为约束条件，最小费用流问题也是一个线性规划问题，并且求最小费用流实际上是求该线性规划问题的可行解，求最小费用最大流问题实际上是求该线性规划问题的最优解. 显然，采用图论方法求解比用一般线性规划求解要简单便捷得多.

5.6.2　最小费用最大流问题的求解算法

求解最小费用最大流问题的基本思想是在寻求最大流的算法过程中考虑费用最小的流. 首先考虑当沿着一条关于可行流 f 的增广链 u，以 δ 调整 f，得到新

的可行流 f' 时，可行流 f' 与 f 的费用只在增广链 u 上有差异，其费用差为：

$$B(f')-B(f)=\sum_{u^+}b_{ij}(f'_{ij}-f_{ij})-\sum_{u^-}b_{ij}(f'_{ij}-f_{ij})=\delta\Big(\sum_{u^+}b_{ij}-\sum_{u^-}b_{ij}\Big),$$

也称为增广链 u 的费用(在这里，费用可以指距离、时间、成本等). 其中，u^+ 为 u 的前向弧集，u^- 为 u 的后向弧集.

若 f 是流量为 $v(f)$ 的所有可行流中的费用最小者，而 u 是关于 f 的最小费用增广链，那么沿 u 调整 f，得到的可行流 f' 即为流量为 $v(f')$ 的所有可行流中的最小费用流. 当 f' 是最大流时，它也就是最小费用最大流.

因此，求解最小费用最大流问题的方法是：首先选取一个最小费用流，找出最小费用增广链并进行调整，直到找不出增广链为止，这时的可行流即为最小费用最大流. 因此寻找最小费用增广链是其中的关键.

为了寻找最小费用增广链，需要构造一个有向赋权图(或称为费用网络图) $w(f)$. $w(f)$ 的顶点为原网络 D 的顶点，把 D 中的每条弧 (v_i, v_j) 变为两条相反方向的弧 (v_i, v_j) 和 (v_j, v_i)；规定 $w(f)$ 中弧 (v_i, v_j) 的权 w_{ij} 为：

$$w_{ij}=\begin{cases}b_{ij}, & f_{ij}<c_{ij},\\ +\infty, & f_{ij}=c_{ij},\end{cases}$$

$$w_{ji}=\begin{cases}b_{ij}, & f_{ij}>0,\\ +\infty, & f_{ij}=0,\end{cases}$$

其中，长度为 $+\infty$ 的弧可以略去. 因此，求最小费用增广链等价于在有向赋权图 $w(f)$ 中求从 v_s 到 v_t 的最短路径. 求解最小费用最大流的具体步骤如下：

(1) 取零流为初始最小费用可行流，记为 $f^{(0)}$. 在其对应的费用网络 $w(f^{(0)})$ 上，求从 v_s 到 v_t 的最短路径，即寻找最小费用的增广链 u_0；并沿 u_0 调整流量，再在新的可行流 $f^{(1)}$ 的基础上构造新的费用网络 $w(f^{(1)})$，重新寻找最小费用增广链.

(2) 若第 k 步得到最小费用流 $f^{(k)}$，构造对应的费用网络 $w(f^{(k)})$，在 $w(f^{(k)})$ 中寻求从 v_s 到 v_t 的最短路径. 若不存在最短路径，则 $f^{(k)}$ 即为网络 D 的最小费用最大流；若存在最短路径，则在原网络 D 中得到了相应的最小费用增广链 u，对 $f^{(k)}$ 做调整，调整量为

$$\delta=\min\{\min_{u^+}(c_{ij}-f_{ij}^{(k)}),\min_{u^-}(f_{ij}^{(k)})\}.$$

(3) 令

$$f_{ij}^{(k+1)}=\begin{cases}f_{ij}^{(k)}+\delta, & (v_i,v_j)\in u^+,\\ f_{ij}^{(k)}-\delta, & (v_i,v_j)\in u^-,\\ f_{ij}^{(k)}, & (v_i,v_j)\notin u.\end{cases}$$

得到新的可行流 $f^{(k+1)}=\{f_{ij}^{(k+1)}\}$.

(4) 令 $k=k+1$,返回步骤(2).

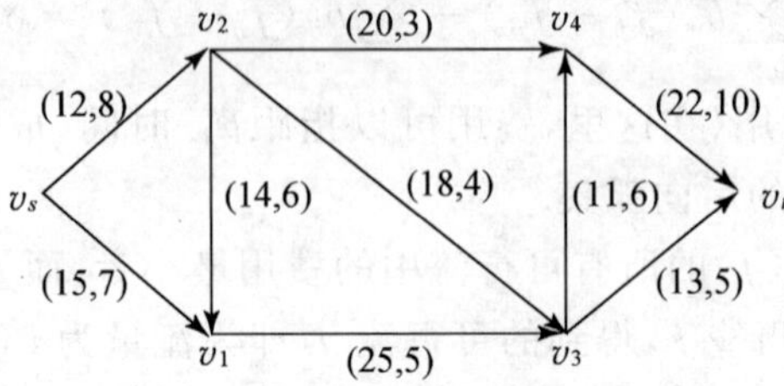

图 5.22　费用流量网络图

[**例 5-7**]　求图 5.22 所示网络中从 v_s 到 v_t 的最小费用最大流,弧旁的数字为(b_{ij},c_{ij}),b_{ij}为单位费用,c_{ij}为容量.

解: (1) 取 $f^{(0)}=0$ 为初始可行流,构造相应的费用网络图 $w(f^{(0)})$,如图 5.23(a)所示.

(2) 在 $w(f^{(0)})$上采用狄克斯屈拉算法求出 v_s 到 v_t 的最短路径(即最小费用链),如图 5.23(a)中的粗线条所示:$v_s \to v_2 \to v_3 \to v_t$;在原网络流图 $D(f^{(0)})$中与这条最短路径相应的增广链为 $u_0=(v_s,v_2,v_3,v_t)$. 沿着该增广链调整流量,$\delta=\min(8,4,5)=4$,得到新的可行流 $f^{(1)}$,其流值 $v(f^{(1)})=4$,如图 5.23(b)所示.

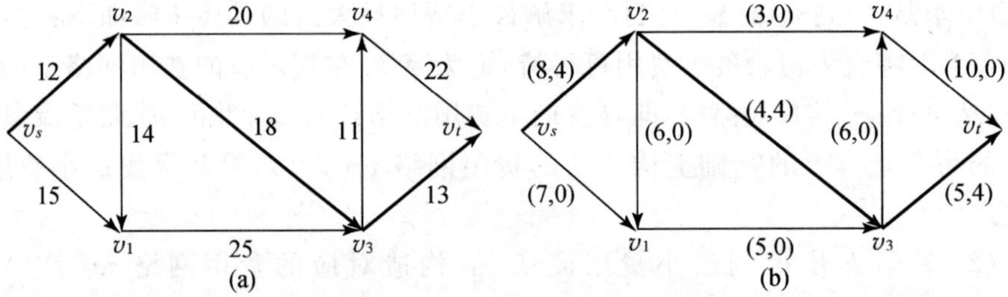

图 5.23　费用网络图 $w(f^{(0)})$(a)和流量网络图 $D(f^{(1)})$(b)

(3) 构造与 $D(f^{(1)})$相应的费用网络 $w(f^{(1)})$,如图 5.24(a)中的粗线条所示. 求出 v_s 到 v_t 的最短路径为 $v_s \to v_1 \to v_3 \to v_t$,在流量网络图 $D(f^{(1)})$中与这条最短路径相应的增广链为 $u_1=(v_s,v_1,v_3,v_t)$. 沿着该增广链调整流量,$\delta=\min(7,5,1)=1$,得到新的可行流 $f^{(2)}$,其流值 $v(f^{(2)})=5$,如图 5.24(b)所示.

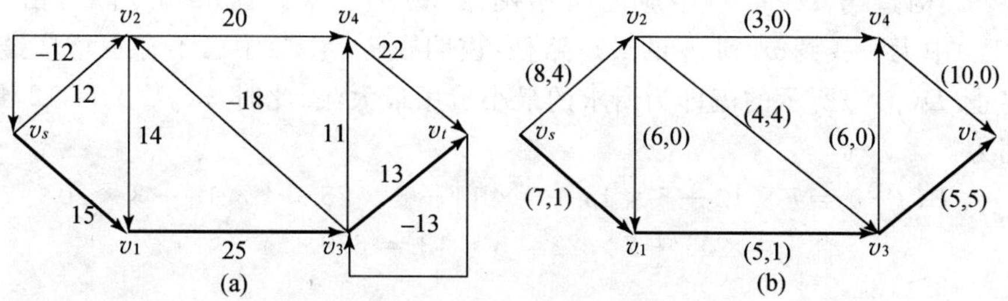

图 5.24　费用网络图 $w(f^{(1)})$(a)和流量网络图 $D(f^{(2)})$(b)

(4) 构造与 $D(f^{(2)})$相应的费用网络 $w(f^{(2)})$，如图 5.25(a)中的粗线条所示. 求出 v_s 到 v_t 的最短路径为 $v_s \to v_2 \to v_4 \to v_t$，在流量网络图 $D(f^{(2)})$中与这条最短路径相应的增广链为 $u_2 = (v_s, v_2, v_4, v_t)$. 沿着该增广链调整流量，$\delta = \min(4,3,10) = 3$，得到新的可行流 $f^{(3)}$，其流值 $v(f^{(3)}) = 8$，如图 5.25(b)所示.

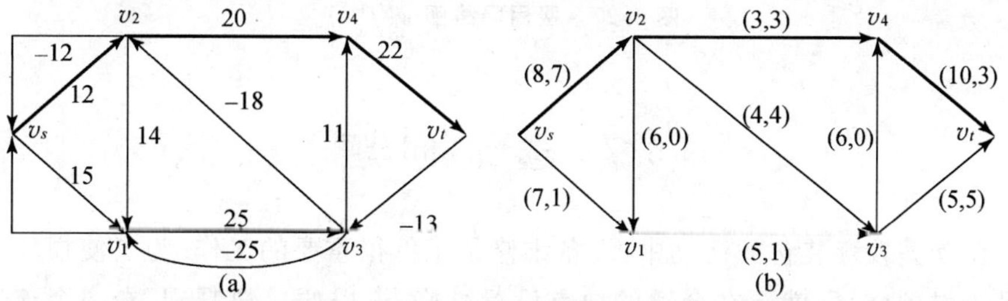

图 5.25　费用网络图 $w(f^{(2)})$(a)和流量网络图 $D(f^{(3)})$(b)

(5) 构造与 $D(f^{(3)})$相应的费用网络 $w(f^{(3)})$，如图 5.26(a)中的粗线条所示. 求出 v_s 到 v_t 的最短路径为 $v_s \to v_1 \to v_3 \to v_4 \to v_t$，在流量网络图 $D(f^{(3)})$中与这条最短路径相应的增广链为 $u_3 = (v_s, v_1, v_3, v_4, v_t)$. 沿着该增广链调整流量，$\delta = \min(6,4,6,10) = 4$，得到新的可行流 $f^{(4)}$，其流值 $v(f^{(4)}) = 12$，如图 5.26(b)所示.

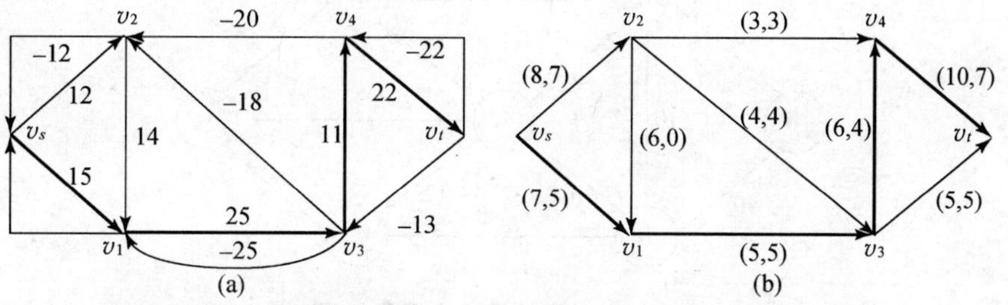

图 5.26　费用网络图 $w(f^{(3)})$(a)和流量网络图 $D(f^{(4)})$(b)

(6) 构造与 $D(f^{(4)})$ 相应的费用网络 $w(f^{(4)})$，如图 5.27 所示，由于从 $w(f^{(4)})$ 中无法找到 v_s 到 v_t 的最短路径，说明在 $D(f^{(4)})$ 中已不存在增广链，求解终止. $D(f^{(4)})$ 所示的流即为所求的最小费用最大流. 此时，$v(f^{(4)}) = 12$，最小费用为：

$$B(f^{(4)}) = 7 \times 12 + 5 \times 15 + 0 \times 14 + 5 \times 25 + 4 \times 18 + 3 \times 20 + 4 \times 11 + 7 \times 22 + 5 \times 13 = 679.$$

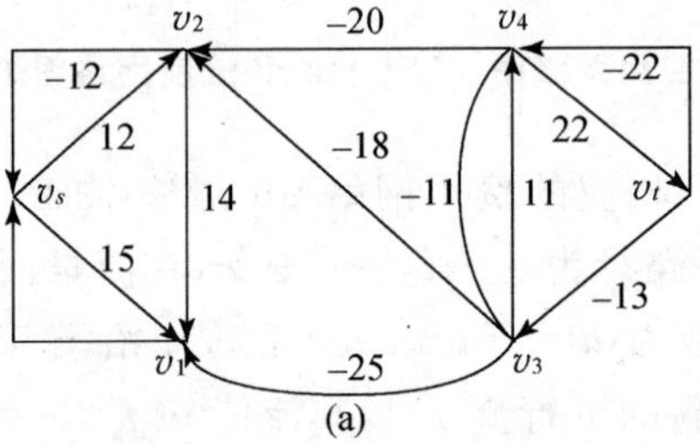

图 5.27　费用网络图 $w(f^{(4)})$

5.7　选址问题

在有关教育装备的活动中，设备维修是一件很重要的工作. 为了使损坏的设备尽快得到修复，就要在合适的地点设置维修点，以便尽快赶到. 在一个连通的交通网络上，将维修站选在哪个结点上，这就是所谓的选址问题.

［**例 5-8**］　维修站选址问题 1.

某区有 7 所高校，在某校区中建立维修站. 交通网络如图 5.28 所示，A_1 至 A_7 分别代表 7 所高校，高校间连线上的数字代表它们之间的道路距离(单位：km). 请给出设备维修站设置的结点，当每所高校有设备发生故障，维修人员都能在 2 h 内赶到.(维修人员的速度：25 km/h)

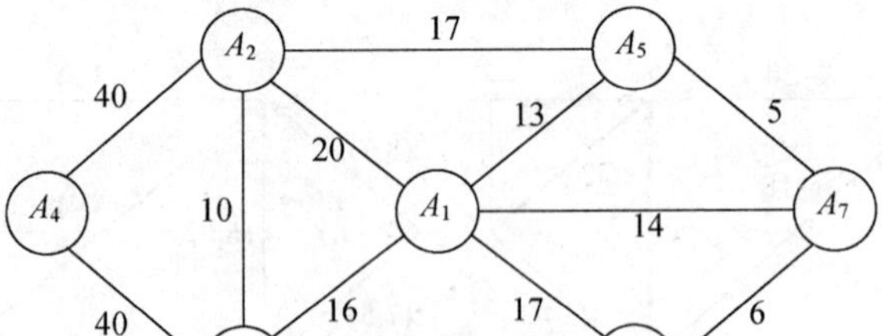

图 5.28　高校间的交通网络图

解：首先运用求解最短路径的算法找出网络中任意两个结点间的最短路径 d_{ij}，如表 5.4 所示.

表 5.4　各高校间的最短路径　　（单位：km）

起点＼终点	A_1	A_2	A_3	A_4	A_5	A_6	A_7
A_1	0	20	16	56	13	17	14
A_2	20	0	10	40	17	28	22
A_3	16	10	0	40	27	33	30
A_4	56	40	40	0	57	68	62
A_5	13	17	27	57	0	11	5
A_6	17	28	33	68	11	0	6
A_7	14	22	30	62	5	6	0
$\max(d_{ij})$	56	40	40	68	57	68	62
$\text{sum}(d_{ij})$	136	137	156	323	130	163	139

题目要求出现故障后维修人员 2 h 内到达，因此维修站所在地到所有结点的距离不能超过 50 km. 寻找最优结点的方法如下：在表 5.4 中，求取每行或每列的最大值 $\max(d_{ij})$，则 $\min(\max(d_{ij}))$所对应的结点即为最优结点. 由表 5.4 可知：设备维修站设置在 A_2 或 A_3 处，才是最优选择，可以保证在 2 h 内到达维修点.

如果要求从维修站到 7 所学校的总距离最短，寻找设备维修站设置的最优结点. 则应将表 5.4 的各列求和，得到每个结点到其他结点的总距离的最短路径总和 $\text{sum}(d_{ij})$，则 $\min(\text{sum}(d_{ij}))$所对应的结点即为最优结点. 由表 5.4 可知，设备维修站设置在 A_5 处，才是最优选择，可以保证从维修站到 7 所学校的总距离最短.

由此可见，时间最短的选择不是总距离最短的选择. 当目标函数不同时，其最优解也不相同.

[**例 5-9**]　维修站选址问题 2.

将例 5-8 的问题进一步复杂化，某区 7 所高校，如图 5.29 所示，A_1 至 A_7 分别代表 7 所高校，高校间连线上的数字代表它们之间的道路距离（单位：km），方框中的数字代表每所高校每月发生故障设备的台数. 如果只设一个维修站，那么应设在哪个结点上，才能使每月维修故障设备所走的总路程最短？

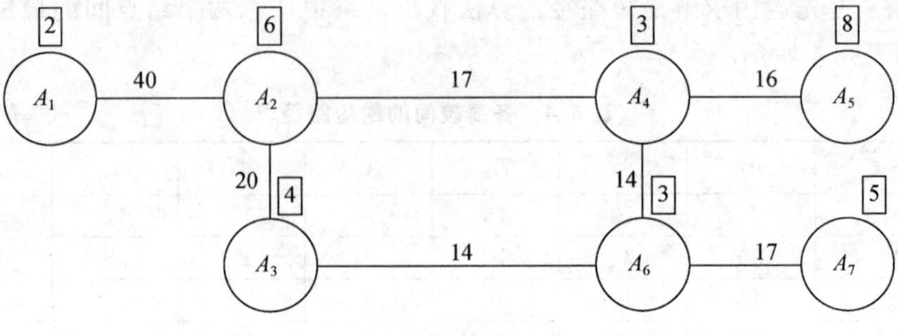

图 5.29　含回路的交通网络的选址

解：将每所高校每月出现故障设备台数看做该结点的权．首先计算每月发生故障的设备总台数为：2＋6＋4＋3＋8＋3＋5＝31（台）．然后对结点进行枚举，寻求其发生故障台数超过总台数一半的位置，作为维修站的最佳设置地点，可使每月所走路程最短．由于网络图 5.29 中存在回路，无法直接计算，必须将回路进行处理，再计算．主要的处理方法有浓缩法．

浓缩法：首先将网络中的回路浓缩成一个结点，将网络图变成一个树形结构后，按上述方法进行枚举，最后比较产生最优方案．

本题给出的网络不是一个树形结构的网络，因此采用浓缩法求解．将回路 $A_2A_3A_4A_6$ 浓缩成一个结点 A_{2346}，变成一个树形网络（如图 5.30 所示），然后对树形网络求解．

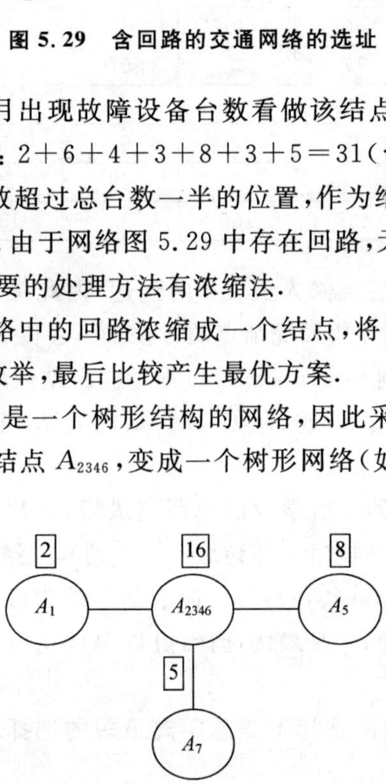

图 5.30　将含回路的子图收缩为一个结点

结点 A_{2346} 超过故障设备台数的一半，所以维修站应设在 $A_2A_3A_4A_6$，将 $A_2A_3A_4A_6$ 展开考虑（如图 5.31 所示）．

以 A_2，A_3，A_4，A_6 点为设站点，分别计算总路程，得到设在 A_4 处每月总路程最短．

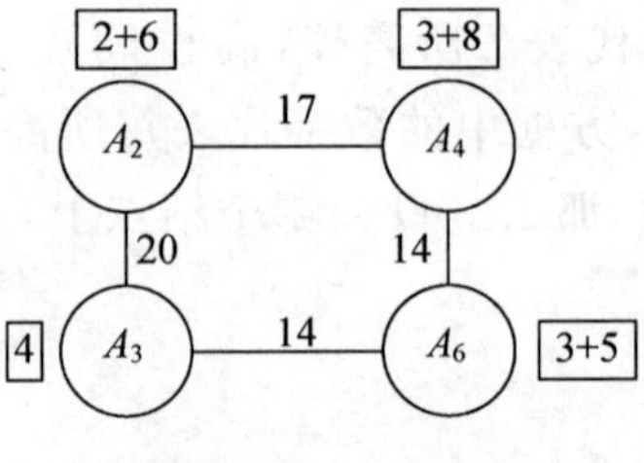

图 5.31　将结点展开为含回路的子图

例 5-9 代表的这类选址问题，中国著名数学家华罗庚带领的运筹学推广小组曾研究过，称为“打麦场设计问题”. 该问题的算法被编成口诀“抓各端，过半设麦场，否则进一站.”，此算法的正确性可以用数学归纳法加以证明.

第 6 章　教育装备计划管理与决策方法

【本章学习要点】

1. 对策模型的构成及分类.
2. 矩阵对策的基本定理及求解算法.
3. $M/M/1$ 排队模型的分类及主要运行指标.
4. $M/M/C$ 排队模型的分类及主要运行指标.
5. 非负指数分别的排队系统模型的主要运行指标.

【本章内容结构】

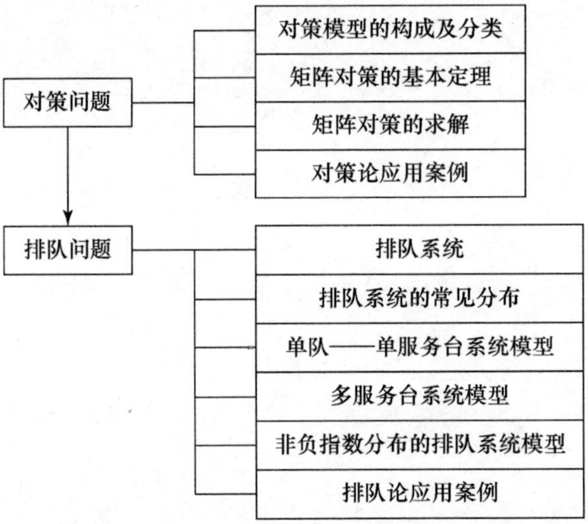

在教育装备的计划管理中，经常遇到对策问题、排队问题、决策问题等，本章分别采用对策论和排队论的理论、方法研究教育装备计划管理中的对策问题和排队问题.

6.1　对 策 问 题

对策论亦称博弈论(Game theory)，是研究具有竞争或对抗性质现象的数学理论和方法. 一般认为，它既是现代数学的一个新分支，也是运筹学中的一个重要学科分支. 对策论的发展历史并不长，但由于它所研究的现象与人们的政治、经济、军事活动乃至一般的日常生活都存在密切的联系，并且处理问题的方法又有明显特色，因此日益引起人们的广泛关注.

具有竞争或对抗性质的行为称为对策行为.对策行为广泛存在，举不胜举，如：日常生活中的下棋、打牌、体育比赛等；政治生活中的选举策略、外交策略；经济生活中的谈判策略、价格策略等.对策论中的对策行为具有广泛的内涵，许多表面不具有对抗性质的行为，完全可以转换为深层次上的对抗行为.例如，在生产过程中，如果将生产的管理者看成一方，将各种费用的消耗、成本及损失等看成另一方，则生产过程也可以看成是上述双方的竞争过程.对策的思想很早就已经存在，下面看两个典型的例子.

［**例 6-1**］　齐王赛马问题.战国时期，齐王有一天提出与大司马田忌赛马.双方约定：从各自的上、中、下三个等级的马中各选一匹参赛，比赛分三轮进行，每一轮比赛双方各出一匹马，每匹马只能参赛一次，以千金为注.虽然，在同等级的马中，田忌的马不如齐王的马，但田忌的上、中马却可取胜齐王的中、下马.于是，田忌的谋士孙膑出了一个主意：每次比赛时先让齐王牵出他要参赛的马，然后让田忌以他的下马对齐王的上马，以上马对齐王的中马，以中马对齐王的下马.比赛结果：田忌一负二胜，赢得了千金.由此看来，他们各自采取什么样的出马顺序对胜负是至关重要的.

［**例 6-2**］　冬季取暖问题.某单位在秋季要决定取暖用煤储量问题，在正常的冬季气温下要消耗 15 吨煤，但在较暖与较冷的冬季分别需要 10 吨和 20 吨煤.假定煤的价格随着冬季寒冷程度有所变动；在较暖、正常、较冷的冬季气温下分别为每吨 100 元、120 元和 150 元，在秋季煤价为每吨 100 元.问在没有当年冬季准确的气象预报条件下，秋季储煤多少吨才较合理？

从上述例子可以看出，参与竞争的各方各自具有不同的目标和利益，为达到自己的目标和利益，各方必须考虑对方可能采取的各种行动方案，并力图选取对自己最有利或最为合理的方案.对策论就是研究对策行为中竞争各方是否存在着最合理的行动方案，以及如何寻找这个合理行动方案的数学理论和方法.

1912 年，德国数学家策梅罗(E. Zermelo)采用集合论方法研究了国际象棋的下法；1921 年，法国数学家鲍莱尔(E. Borel)也用数学方法讨论了下棋时几种个别现象，引入了“最优策略”的概念，同时猜出了一些对策的结果；1928 年，美籍匈牙利人冯・诺伊曼(J. Von Neumann)证明了鲍莱尔猜出的一些对策的结果，得出了对策论的基本定理——最大最小定理，标志着对策论的建立.第二次世界大战期间，由于军事和生产的需要，提出了许多对策问题，引发了一些科学家对对策行为进行研究；经济学与对策论的有机结合，为对策论的应用提供了广阔的背景,也加快了对策论体系的形成. 1944 年,冯·诺伊曼和摩根斯特恩(O. Morgenstern)总结了对策论的研究成果,合著了 *Theory of Games and Economic Behavior*,奠定了对策论的理论和方法论的基础,使对策论真正成为一门学科变为可能. 1965 年,美国数学家依萨柯(R. P. Isaacs)提出的追踪问题中追逃双方都能自由决策行动的微分对策理论,更引起了控制论专家们的密切关注和极大兴趣. 微分对策可以看做是由利益相反的双方进行控制的过程,因此它是一类双边或多边的最优控制问题. 1971 年,弗里德曼(M. Friedman)确立了微分对策的理论基础,使微分对策渐趋系统和完善.

对策论虽然只经历了几十年的发展,但它的研究对象和处理问题的方法却引起了人们的密切关注,并在政治、军事、经济管理等领域得到了广泛应用.

6.1.1 对策模型的构成及分类

具有对策行为的模型称为对策模型或对策. 对策模型的种类可以千差万别,但本质上必须包括 3 个基本要素——局中人、策略集和赢得函数. 分析对策行为首先必须清楚这 3 个基本要素.

1. 局中人(Player)

在一个对策行为(或一局对策)中,有权决定自己行动方案的参加者,称为局中人. 通常用 P 表示局中人的集合. 如果有 n 个局中人,则 $P=\{1,2,\cdots,n\}$,一般要求一个对策中至少要有两个局中人. 例 6-1"齐王赛马"的例子中,局中人集合可表示为: $P=$ {齐王,田忌};例 6-2"冬季取暖"的例子中,局中人集合可表示为: $P=$ {人,大自然}.

对策中局中人的概念具有广义性,既可以理解为一个人,也可以理解为一个集体(如球队、交战国、企业等),甚至可以理解为一种自然事物(如大自然等). 在一个对策中,利益完全一致的参加者只能看成是一个局中人,如桥牌游戏的东、西方和南、北方各为一个局中人,虽然有 4 人参赛,但只能算 2 个局中人. 需要强调的是,在对策中总是假设每个局中人都是"理智的"决策者或竞争者,即对任意的局中人,不存在利用他人失误来扩大自身利益的可能性.

2. 策略集(Strategy)

在一局对策中,可供局中人选择的一个切实可行的完整的行动方案称为一个策略. 所谓完整的行动方案是指一局对策中自始至终的全局规划,而不是其中某一步或某几步的安排. 参加对策的每一局中人 i,都有自己的策略集 S_i.

在例 6-1"齐王赛马"中,如果用(上、中、下)表示上马、中马、下马参赛的顺序,则(上、中、下)就是一个完整的行动方案,即为一个策略. 显然局中人齐王和田忌各自都有 6 个策略: (上、中、下)、(上、下、中)、(中、上、下)、(中、下、上)、

(下、上、中)和(下、中、上).在例 6-2“冬季取暖”中,人有 3 个策略:秋季买煤 10 吨,15 吨和 20 吨,大自然也有 3 个策略:冬天气温较暖、正常和较冷.

3. 赢得函数(Score)

在一局对策中,局中人使用每一策略都会有所得失,这种得失可能是胜利或失败、收入或支出以及名次的先后.每个局中人在一局对策中的得失,通常不仅与其自身采取的策略有关,而且还与其他局中人所采取的策略有关.也就是说,每个局中人的得失是全体局中人所采取的一组策略的函数,这一函数称为局中人的赢得函数.

在一局对策中,各局中人选定的策略所形成的策略组称为一个局势,如果用 s_i 表示第 i 个局中人所采取的一个策略,则 n 个局中人所形成的策略组 $s=(s_1,s_2,\cdots,s_n)$ 就是一个局势.当局势出现后,对策的结果也就随之确定了,即对任意一个局势 s,局中人 i 可以得到一个赢得 $H_i(s)$.显然,$H_i(s)$ 是局势 s 的函数,称之为第 i 个局中人的赢得函数.在例 6-1“齐王赛马”中,当齐王和田忌各自采取不同策略时,齐王的赢得函数值如表 6.1 所示.

表 6.1 齐王的赢得函数

齐王 \ 田忌	上、中、下	上、下、中	中、上、下	中、下、上	下、上、中	下、中、上
上、中、下	3	1	1	1	−1	1
上、下、中	1	3	1	1	1	−1
中、上、下	1	−1	3	1	1	1
中、下、上	−1	1	1	3	1	1
下、上、中	1	1	1	−1	3	1
下、中、上	1	1	−1	1	1	3

上面讨论了局中人、策略集和赢得函数这 3 个概念.一般来讲,当这 3 个基本要素确定后,一个对策模型就建立了.下面讨论一下对策的分类.

对策的种类很多,可以根据不同的原则进行分类.根据局中人的数目,可以分为两人对策和多人对策;多人对策又可划分为结盟对策和不结盟对策,结盟对策又包括联合对策和合作对策.根据局中人策略集中策略的有限或无限,可以分为有限对策和无限对策.根据全部局中人赢得函数的代数和(赢者为正,输者为负)是否为零,可以分为零和对策和非零和对策.所谓零和对策,是指一方的所得值为他方的所失值,零和对策也称为对抗对策.根据策略与时间的关系,可以分为静态对策和动态对策.根据对策数学模型的类型,可以分为矩阵对策、连续对策、微分对策、阵地对策、随机对策等.

在众多的对策模型中,占有重要地位的是两人有限零和对策,这类对策又称为矩阵对策.矩阵对策是目前理论研究和求解方法都比较完善的一类对策,它的研究思想和理论结果是研究其他类型对策模型的基础.

6.1.2 矩阵对策的基本定理

矩阵对策就是两人有限零和对策.即只有两个参加对策的局中人,每个局中人都只有有限个策略可供选择.在任一局势下,两个局中人的赢得之和总是等于零,即对策双方的利益是激烈对抗的,一方的赢总是建立在另一方输的基础之上."齐王赛马"就是一个矩阵对策的典型例子,齐王和田忌各有 6 个策略,一局对策结束后,齐王的赢得必为田忌的损失,反之亦然.

1. 矩阵对策的数学模型

一般,用Ⅰ,Ⅱ表示两个局中人,假设局中人Ⅰ有 m 个策略 $\alpha_1,\alpha_2,\cdots,\alpha_m$ 可供选择,局中人Ⅱ有 n 个策略 $\beta_1,\beta_2,\cdots,\beta_n$ 可供选择,则局中人Ⅰ,Ⅱ的策略集分别为:

$$S_1=(\alpha_1,\alpha_2,\cdots,\alpha_m),$$
$$S_2=(\beta_1,\beta_2,\cdots,\beta_n).$$

当局中人Ⅰ选定策略 α_i,局中人Ⅱ选定策略 β_j 后,就形成了一个局势 (α_i,β_j).显然,共有 mn 个局势.对任一局势 (α_i,β_j),记局中人Ⅰ的赢得值为 a_{ij},则称

$$\mathbf{A}=\begin{bmatrix} a_{11} & a_{12} & \cdots & a_{1n} \\ a_{21} & a_{22} & \cdots & a_{2n} \\ \vdots & \vdots & \cdots & \vdots \\ a_{m1} & a_{m2} & \cdots & a_{mn} \end{bmatrix}$$

为局中人Ⅰ的赢得矩阵(或局中人Ⅱ的支付矩阵).由于对策是零和的,因此局中人Ⅱ的赢得矩阵为 $-\mathbf{A}$.

建立二人零和对策模型,就是要根据对实际问题的叙述,确定局中人Ⅰ,Ⅱ的策略集合以及相应的赢得矩阵.当局中人Ⅰ,Ⅱ和策略集 S_1,S_2 以及局中人Ⅰ的赢得矩阵 $\mathbf{A}$ 确定后,一个矩阵对策就给定了.通常将矩阵对策记为:

$$G=\{\text{Ⅰ},\text{Ⅱ};S_1,S_2;\mathbf{A}\} \quad 或 \quad G=\{S_1,S_2;\mathbf{A}\}.$$

在例 6-1"齐王赛马"中,当齐王和田忌各自采取不同策略时,齐王的赢得表如表 6.1 所示,赢得矩阵为:

$$\mathbf{A}=\begin{bmatrix} 3 & 1 & 1 & 1 & 1 & -1 \\ 1 & 3 & 1 & 1 & -1 & 1 \\ 1 & -1 & 3 & 1 & 1 & 1 \\ -1 & 1 & 1 & 3 & 1 & 1 \\ 1 & 1 & -1 & 1 & 3 & 1 \\ 1 & 1 & 1 & -1 & 1 & 3 \end{bmatrix}.$$

矩阵对策模型确定后，各局中人面临的问题为：如何选取对自己最为有利的策略以谋取最大的赢得或最小的损失.

2. 矩阵对策的策略

[例6-3]　设矩阵对策 $G=\{S_1,S_2;\boldsymbol{A}\}$，其中 $S_1=\{\alpha_1,\alpha_2,\alpha_3,\alpha_4\}$，$S_2=\{\beta_1,\beta_2,\beta_3\}$

$$\boldsymbol{A}=\begin{bmatrix}-6 & 2 & -7\\ 4 & 3 & 5\\ 8 & -1 & -10\\ -3 & 0 & 6\end{bmatrix}.$$

分析：假设两个局中人都是理智的. 由 $\boldsymbol{A}$ 可看出，局中人Ⅰ的最大赢得为8，要想得到这个赢得，他必须选择策略 α_3. 由于局中人Ⅱ也是理智的，他考虑到局中人Ⅰ打算选 α_3 的心理，将准备以 β_3 对付，使局中人Ⅰ不但得不到8反而损失10. 局中人Ⅰ当然也猜到局中人Ⅱ的心理，故想出以 α_4 对付，使局中人Ⅱ不但得不到10反而损失6. 如此往复，如果双方都不想冒险，都不存在侥幸心理，而是考虑到对方必然会设法使自己的所得最少，就应该从各自可能出现的最不利的情形中选择一种最为有利的作为决策的依据，这就是所谓的"理智行为"，也是对策双方实际上都能接受的一种稳妥的方法.

本例中，局中人Ⅰ分别选择4个策略 $\alpha_1,\alpha_2,\alpha_3,\alpha_4$ 时的最少赢得（矩阵 $\boldsymbol{A}$ 中每行的最小元素）为：$-7,3,-10,-3$. 在这些最少赢得（最不利的情形）中最好的结果是赢得为3. 因此，局中人Ⅰ应选取策略 α_2，此时无论局中人Ⅱ选取什么样的策略，都能保证局中人Ⅰ的赢得不会少于3. 若局中人Ⅰ选择其他策略，其赢得都有可能少于3，甚至输给对方. 同理，对于局中人Ⅱ来说，各策略 β_1,β_2,β_3 可能带来的对其最不利的结果（矩阵 $\boldsymbol{A}$ 中每列的最大元素）分别为8,3,6. 在这些最不利的情形中最好的结果（输的最少）也是3. 因此，局中人Ⅱ应选取策略 β_2，此时无论局中人Ⅰ选取什么样的策略，都能保证局中人Ⅱ的损失不会多于3.

上述分析表明：局中人Ⅰ、Ⅱ的"理智行为"分别是选取策略 α_2 和 β_2，这时局中人Ⅰ的赢得值和局中人Ⅱ的损失值的绝对值相等（均为3），即赢得矩阵 $\boldsymbol{A}$ 的各行最小元素的最大值与各列最大元素的最小值相等

$$\max_i\{-7,3,-10,-3\}=\min_j\{8,3,6\}=3.$$

因此，α_2 和 β_2 分别为局中人Ⅰ、Ⅱ的最优策略，该矩阵对策的解（最佳局势）为 $\{\alpha_2,\beta_2\}$，结果是局中人Ⅰ赢得3，局中人Ⅱ损失3.

上例之解是对策均衡的产物，任何一方如果擅自改变自己的策略都将为此付出代价. 对于一般矩阵对策，有如下定义.

定义6.1　设 $G=\{S_1,S_2;\boldsymbol{A}\}$ 为矩阵对策，其中双方的策略集和赢得矩阵分

别为 $S_1=\{\alpha_1,\alpha_2,\cdots,\alpha_m\}$，$S_2=\{\beta_1,\beta_2,\cdots,\beta_n\}$，$\mathbf{A}=\{a_{ij}\}_{m\times n}$. 若等式

$$\max_i[\min_j(a_{ij})]=\min_j[\max_i(a_{ij})]=a_{i^*j^*},\quad i=1,2,\cdots,m;j=1,2,\cdots,n. \tag{6.1}$$

成立，记 $V_G=a_{i^*j^*}$，则称 V_G 为对策 G 的值，局势 $(\alpha_{i^*},\beta_{j^*})$ 为对策 G 的解或平衡局势. α_{i^*} 和 β_{j^*} 分别称为局中人Ⅰ、Ⅱ的最优策略. 在矩阵决策中，两个局中人都采取最优策略（如果最优策略存在），才是理智的行为.

［**例 6-4**］ 求解矩阵对策 $G=\{S_1,S_2;\mathbf{A}\}$，其中

$$\mathbf{A}=\begin{bmatrix}-7 & 1 & -9\\ 4 & 2 & 5\\ 16 & -1 & -3\\ -3 & 0 & 7\end{bmatrix}.$$

解：根据矩阵 **A**，得表 6.2.

表 6.2 例 6-4 的解

α_i \ β_i	β_1	β_2	β_3	$\min_j(a_{ij})$
α_1	−7	1	−9	−9
α_2	4	2	5	2*
α_3	16	−1	−3	−3
α_4	−3	0	7	−3
$\max_i(a_{ij})$	16	2*	7	

由表得：$\max_i[\min_j(a_{ij})]=\min_j[\max_i(a_{ij})]=a_{22}=2$，因此对策 G 的值为 $V_G=2$，G 的解为 (α_2,β_2)，α_2 和 β_2 分别是局中人Ⅰ、Ⅱ的最优策略.

由上例可以看出，$a_{i^*j^*}$ 既是其所在行的最小元素，又是其所在列的最大元素，即：

$$a_{ij^*}\leqslant a_{i^*j^*}\leqslant a_{i^*j}. \tag{6.2}$$

将这一事实推广到一般矩阵对策，可得定理 6.1.

定理 6.1 矩阵对策 $G=\{S_1,S_2;\mathbf{A}\}$ 在策略意义上有解的充分必要条件是：存在着局势 $(\alpha_{i^*},\beta_{j^*})$，使得对于一切 $i=1,2,\cdots,m$ 和 $j=1,2,\cdots,n$，均有式(6.2)成立.

为了便于对更广泛的对策情形进行分析，现引入关于二元函数鞍点的概念.

定义 6.2 设 $f(x,y)$ 为定义在 $x\in A$ 及 $y\in B$ 上的实函数，若存在 $x^*\in A$、$y^*\in B$，使得所有 $x\in A$ 和 $y\in B$ 均满足：

$$f(x,y^*)\leqslant f(x^*,y^*)\leqslant f(x^*,y). \tag{6.3}$$

则称(x^*,y^*)为函数 $f(x,y)$的一个鞍点.

由定理 6.1 和定义 6.2 可知,矩阵对策 G 在策略意义下有解的充分必要条件是:$a_{i^*j^*}$ 是矩阵 $\mathbf{A}$ 的一个鞍点.在对策论中,矩阵 $\mathbf{A}$ 的鞍点也称为对策的鞍点.

[例 6-5]　设矩阵对策 $G=\{S_1,S_2;\mathbf{A}\}$,其中 $S_1=\{\alpha_1,\alpha_2,\alpha_3,\alpha_4\}$、$S_2=\{\beta_1,\beta_2,\beta_3,\beta_4\}$,赢得矩阵为:

$$\mathbf{A}=\begin{bmatrix} 8 & 5 & 6 & 5 \\ 4 & -3 & 10 & -6 \\ 6 & 5 & 7 & 5 \\ 0 & 2 & -1 & 2 \end{bmatrix}.$$

解:根据矩阵 $\mathbf{A}$,得表 6.3.

表 6.3　例 6-5 的解

α_i \ β_i	β_1	β_2	β_3	β_4	$\min\limits_j(a_{ij})$
α_1	8	5	6	5	5^*
α_2	4	−3	10	−6	−6
α_3	6	5	7	5	5^*
α_4	0	2	−1	2	−1
$\max\limits_i(a_{ij})$	8	5^*	10	5^*	

由表得:$\max\limits_i[\min\limits_j(a_{ij})]=\min\limits_j[\max\limits_i(a_{ij})]=a_{i^*j^*}=5$,其中,$i^*=1,3;j^*=2,4$.因此,$(\alpha_1,\beta_2)$,$(\alpha_1,\beta_4)$,$(\alpha_3,\beta_2)$,$(\alpha_3,\beta_4)$4 个局势均为对策的解,且 $V_G=a_{i^*j^*}=5$.

由此例可知,矩阵对策的解可以是不唯一的.当解不唯一时,各解之间的关系具有这样的性质:

(1) 无差异性.若$(\alpha_{i_1},\beta_{j_1})$和$(\alpha_{i_2},\beta_{j_2})$是矩阵对策的两个解,则 $a_{i_1j_1}=a_{i_2j_2}$.

(2) 可交换性.若$(\alpha_{i_1},\beta_{j_1})$和$(\alpha_{i_2},\beta_{j_2})$是矩阵对策的两个解,则$(\alpha_{i_1},\beta_{j_2})$和$(\alpha_{i_2},\beta_{j_1})$也是矩阵对策的解.

这两条性质表明,矩阵对策的值是唯一的.当局中人I 采用构成解的最优策略时,能保证他的赢得 V_G不依赖于对方的策略.

3. 矩阵对策的混合策略

由前面的讨论可知,对于矩阵对策 $G=\{S_1,S_2;\mathbf{A}\}$来说,局中人I 有把握的最少赢得是 $v_1=\max\limits_i[\min\limits_j(a_{ij})]$,局中人$II$ 有把握的最多损失是 $v_2=\min\limits_j[\max\limits_i(a_{ij})]$.当 $v_1=v_2$ 时,矩阵对策 G 存在策略意义下的解.然而,实际问题中往往出现 $v_1<v_2$,即局中人I 的赢得值不会多于局中人II 的损失值,此时矩阵对策 G 不存在策略意义下的解.

［例 6-6］ 矩阵对策 $G=\{S_1,S_2;\mathbf{A}\}$，其中赢得矩阵

$$\mathbf{A}=\begin{bmatrix}-4 & 4 & -6\\ 4 & 3 & 5\\ 8 & -1 & -10\\ -3 & 0 & 6\end{bmatrix}.$$

解： 根据矩阵 $\mathbf{A}$，得：

$$v_1=\max_i[\min_j(a_{ij})]=3,\quad i^*=2,$$

$$v_2=\min_j[\max_i(a_{ij})]=4,\quad j^*=2.$$

显然，$v_2=4>v_1=3$. 当双方根据从最不利的情形中选择最有利的结果的原则选择策略时，应分别选择策略 α_2 和 β_2，此时局中人Ⅰ的赢得为 3(即Ⅱ的损失为 3)，局中人Ⅱ的损失比预期的 4 少. 出现此情形的原因就在于局中人Ⅰ选择了策略 α_2，使其对手减少了本该付出的损失；故对于策略 β_2 来讲，α_2 并不是局中人Ⅰ的最优策略. 局中人Ⅰ会考虑选取策略 α_1，以使局中人Ⅱ付出本该付出的损失；局中人Ⅱ也会将自己的策略从 β_2 改变为 β_3，以使自己的赢得为 6；局中人Ⅰ又会随之将自己的策略从 α_1 改变为 α_4，来对付局中人Ⅱ的 β_3. 这样，对于两个局中人来说，根本不存在一个双方均可以接受的平衡局势；或者说当 $v_1<v_2$ 时，矩阵对策 G 不存在策略意义下的解.

在这种情形下，一个比较自然且合乎实际的想法是：既然不存在策略意义下的最优策略，那么是否可以利用最大期望赢得，规划一个选取不同策略的概率分布？由于这种策略是局中人策略集上的一个概率分布，故称之为混合策略.

定义 6.3 设矩阵对策 $G=\{S_1,S_2;\mathbf{A}\}$，其中双方的策略集和赢得矩阵分别为 $S_1=\{\alpha_1,\alpha_2,\cdots,\alpha_m\}$，$S_2=\{\beta_1,\beta_2,\cdots,\beta_n\}$，$\mathbf{A}=\{a_{ij}\}_{m\times n}$. 令

$$X=\{x\in E^m\mid x_i\geqslant 0, i=1,2,\cdots,m;\quad \sum_{i=1}^m x_i=1\},$$

$$Y=\{y\in E^n\mid y_j\geqslant 0, j=1,2,\cdots,n;\quad \sum_{j=1}^n y_j=1\}.$$

则 X 和 Y 分别称为局中人Ⅰ和局中人Ⅱ的混合策略集；$\boldsymbol{x}\in X$，$\boldsymbol{y}\in Y$ 分别称为局中人Ⅰ和局中人Ⅱ的混合策略；对于 $\boldsymbol{x}\in X$，$\boldsymbol{y}\in Y$，称$(\boldsymbol{x},\boldsymbol{y})$称为一个混合局势；局中人Ⅰ的赢得函数记为

$$E(\boldsymbol{x},\boldsymbol{y})=\boldsymbol{x}^{\mathrm{T}}\mathbf{A}\boldsymbol{y}=\sum_{i=1}^m\sum_{j=1}^n a_{ij}x_iy_j. \tag{6.4}$$

这样得到一个新的对策，记为 $G'=\{X,Y,E\}$，对策 G' 称为对策 G 的混合扩充.

定义 6.4 设 $G'=\{X,Y,E\}$ 为矩阵对策 $G=\{S_1,S_2;\mathbf{A}\}$ 的混合扩充，如果存在：

$$V_G = \max_{x \in X} \min_{y \in Y} E(\boldsymbol{x}, \boldsymbol{y}) = \min_{y \in Y} \max_{x \in X} E(\boldsymbol{x}, \boldsymbol{y}), \tag{6.5}$$

则称 V_G 为对策 G' 的值，使式(6.5)成立的混合局势($\boldsymbol{x}^*$，$\boldsymbol{y}^*$)称为矩阵对策 G 在混合策略意义下的解，$\boldsymbol{x}^*$ 和 $\boldsymbol{y}^*$ 分别称为局中人Ⅰ和局中人Ⅱ的最优混合策略. 这就是对策论的 minmax 定理，是对策论的基本定理.

为方便起见，以下对矩阵对策 $G=\{S_1, S_2; \boldsymbol{A}\}$ 及其混合扩充 $G'=\{X, Y, E\}$ 一般不加区别，通常采用 $G=\{S_1, S_2; \boldsymbol{A}\}$ 来表示. 当矩阵对策 G 在策略意义下无解时，自动转向讨论混合策略意义下的解.

定理 6.2　矩阵对策 $G=\{S_1, S_2; \boldsymbol{A}\}$ 在混合策略意义下有解的充分必要条件是：存在 $\boldsymbol{x}^* \in X$，$\boldsymbol{y}^* \in Y$，使($\boldsymbol{x}^*$，$\boldsymbol{y}^*$)为函数 $E(\boldsymbol{x}, \boldsymbol{y})$ 的一个鞍点，即对于所有 $\boldsymbol{x} \in X$，$\boldsymbol{y} \in Y$，存在

$$E(\boldsymbol{x}, \boldsymbol{y}^*) \leqslant E(\boldsymbol{x}^*, \boldsymbol{y}^*) \leqslant E(\boldsymbol{x}^*, \boldsymbol{y}). \tag{6.6}$$

一般而言，矩阵对策在策略意义下的解很可能是不存在的，但在混合策略意义下的解却总是存在的，下面用一个简单的例子说明混合策略意义上解的存在.

［例 6-7］　已知矩阵对策 $G=\{S_1, S_2; \boldsymbol{A}\}$，其中 $S_1=\{\alpha_1, \alpha_2\}$，$S_2=\{\beta_1, \beta_2\}$，赢得矩阵 $\boldsymbol{A}=\begin{bmatrix} 3 & 6 \\ 5 & 4 \end{bmatrix}$，求其混合策略意义下的解.

解：显然矩阵对策 G 在策略意义下无解. 令 $\boldsymbol{x}=(x_1, x_2)$ 和 $\boldsymbol{y}=(y_1, y_2)$ 分别表示局中人Ⅰ和局中人Ⅱ的混合策略，则：

$$X = \{(x_1, x_2) \mid x_i \geqslant 0, i = 1,2;\quad x_1 + x_2 = 1\},$$
$$Y = \{(y_1, y_2) \mid y_j \geqslant 0, j = 1,2;\quad y_1 + y_2 = 1\}.$$

局中人Ⅰ的赢得函数为

$$\begin{aligned} E(\boldsymbol{x}, \boldsymbol{y}) = \boldsymbol{x}^{\mathrm{T}} \boldsymbol{A} \boldsymbol{y} &= 3x_1 y_1 + 6x_1 y_2 + 5x_2 y_1 + 4x_2 y_2 \\ &= 3x_1 y_1 + 6x_1(1 - y_1) + 5(1 - x_1) y_1 + 4(1 - x_1)(1 - y_1) \\ &= -4(x_1 - 0.25)(y_1 - 0.5) + 4.5. \end{aligned}$$

取 $\boldsymbol{x}^*=(0.25, 0.75)$，$\boldsymbol{y}^*=(0.5, 0.5)$，则 $E(\boldsymbol{x}^*, \boldsymbol{y}^*)=4.5$，$E(\boldsymbol{x}^*, \boldsymbol{y})=E(\boldsymbol{x}, \boldsymbol{y}^*)=4.5$，即有式(6.6)成立. 因此，局势($\boldsymbol{x}^*$，$\boldsymbol{y}^*$)是矩阵对策 G 在混合策略意义上的解，$\boldsymbol{x}^*=(0.25, 0.75)$，$\boldsymbol{y}^*=(0.5, 0.5)$ 分别为局中人Ⅰ和局中人Ⅱ的最优策略，$V_G=4.5$ 为矩阵对策的值.

定理 6.3　设 $\boldsymbol{x}^* \in X$，$\boldsymbol{y}^* \in Y$，则($\boldsymbol{x}^*$，$\boldsymbol{y}^*$)是矩阵对策 $G=\{S_1, S_2; \boldsymbol{A}\}$ 的解的充分必要条件是存在数 v，使得 $\boldsymbol{x}^*$ 和 $\boldsymbol{y}^*$ 分别是不等式组

$$\begin{cases} \sum_{i=1}^{m} a_{ij} x_i \geqslant v, & j = 1,2,\cdots,n, \\ \sum_{i=1}^{m} x_i = 1, & \\ x_i \geqslant 0, & i = 1,2,\cdots,m \end{cases} \tag{6.7}$$

和

$$\begin{cases}\sum_{j=1}^{n} a_{ij} y_j \leqslant v, & i = 1,2,\cdots,m, \\ \sum_{j=1}^{n} y_j = 1, & \\ y_j \geqslant 0, & j = 1,2,\cdots,n\end{cases} \tag{6.8}$$

的解，且 $v=V_G$.

6.1.3 矩阵对策的求解

1. 2×2 对策的公式法

2×2 对策是指局中人的赢得矩阵是 2×2 阶的矩阵，即：

$$\boldsymbol{A}=\begin{bmatrix} a_{11} & a_{12} \\ a_{21} & a_{22} \end{bmatrix}.$$

如果赢得矩阵 $\boldsymbol{A}$ 有鞍点，则很快可求得各局中人的最优策略.

如果赢得矩阵 $\boldsymbol{A}$ 没有鞍点，令 $\boldsymbol{x}=(x_1,x_2)$ 和 $\boldsymbol{y}=(y_1,y_2)$ 分别表示局中人I 和局中人II 的混合策略，则在混合策略下，局中人I 的赢得函数：

$$\begin{aligned} E(\boldsymbol{x},\boldsymbol{y}) &= \boldsymbol{x}^{\mathrm{T}}\boldsymbol{A}\boldsymbol{y} \\ &= (x_1,x_2)\begin{bmatrix} a_{11} & a_{12} \\ a_{21} & a_{22} \end{bmatrix}\begin{bmatrix} y_1 \\ y_2 \end{bmatrix} \\ &= y_1(a_{11}x_1 + a_{21}x_2) + y_2(a_{12}x_1 + a_{22}x_2). \end{aligned}$$

假设局中人I 取最优的混合策略 $\boldsymbol{x}^*=(x_1^*,x_2^*)$，则无论局中人$II$ 选取何种策略，都有 $E(\boldsymbol{x}^*,\boldsymbol{y})$=常数. 特别地，当 $\boldsymbol{y}=[1,0]^{\mathrm{T}}$ 或 $\boldsymbol{y}=[0,1]^{\mathrm{T}}$ 时，$E(\boldsymbol{x}^*,\boldsymbol{y})$=常数，因此得

$$a_{11}x_1^* + a_{21}x_2^* = a_{12}x_1^* + a_{22}x_2^*. \tag{6.9}$$

又由于

$$x_1^* + x_2^* = 1. \tag{6.10}$$

由式(6.9)和(6.10)联合求得局中人I 的最优混合策略 $\boldsymbol{x}^*=(x_1^*,x_2^*)$：

$$x_1^* = \frac{a_{22}-a_{21}}{(a_{11}+a_{22})-(a_{12}+a_{21})},$$

$$x_2^* = \frac{a_{11}-a_{12}}{(a_{11}+a_{22})-(a_{12}+a_{21})}.$$

同理，假设局中人II 取最优的混合策略 $\boldsymbol{y}^*=(y_1^*,y_2^*)$，则无论局中人$I$ 选取何种策略，都有 $E(\boldsymbol{x},\boldsymbol{y}^*)$=常数. 特别地，当 $\boldsymbol{x}=[1,0]^{\mathrm{T}}$ 或 $\boldsymbol{x}=[0,1]^{\mathrm{T}}$ 时，$E(\boldsymbol{x},\boldsymbol{y}^*)$=常数，因此得

$$a_{11}y_1^* + a_{12}y_2^* = a_{21}y_1^* + a_{22}y_2^*. \tag{6.11}$$

又由于

$$y_1^* + y_2^* = 1. \tag{6.12}$$

由式(6.11)和(6.12)联合求得局中人Ⅱ的最优混合策略 $y^* = (y_1^*, y_2^*)$：

$$y_1^* = \frac{a_{22} - a_{12}}{(a_{11} + a_{22}) - (a_{12} + a_{21})},$$

$$y_2^* = \frac{a_{11} - a_{21}}{(a_{11} + a_{22}) - (a_{12} + a_{21})},$$

此时，根据定理 6.3，矩阵对策的值为

$$\begin{aligned} V_G &= a_{11}x_1^* + a_{21}x_2^* \\ &= a_{12}x_1^* + a_{22}x_2^* \\ &= a_{11}y_1^* + a_{12}y_2^* \\ &= a_{21}y_1^* + a_{22}y_2^* \\ &= \frac{a_{11}a_{22} - a_{12}a_{21}}{(a_{11} + a_{22}) - (a_{12} + a_{21})}. \end{aligned}$$

2. $2\times n$ 或 $m\times 2$ 对策的图解法

［例 6-8］ 求解矩阵对策 $G=\{S_1, S_2; \mathbf{A}\}$，其中 $S_1=\{\alpha_1, \alpha_2\}$，$S_2=\{\beta_1, \beta_2\}$，赢得矩阵 $\mathbf{A}=\begin{bmatrix}1 & 3\\ 4 & 2\end{bmatrix}$.

解：赢得矩阵 **A** 没有鞍点，下面在平面直角坐标系下用图像法求解.

对于局中人Ⅰ，当 $x_1=0$ 时，其收益为 y_1 的函数

$$f(y_1) = 4y_1 + 2(1 - y_1).$$

也就是说，局中人Ⅰ的收益是 4 与 2 的凸组合，即在直角坐标系下，连接点 $(y_1=0, f(y_1)=2)$ 和点 $(y_1=1, f(y_1)=4)$ 之间的线段(如图 6.1 所示).

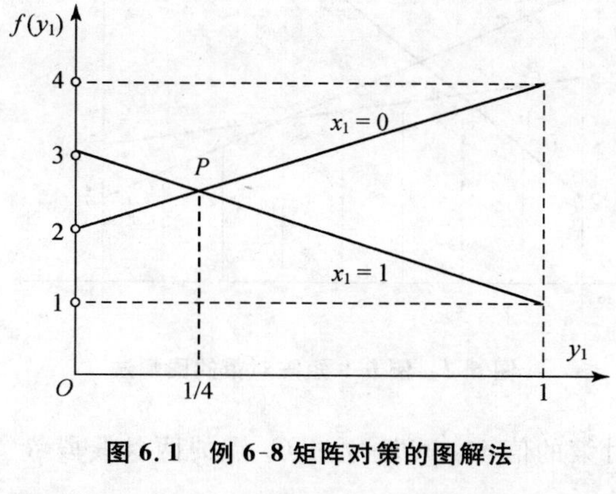

图 6.1　例 6-8 矩阵对策的图解法

对于局中人Ⅰ，当 $x_1=1$ 时，其收益为 y_1 的函数

$$f(y_1)=y_1+3(1-y_1).$$

即在直角坐标系下，连接点($y_1=0, f(y_1)=3$)和点($y_1=1, f(y_1)=1$)之间的线段(如图 6.1 所示).

以 y_1 为横轴，以 $f(y_1)$ 为纵轴，作直角坐标系，在直角坐标系下，作出上述两个线段，其交点为 $P(1/4,10/4)$，此时 $y_1=1/4$，因此$(1/4,3/4)$即为局中人II的最优混合策略.

同理，可得$(1/2,1/2)$即为局中人I 的最优混合策略.

[例 6-9] 求解矩阵对策 $G=\{S_1,S_2;\mathbf{A}\}$，其中 $S_1=\{\alpha_1,\alpha_2\}$，$S_2=\{\beta_1,\beta_2,\beta_3\}$，赢得矩阵 $\mathbf{A}=\begin{bmatrix}2 & 3 & 11\\7 & 5 & 2\end{bmatrix}$.

解：设局中人I 的混合策略为$(x,1-x)^{\mathrm{T}}$，$x\in[0,1]$. 过 x 轴上坐标为 0 和 1 的两点分别做两条垂线，垂线上点的纵坐标分别表示局中人II 采取各策略、局中人I 分别采取纯策略 α_1 和 α_2 时的赢得值.

如图 6.2 所示，当局中人I 选择混合策略$(x,1-x)^{\mathrm{T}}$ 时，其最少可能的赢得为局中人II 选择策略 β_1，β_2 和 β_3 时所确定的三条直线 $2x+7(1-x)=V$，$3x+5(1-x)=V$，$11x+2(1-x)=V$ 在 x 处的纵坐标中最小者，即如折线 $C_1C_2C_3C_4$ 所示. 所以对局中人I 来说，他的最优选择就是确定 x 使其赢得尽可能地多，从图 6.2 可知，按最小最大原则，应选择 $x=Q$.

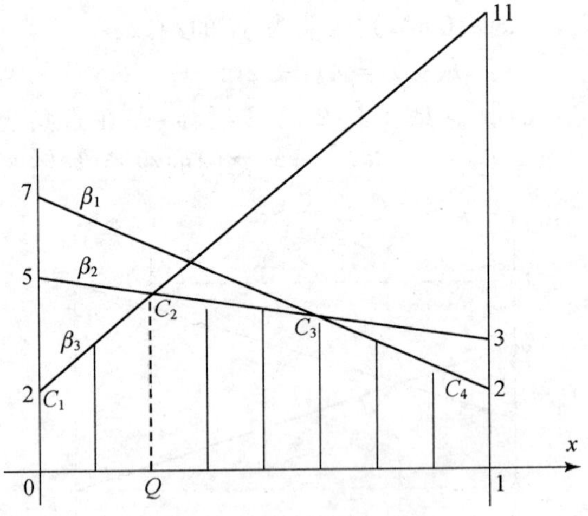

图 6.2 例 6-9 矩阵对策的图解法

为求得 x 和对策的值 V_G，可联立过 C_2 点的两条线段 β_2 和 β_3 所确定的方程，即

$$\begin{cases}3x+5(1-x)=V_G,\\11x+2(1-x)=V_G,\end{cases}$$

求得 $x=3/11$，$V_G=1/11$，所以局中人Ⅰ的最优策略为 $x^*=(3/11,8/11)^{\mathrm{T}}$.

从图6.2可知，局中人Ⅱ的最优策略只涉及 β_2 和 β_3，若记 $\boldsymbol{y}^*=(y_1^*,y_2^*,y_3^*)^{\mathrm{T}}$ 为局中人Ⅱ的最优策略，则必有 $y_1^*=0$，$y_2^*>0$，$y_3^*>0$，因此得方程组

$$\begin{cases}3y_2+11y_3=49/11,\\5y_2+2y_3=49/11,\\y_2+y_3=1.\end{cases}$$

解得 $y_2^*=9/11$，$y_3^*=2/11$，则局中人Ⅱ的最优策略 $\boldsymbol{y}^*=(0,9/11,2/11)^{\mathrm{T}}$.

3. *线性方程组求解法*

根据定理6.3，求解矩阵对策解$(\boldsymbol{x}^*,\boldsymbol{y}^*)$的问题等价于求解式(6.7)和式(6.8). 如果假设最优策略中的 x_i^* 和 y_j^* 均不为零，即可将上述两个不等式组的求解转化为求解下述两个方程组的问题：

$$\begin{cases}\sum_{i=1}^{m}a_{ij}x_i=v, & j=1,2,\cdots,n,\\ \sum_{i=1}^{m}x_i=1, & \\ x_i\geqslant 0, & i=1,2,\cdots,m\end{cases}\tag{6.13}$$

和

$$\begin{cases}\sum_{j=1}^{n}a_{ij}y_j=v, & i=1,2,\cdots,m,\\ \sum_{j=1}^{n}y_j=1, & \\ y_j\geqslant 0, & j=1,2,\cdots,n.\end{cases}\tag{6.14}$$

如果式(6.13)和(6.14)存在非负解 $\boldsymbol{x}^*$ 和 $\boldsymbol{y}^*$，则已经得到了对策的一个解$(\boldsymbol{x}^*,\boldsymbol{y}^*)$；如果式(6.13)和(6.14)的解 $\boldsymbol{x}^*$ 和 $\boldsymbol{y}^*$ 中存在负的分量，则可视具体情况，将式(6.13)和(6.14)中的某些等式改成不等式，继续试算求解，直到得到对策的一个解$(\boldsymbol{x}^*,\boldsymbol{y}^*)$.

[例6-10] 求解矩阵对策“齐王赛马”.

解：已知齐王的赢得矩阵为 $\boldsymbol{A}=\begin{bmatrix}3&1&1&1&1&-1\\1&3&1&1&-1&1\\1&-1&3&1&1&1\\-1&1&1&3&1&1\\1&1&-1&1&3&1\\1&1&1&-1&1&3\end{bmatrix}$.

令 $\boldsymbol{x}^*=(x_1^*,x_2^*,\cdots,x_6^*)^{\mathrm{T}}$ 和 $\boldsymbol{y}^*=(y_1^*,y_2^*,\cdots,y_6^*)^{\mathrm{T}}$ 分别为齐王和田忌的最优混合策略. 从矩阵 $\boldsymbol{A}$ 的元素来看,每个局中人选取每一策略的可能性都是存在的,故可以事先假设 x_i^* 和 y_j^* 均大于零,然后求解下列两个线性方程组:

$$\begin{cases}3x_1+x_2+x_3-x_4+x_5+x_6=v,\\ x_1+3x_2-x_3+x_4+x_5+x_6=v,\\ x_1+x_2+3x_3+x_4-x_5+x_6=v,\\ x_1+x_2+x_3+3x_4+x_5-x_6=v,\\ x_1-x_2+x_3+x_4+3x_5+x_6=v,\\ -x_1+x_2+x_3+x_4+x_5+3x_6=v,\\ x_1+x_2+x_3+x_4+x_5+x_6=1\end{cases}$$

和

$$\begin{cases}3y_1+y_2+y_3+y_4+y_5-y_6=v,\\ y_1+3y_2+y_3+y_4-y_5+y_6=v,\\ y_1-y_2+3y_3+y_4+y_5+y_6=v,\\ -y_1+y_2+y_3+3y_4+y_5+y_6=v,\\ y_1+y_2-y_3+y_4+3y_5+y_6=v,\\ y_1+y_2+y_3-y_4+y_5+3y_6=v,\\ y_1+y_2+y_3+y_4+y_5+y_6=1.\end{cases}$$

解得 $\boldsymbol{x}^*=(1/6,1/6,1/6,1/6,1/6,1/6)^{\mathrm{T}}$, $\boldsymbol{y}^*=(1/6,1/6,1/6,1/6,1/6,1/6)^{\mathrm{T}}$, 对策值(齐王的期望赢得)$V_G=1$. 结果表明: 齐王和田忌均以等概率选取每一个策略时,齐王将有 5/6 的获胜机会,赢得的期望值为 1;但是,当齐王事先暴露自己的策略时,田忌就可以选取以上马对齐王的中马、中马对齐王的下马、下马对齐王的上马,从而使自己的赢得为 1. 因此,在矩阵对策不存在鞍点时,竞争双方在开局之前均应对自己的策略加以保密,否则泄密的一方将付出代价.

4. 线性规划求解法

定理 6.3 表明,矩阵对策 $G=\{S_1,S_2;\boldsymbol{A}\}$ 的解 $\boldsymbol{x}^*$ 和 $\boldsymbol{y}^*$ 等价于如下两个不等式组的解:

$$\begin{cases}\sum_{i=1}^{m}a_{ij}x_i\geqslant v, & j=1,2,\cdots,n,\\ \sum_{i=1}^{m}x_i=1, & \\ x_i\geqslant 0, & i=1,2,\cdots,m\end{cases}$$

和

$$\begin{cases} \sum_{j=1}^{n} a_{ij} y_j \leqslant v, & i = 1,2,\cdots,m, \\ \sum_{j=1}^{n} y_j = 1, \\ y_j \geqslant 0, & j = 1,2,\cdots,n \end{cases}$$

的解，且 $v = \max\limits_{x \in X} \min\limits_{y \in Y} E(\boldsymbol{x},\boldsymbol{y}) = \min\limits_{y \in Y} \max\limits_{x \in X} E(\boldsymbol{x},\boldsymbol{y}) = V_G$.

不妨假设 $v>0$，令 $x_i' = \frac{x_i}{v}$，则不等式组(6.7)变为：

$$\begin{cases} \sum_{i=1}^{m} a_{ij} x_i' \geqslant 1, & j = 1,2,\cdots,n, \\ \sum_{i=1}^{m} x_i' = 1/v, \\ x_i' \geqslant 0, & i = 1,2,\cdots,m. \end{cases} \tag{6.15}$$

由于 $v = \max\limits_{x \in X} \min\limits_{y \in Y} E(\boldsymbol{x},\boldsymbol{y}) = \max\limits_{x \in X} \min\limits_{1 \leqslant j \leqslant n} \sum_{i=1}^{m} a_{ij} x_i$．于是不等式组(6.15)等价于式(6.16)所示的线性规划问题：

$$\min z = \sum_{i=1}^{m} x_i',$$

$$\begin{cases} \sum_{i=1}^{m} a_{ij} x_i' \geqslant 1, & j = 1,2,\cdots,n, \\ x_i' \geqslant 0, & i = 1,2,\cdots,m. \end{cases} \tag{6.16}$$

同理，令 $y_j' = \frac{y_j}{v}$，则不等式组(6.8)变为：

$$\begin{cases} \sum_{j=1}^{n} a_{ij} y_j' \leqslant 1, & i = 1,2,\cdots,m, \\ \sum_{i=1}^{m} y_j' = 1/v, \\ y_j' \geqslant 0, & j = 1,2,\cdots,n. \end{cases} \tag{6.17}$$

由于 $v = \min\limits_{y \in Y} \max\limits_{x \in X} E(\boldsymbol{x},\boldsymbol{y}) = \min\limits_{y \in Y} \max\limits_{1 \leqslant i \leqslant m} \sum_{j=1}^{n} a_{ij} y_j$，于是不等式组(6.17)等价于式(6.18)所示的线性规划问题：

$$\max z = \sum_{j=1}^{n} y_j',$$

$$\begin{cases}\sum_{j=1}^{n} a_{ij} y_j' \leqslant 1, & i = 1,2,\cdots,m, \\ y_j' \geqslant 0, & j = 1,2,\cdots,n.\end{cases} \tag{6.18}$$

显然，式(6.16)和式(6.18)是典型的线性规划问题，可利用单纯形法等进行求解. 当求得式(6.16)和式(6.18)所示线性规划问题的最优解后，再利用变换 $x_i'=\frac{x_i}{v}$，$y_j'=\frac{y_j}{v}$ 即可求出原对策问题的解及对策的值.

[例 6-11] 一矩阵对策的赢得矩阵为 $\boldsymbol{A}=\begin{bmatrix}2 & 2 & 6\\ 2 & 10 & 2\\ 8 & 2 & 2\end{bmatrix}$，请利用线性规划求最优混合策略.

解: 根据式(6.16)和式(6.18)，构造两个线性规划模型

$$\min f = x_1' + x_2' + x_3',$$

$$(\text{I})\begin{cases}2x_1' + 2x_2' + 8x_3' \geqslant 1,\\ 2x_1' + 10x_2' + 2x_3' \geqslant 1,\\ 6x_1' + 2x_2' + 2x_3' \geqslant 1,\\ x_1', x_2', x_3' \geqslant 0.\end{cases}$$

$$\max g = y_1' + y_2' + y_3',$$

$$(\text{II})\begin{cases}2y_1' + 2y_2' + 6y_3' \leqslant 1,\\ 2y_1' + 10y_2' + 2y_3' \leqslant 1,\\ 8y_1' + 2y_2' + 2y_3' \leqslant 1,\\ y_1', y_2', y_3' \geqslant 0.\end{cases}$$

采用单纯形法求解线性规划问题(Ⅱ)，引入松弛变量 y_4', y_5', y_6'，迭代过程见表 6.4. 得到线性规划问题(Ⅱ)的最优解为

$$\begin{cases}\boldsymbol{y}' = (3/25 \quad 3/50 \quad 2/25)^{\mathrm{T}},\\ g = 13/50.\end{cases}$$

表 6.4 单纯形表

基变量＼变量	y_1'	y_2'	y_3'	y_4'	y_5'	y_6'	b_i
y_4'	2	2	6	1	0	0	1
y_5'	2	2	6	1	0	0	1
y_6'	[8]	2	2	0	0	1	1
$f=-f'$	−1	−1	−1	0	0	0	0

续表

基变量＼变量	y_1'	y_2'	y_3'	y_4'	y_5'	y_6'	b_i
y_4'	0	3/2	[11/2]	1	0	−1/4	3/4
y_5'	0	19/2	3/2	0	1	−1/4	3/4
y_1'	1	1/4	1/4	0	0	1/8	1/8
$f=-f'$	0	−3/4	−3/4	0	0	1/8	
y_3'	0	3/11	1	2/11	0	−1/22	3/22
y_5'	0	[100/11]	0	−3/11	1	−2/11	6/11
y_1'	1	2/11	0	−1/22	0	3/22	1/11
$f=-f'$	0	−6/11	0	3/22	0	1/11	5/22
y_3'	0	0	1	209/1100	−3/100	−1/25	3/25
y_2'	0	1	0	−3/100	11/100	−1/50	3/50
y_1'	1	0	0	−2/50	−1/50	7/50	2/25
$f=-f'$	0	0	0	3/25	3/50	2/25	13/50

同理，采用单纯形法求解线性规划问题（Ⅰ），得到最优解为

$$\begin{cases} \boldsymbol{x}' = (3/25 \quad 3/50 \quad 2/25)^{\mathrm{T}}, \\ f = 13/50. \end{cases}$$

于是

$$V_G = 50/13,$$

$$\boldsymbol{x}^* = V_G \cdot (3/25 \quad 3/50 \quad 2/25)^{\mathrm{T}} = (6/13 \quad 3/13 \quad 4/13)^{\mathrm{T}},$$

$$\boldsymbol{y}^* = V_G \cdot (3/25 \quad 3/50 \quad 2/25)^{\mathrm{T}} = (6/13 \quad 3/13 \quad 4/13)^{\mathrm{T}}.$$

至此，我们介绍了一些求解矩阵对策的方法.在求解一个矩阵对策时，应首先判断其是否具有鞍点，当鞍点不存在时，利用矩阵对策的性质将原对策的赢得矩阵尽量地简化，然后再利用本节介绍的各种方法求解.在本节介绍的各种方法中，迭代法和线性规划法是具有一般性的方法.

6.1.4　对策论应用案例

［例 6-12］　利用矩阵对策选择产品构成方案.某教学仪器厂年产Ⅰ，Ⅱ，Ⅲ，Ⅳ，Ⅴ等 5 类化学仪器的能力为 27 万套，根据有关部门发布的信息，预计下一年在原材料供应中可能出现 2 个方面的问题：

(1) 国产原材料 A 只能满足 2/3 的需求量，不足部分需要通过进口解决.国产原材料 A 与进口原材料 A 的价格比为 1∶1.4.

(2) 其中生产化学仪器Ⅱ所使用的日本进口的原材料 B 是否能到货不确定，可能出现只满足 2/3 甚至全部落空的情况，不足部分要用国产原料 C 替代，

进口原材料 B 与国产原材料 C 的价格比为 1∶2.2.

另外，目前国内化学仪器产品的市场需求看好，厂家在如何安排下一年产品构成的问题上有选择的余地. 这 5 类化学仪器的出厂价格是一定的，根据已有统计资料，生产这 5 类化学仪器的固定成本及其在使用不同种材料生产时的变动成本也是已知的. 鉴于上述情况，应如何根据以往统计资料，利用矩阵对策选择下一年的产品构成方案，使其效果最佳？

解：首先，将问题适当简化. 将属于客观条件的原材料供应情况做如下归纳：

把原材料 A 的供应情况分为 2 种：一是全部为国产；二是 2/3 国产，1/3 进口.

把原材料 B 的供应情况分为 3 种：一是进口原材料 B 能满足生产 6 万套化学仪器Ⅱ的需要；二是进口原材料 B 能满足生产 4 万套化学仪器Ⅱ的需要，其余用国产原材料 C 替代；三是进口原材料 B 全部落空，并采用国产原材料 C 替代.

综合原材料 A 和 B 的供应情况，原材料的供应有如下 6 种情况出现（见表 6.5），即客观条件的状态集合（共 6 个元素），用 S_1 表示，则：

$$S_1 = \{\alpha_1, \alpha_2, \alpha_3, \alpha_4, \alpha_5, \alpha_6\}.$$

表 6.5　原材料供应情况

原材料 \ α_i	α_1	α_2	α_3	α_4	α_5	α_6
A	全部为国产	全部为国产	全部为国产	2/3 国产 1/3 进口	2/3 国产 1/3 进口	2/3 国产 1/3 进口
B	能满足生产 6 万套化学仪器Ⅱ的需要	满足生产 4 万套化学仪器Ⅱ的需要，其余用国产原材料 C 替代	全部用国产原材料 C 替代	能满足生产 6 万套化学仪器Ⅱ的需要	满足生产 4 万套化学仪器Ⅱ的需要，其余用国产原材料 C 替代	全部用国产原材料 C 替代

产品构成方案的选择是人的策略. 在这 5 类化学仪器中，由于用户稳定和生产能力的限制，仪器Ⅰ和仪器Ⅴ的产量分别固定在 17 万套和 0.3 万套. 其余 3 类的产量可根据原材料供应情况和市场需求进行安排，拟有 3 种产品构成方案可以选择（见表 6.6）.

表 6.6　产品构成方案

产品类别 \ β_i	β_1		β_2		β_3	
	万套	占总产量/%	万套	占总产量/%	万套	占总产量/%
Ⅰ	17	62.3	17	62.3	17	62.3
Ⅱ	6	22	4	14.6	0	0
Ⅲ	2	7.3	3	11	5	18.3
Ⅳ	2	7.3	3	11	5	18.3
Ⅴ	0.3	1.1	0.3	1.1	0.3	1.1
总产量	27.3	100	27.3	100	27.3	100

用 S_2 表示人的策略集合，则：

$$S_2 = \{\beta_1, \beta_2, \beta_3\}.$$

于是，将问题归结为二人对策问题（即双人博弈问题）. 局中人分别为人和客观条件，人有 3 种可供选择的策略，客观条件有 6 种状态.

本案例仅考虑原材料供应情况变化对生产费用的影响，其他费用视为正常，所以可以认为无论原材料供应情况如何变化，生产各类化学仪器的固定成本（C_1）都是一定的，随着原材料供应情况的变化而改变的只是单位产品变动成本（C_2）部分（由于不同材料价格差异所致）. 即每类化学仪器的固定成本 C_1 只有一种情况，而变动成本 C_2 有 6 种不同情况. 根据统计资料得 C_1 和 C_2 的值（见表 6.7）

表 6.7　C_1 和 C_2 的值

产品类别	单价 S	C_1	C_2					
			α_1	α_2	α_3	α_4	α_5	α_6
Ⅰ	100	300	70	70	70	80	80	80
Ⅱ	400	450	250	270	290	260	280	300
Ⅲ	170	90	100	100	100	110	110	110
Ⅳ	190	100	115	115	115	125	125	125
Ⅴ	410	55	200	200	200	210	210	210

各类化学仪器的赢利额 a 可以通过下列公式求得：

$$a = SQ - (C_1 + C_2 Q),$$

其中，Q 表示产量，S 表示单价，C_1 表示固定成本，C_2 表示单位产品的变动成本.

由于人有 3 种可供选择的策略，客观条件有 6 种状态，因此共有 18 种情况. 下面以 a_{11} 为例，分别计算 18 种情况下的赢利额 a_{ij}（其中，i 表示人的策略集合 S_2 的元素序号，j 表示客观条件的状态集合 S_1 的元素序号）.

$$a_{11} = \sum[SQ - (C_1 + C_2 Q)]$$

$$
\begin{aligned}
&= [SQ-(C_1+C_2Q)]_{I}+[SQ-(C_1+C_2Q)]_{II}+[SQ-(C_1+C_2Q)]_{III} \\
&\quad +[SQ-(C_1+C_2Q)]_{IV}+[SQ-(C_1+C_2Q)]_{V} \\
&= (100\times 17-300-70\times 17)+(400\times 6-450-250\times 6)+(170\times 2-90 \\
&\quad -100\times 2)+(190\times 2-100-115\times 2)+(410\times 0.3-55-200\times 0.3) \\
&= 768(\text{万元}).
\end{aligned}
$$

其中，I，II，III，IV，V 分别代表 5 类化学仪器. 如此，可以计算得到所有的赢利额 a_{ij}（见表 6.8）.

表 6.8　a_{ij} 的值

S_2 \ S_1	α_1	α_2	α_3	α_4	α_5	α_6
β_1	768	648	528	15	375	255
β_2	613	533	453	340	260	140
β_3	753	753	753	480	480	480

由表 6.8 可得，本案例中人的赢得矩阵为：

$$
\mathbf{A}=\begin{bmatrix}768 & 648 & 528 & 15 & 375 & 255\\ 613 & 533 & 453 & 340 & 260 & 140\\ 753 & 753 & 753 & 480 & 480 & 480\end{bmatrix}.
$$

原材料供应情况是由客观条件决定的，本案例将每种情况出现的概率视为同样的，因此应该从最坏的方案着手，去争取最好的结果.

运用矩阵对策进行求解，可知：

$$
\max\{255,140,480\}=480.
$$

480 对应着行动方案 β_3，所以人如果采用 β_3 方案，可以保证赢利不会少于 480 万元，而且从赢得矩阵中可以看出，还有得到 753 万元赢利的可能. 如果采用 β_1 方案，虽然存在赢利 753 万元的可能，但却有只赢利 255 万元的危险，不宜采纳. 因此，β_3 方案是最优产品的构成方案，可依此制订下一年的生产计划.

6.2　排队问题

排队论（Queuing theory）是一门应用十分广泛的运筹学分支，在过去的几十年里得到了长足发展. 简单地说，排队论所讨论的是一个系统对一个群体提供某种服务时，该群体占用此服务系统所呈现的状态.

作为最早的定量优化方法之一，排队论的起源可以追溯到 1909 年丹麦数学家爱尔朗（A. K. Erlang）发表的一篇论文，该论文研究的主题是电话交换机的使用状况.从那时起,爱尔朗的名字就与概率排队模型紧密联系在一起,该论文的发表为后来排队论的发展奠定了坚实基础. 20 世纪 30 年代,从事排队论研究的先驱人物包括法国数学家勃拉彻(F. Pollaczek)和苏联数学家金勒(A. Y. Khintechine),他们都出版了相应的专著.第二次世界大战之后,概率论、运筹学的应用得到了广泛而深入的发展,有关排队论的论著已经十分普及了. 20 世纪 50 年代初期,英国人堪道(D. G. Kendall)又系统地阐述了排队问题,并且利用嵌入马尔可夫链的方法,推动了排队论的进一步发展. 20 世纪 60 年代,排队论研究的课题日趋复杂,开始了近似法的探讨和队列上下限问题的研究,并且应用于生产、交通等领域. 20 世纪 70 年代起,排队论逐步应用于计算机、网络、通信等领域.

排队论应用非常广泛,在各种存在等待情形的环境中都有非常成功的应用.下面列举几个典型应用:

(1) 通信问题.电话交换机通常仅有有限条电话线,如果在某一时刻所有的电话线均被占用,那么新的使用要求必须等到有一条电话线空下来时才能得到满足,此时电话线的使用要求就是排队问题.

(2) 公共服务问题.许多公共服务事业提供服务的水平,或公共服务设施的使用状况也可以归纳为排队问题.例如:银行、邮局的服务,医院病床、饭店座位的使用等.

(3) 存量问题.存储系统中存量变化的随机行为,与排队论中队列长度变化的随机行为非常相似,属于排队问题.例如:商店根据货物的销售状况决定进货策略,一方面要降低存货的积压,另一方面要尽量满足顾客的需要;图书馆通过藏书的容量以及书籍的使用率,淘汰无用的旧书等.

(4) 生产线问题.在生产线上,如何合理安排机器、工人、物料运输设备,以提高生产效率、降低生产过程中原材料和半成品的存量,属于典型的排队问题.

6.2.1　排队系统

在日常生活和生产中,人们会经常碰到各种各样的排队系统,如道路红绿灯系统、超市收银系统、电话通信系统等.在排队系统中总是存在一组服务设施(Service facility),有许多顾客(Customer)随机地来到该系统要求得到服务,服务完毕后即自动离去.如果顾客到达时有服务设施空闲,则到达的顾客即刻得到服务,否则顾客将排队等待或离去.通常我们会自然地认为顾客就是来到服务系统准备接受服务的人,然而在排队系统中顾客不该受到任何限制,可以是人也可以是物.例如,汽车修理厂等待维修的汽车、机场等待降落的飞机都可以构成排队系统中的顾客.在排队系统中,服务设施同样可以是人、物或者人和物的集合.

如果顾客按固定的时间间隔到达服务系统，服务设施用在每个顾客身上的服务时间也是固定的，就像工厂流水线的生产那样有固定的节拍，那么这类服务系统的设计是十分简便的.但在绝大多数的服务系统中，顾客的到达是随机的，顾客的服务时间也是随机的.

1. 排队系统的基本构成

一般的排队系统由输入、队列、服务台和输出四部分构成，可以用图 6.3 来加以描述.

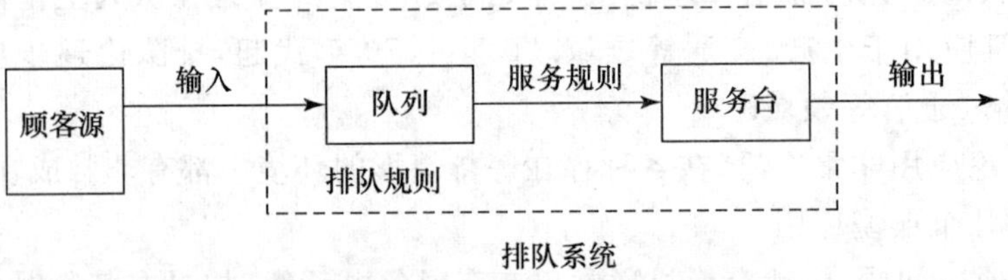

图 6.3 排队系统的构成示意图

(1) 输入

输入描述的是顾客到达排队系统的方式和分布，通常采用某种带有任意参数和适当简化假设的随机过程来表示.为了完整地描述一个输入过程，必须考虑顾客源(顾客总体)、顾客到达的方式、顾客到达的相关性、顾客到达的时间间隔和顾客到达的平稳性等因素.

① 顾客源.顾客源既可以是一个有限的集合，也可以是一个无限的集合.如工厂里等待修理的机器设备是有限的顾客源，而通过一个繁华路口的机动车辆是无限的顾客源.只要顾客源所包含的元素数量充分大，就可以把顾客源有限的情况近似看成是顾客源无限的情况来处理，如流入水库的河水可以认为是无限的顾客源.

② 顾客到达的方式.顾客的到达既可以单个发生，也可以成批发生.但在排队系统中，总是假设在同一时间只能有一个顾客到达，同时到达的一批顾客只能看成是一个顾客.

③ 顾客到达的相关性.顾客的到达既可以是相互独立的，也可以是相互关联的.如果先前顾客的到达对后续顾客的到达没有影响，则称为顾客到达是相互独立的；否则就是相关的.

④ 顾客到达的时间间隔.顾客到达的时间间隔既可以是确定的，也可以是随机的.在流水线上装配的各部件必须按确定的时间间隔到达装配点，定点运行的列车、班机的到达等，都可以认为是等时间间隔的.但商场购物的顾客、医院就

诊的病人、通过路口的车辆的到达等都是随机的.对于随机的情形,必须了解单位时间的顾客到达数或相继到达的时间间隔的概率分布.

⑤ 顾客到达的平稳性.平稳性是指顾客到达的时间间隔分布及其特征参数(如数学期望、方差等)不随时间的变化而变化.最简单的到达过程是符合泊松分布的随机过程,在这种情况下,顾客到达的时间间隔是一系列相互独立并具有负指数分布的随机变量.

(2) 队列及排队规则

排队规则是指顾客到达系统后排队等候服务的方式和规则,一般分为三种类型:损失制、等待制和混合制.

损失制指顾客到达时,如果所有服务设施均被占用,顾客可能选择随即离去,不再回来.例如:电话系统,当电话呼唤遇到占线则会挂机离去,这实际上是一种不允许排队的规则,系统将损失掉许多顾客.

等待制指顾客到达时,如果所有服务设施均被占用,顾客可能选择排队等待,直至被服务完毕后离去.按照顾客被服务的次序,等待制的排队规则分为:先到先服务(FCFS)、后到先服务(LCFS)、有优先权的服务(PS)和随机服务(RSS).

混合制是损失制和等待制的混合,指由于时间的限制或其他原因,排队系统对其容量或等待时间有一定的限制.这种排队规则既允许排队又不允许队列无限长.

(3) 服务台

一个排队系统中既可以有一个服务台,也可以有多个服务台.服务台主要包含如下几个主要因素:

① 服务方式.服务既可以针对单一顾客也可以针对一批顾客进行.公共汽车对等候的顾客就是成批进行服务的.

② 服务时间.服务时间同到达时间一样,也可以分为确定和随机两种类型.自动冲洗汽车的装置、红绿灯系统属于确定服务时间,而其他更常见的排队系统大多属于随机服务时间.最简单的服务时间分布是负指数分布,在这种情况下,用平均服务率一个参数就完全描述了整个服务过程.

③ 服务的平稳性.平稳性是指服务时间分布及其特征参数不随时间的变化而变化.服务的平稳性排除了工作时间长短(疲劳程度)以及队列长短(服务员有意加快各种速度)对服务时间分布的影响.

④ 服务规则.服务规则是指有关服务次序的安排的规定.按对等待顾客的服务顺序,服务规则可分为先到先服务、后到先服务、有优先权的服务和随机

服务.

先到先服务是最常见的一种服务规则,先到服务台的顾客有优先占用服务台的权力,对一般排队系统是最符合常理的.如无特殊说明,本书在排队问题中主要讨论先到先服务的服务规则.

后到先服务多用于存货系统的盘存以及在某些情况下计算机内部的调度,在一般排队系统中极为少见.当顾客是一一堆起来的待加工工件时,服务规则显然是后到先服务.

有优先权的服务是指服务台对具有某种特性的顾客给予优先服务.到达服务台的顾客可以分为数类,每一类都有不同的占用优先权,优先权高者先占用服务台,如医院优先抢救危重病人等.

随机服务是指服务员从等待的顾客中随机地选取其一进行服务,而不管到达的先后.如:电话交换台接通呼唤的电话等.

在实际的排队系统中,有时顾客会因等待时间过长而中途离去或因某些队列服务较快而更换队列,但在排队论中假设这些复杂情况不发生.

根据服务台的数目、队列的组合和服务时间的分布,可以将排队系统分为:单队——单服务台系统(见图 6.4)、单队——多服务台系统(见图 6.5)、单队——纵列服务台系统(见图 6.6)和多队——多服务台系统(见图 6.7).

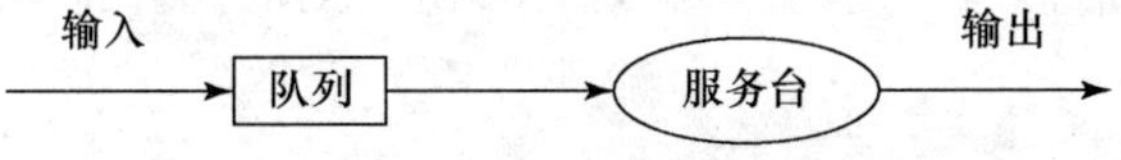

图 6.4 单队——单服务台系统

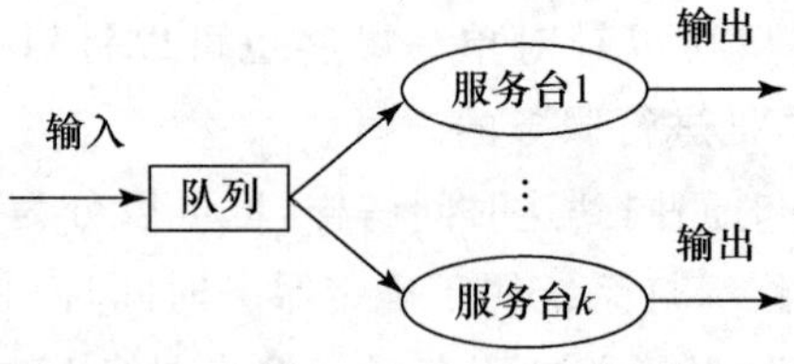

图 6.5 单队——多服务台系统

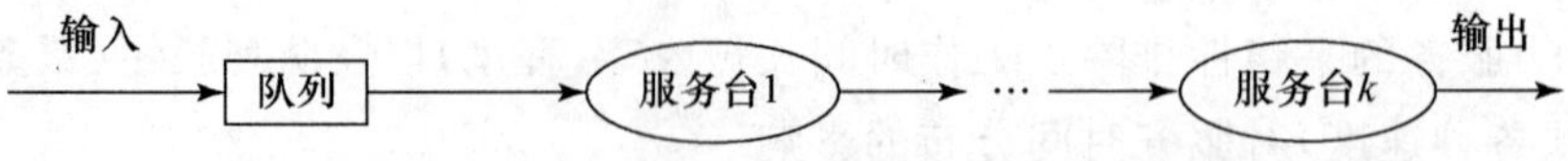

图 6.6 单队——纵列服务台系统

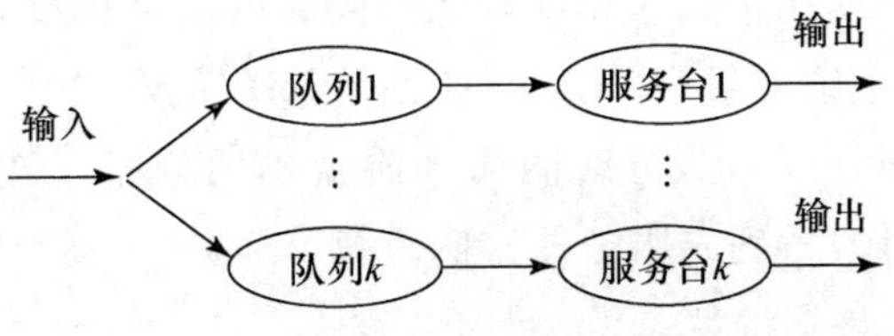

图 6.7　多队——多服务台系统

(4) 输出

输出是指顾客从得到服务到离开服务系统的情况，由于结束服务后顾客将即刻离开服务系统，所以输出是通过服务时间来加以描述的.

2. 排队系统的分类描述

根据排队系统的基本构成——顾客相继到达间隔时间的分布、服务时间的分布和服务台的个数，堪道于 1953 年提出了排队系统的分类描述法. 其标记如下：

$$X/Y/Z,$$

其中，X—相继到达间隔时间的分布；Y—服务时间的分布；Z—服务台数目.

表示相继到达间隔时间和服务时间的各种分布的符号为：

M—负指数分布(负指数分布具有无记忆性，即 Markov 性)；

D—确定的相继到达间隔时间或服务时间；

E_k—k 阶爱尔朗(Erlang)分布；

GI——般相互独立的时间间隔分布；

G——般服务时间的分布.

按照堪道排队模型的记法，$M/M/n$ 表示顾客相继到达间隔时间为负指数分布，服务时间为负指数分布，有 n 个服务台的排队系统；$D/M/C$ 表示确定的到达间隔，服务时间为负指数分布，C 个平行服务台的排队系统；$D/G/1$ 表示确定的到达间隔，一般服务时间，单个服务台的排队系统.

1971 年，在一次关于排队论符号标准化会议上，决定将堪道记号扩充为

$$X/Y/Z/A/B/C,$$

其中，A—系统容量；B—顾客总量；C—服务规则(即顾客接受服务的顺序). 此标记法是通过由斜线分割开的 6 项代码来表示一个特定排队模型的，前两项为字符码，第 3,4,5 三项一般为数字型代码，最后一项为服务规则. 其中前三项为必选项，必须明确写出；后三项为选择项，在系统容量无限、顾客总量无限和先到先服务的情况下，它们可以被省略.

例如：$M/D/2/N$ 表示顾客相继到达间隔时间为负指数分布，确定的服务时间，有 2 个服务台，系统容量为 N 的排队系统；$GI/E_3/c/10/10/LCFS$ 表示相互独立的相继到达间隔时间，服务时间为 3 阶爱尔朗分布，c 个服务台，系统容量为 10，顾客总量为 10，后到先服务的排队系统.

3. 排队系统的数量指标

在研究具体的排队系统时，往往关心它的运行效率及系统额成本. 因此，描述排队系统基本特征和运行状况的基本数量指标主要是由于排队和被服务而滞留的顾客数量，以及顾客为等待服务而必须在系统中消耗的时间. 具体如下：

(1) 队长. 队长指排队系统中的顾客数(排队等待的顾客数和正在接受服务的顾客数之和)，平均队长记为 L_s. 其概率分布称为系统的状态概率，记为 P_n，表示稳定状态下系统中有 n 个顾客的概率(n 的取值可以从 0 一直到系统容量 N).

(2) 队列长. 队列长指系统中正在排队等待服务的顾客数，平均队列长记为 L_q.

(3) 逗留时间. 逗留时间指从顾客到达系统时起至顾客接受服务完毕时止，在系统中的停留时间(等待时间和服务时间之和)，平均逗留时间记为 W_s.

(4) 等待时间. 等待时间又称为虚等时间，指从顾客到达系统时起至顾客开始接受服务时止，在系统中排队等待服务的时间，平均等待时间记为 W_q.

(5) 服务机构的利用率(或空闲率). 服务机构的利用率指服务机构的工作强度和时间的利用强度，一般记为 ρ.

求解排队问题，就是确定上述数量指标，而计算这些数量指标的基础是正确表示系统的状态概率. 系统的状态是指系统内的顾客数. 系统中有 n 个顾客，就是说系统的状态是 n. 系统的状态概率一般是随时间而变化的. 一个系统刚开始运行时，系统状态往往与初始状态及已开始时间的长短密切相关，此时系统处于过渡状态，称之为瞬态. 然而，经过一段时间之后，在大多数具体问题中，系统的状态将不再受初始状态及开始后时间长短的影响，此时系统的状态概率分布将不再随时间而变化，系统达到稳定状态(又称统计平衡状态). 本书的内容仅限于研究稳态的情况.

6.2.2 排队系统的常见分布

本节主要研究顾客到达系统的规律和系统对顾客服务的规律，此处的规律指随机变量的概率分布.

顾客到达和离开分别构成排队系统的输入与输出过程流.顾客到达系统的分布和系统对顾客服务的分布(即顾客离开系统的分布)，确定了到达系统和离开系统的顾客数这两个随机变量的分布.求解排队系统有关数量指标问题，首先要确定顾客到达流的概率分布，即在一定的时间间隔内来 n 个顾客的概率是多大；其次是要确定排队系统对顾客服务的概率分布(即顾客离开流的概率分布)，即在一定的时间内服务完 m 个顾客的概率是多大.实际问题研究中，可根据原始资料测算顾客在单位时间平均到达流的经验分布，然后按照统计学的方法(如 χ^2 检验法)确定资料适合于哪种理论分布，并估计理论分布的参数值，这是确定排队模型的前提.

1. *顾客到达系统的概率分布*

可以从两个角度描述顾客到达系统的概率分布：一是在一定时间内(如单位时间)到达系统的顾客数量，二是顾客相继到达系统的时间间隔.

(1) 泊松分布(Poisson distribution)

实际生活中很多随机现象都近似泊松分布，例如在单位时间内通过某路口的车辆数、到达某交换台的电话呼唤数、到达某商店的顾客数等.因此，排队论中，在单位时间内到达系统的顾客数服从泊松分布的排队系统是最基本的排队模型.此时，顾客到达流是泊松流(也称为最简单流)，它具有如下性质：

① 平稳性：在时间 $t+\Delta t$ 内，到达 n 位顾客的概率只与 Δt 和 n 的大小有关，而与时刻起点 t 无关.

② 无后效性：在时间 $t+\Delta t$ 内，到达 n 位顾客的概率与起始时刻之前到达多少个顾客无关.

③ 普通性(也称稀有性)：对于充分小的时间间隔 Δt，在时间 $t+\Delta t$ 内最多有 1 位顾客到达系统.即在时间 $t+\Delta t$ 内有 2 位或 2 位以上顾客到达的概率极小，有

$$\lim_{\Delta t\to 0}\sum_{n=2}^{\infty}P_n(t+\Delta t)=0.$$

可以证明，如果 1 个排队系统的顾客数是满足上述条件的泊松流，那么在长为 t 的时间内到达 n 个顾客的概率为：

$$P_n(t)=\frac{(\lambda t)^n}{n!}\mathrm{e}^{-\lambda t}\quad(n=0,1,2,\cdots;\lambda>0;t>0),$$

当 $t=1$ 时，即单位时间内到达 n 位顾客的概率为：

$$P_n = P_n(1) = \frac{\lambda^n}{n!}e^{-\lambda},$$

其中，λ 为单位时间内到达系统的顾客数的期望值，即单位时间内的平均到达顾客数.

(2) 负指数分布(Negative exponential distribution)

理论上可以证明：若在单位时间内到达排队系统的顾客数 n 是服从参数 λ 的泊松分布，则顾客到达系统的时间间隔 T 是服从参数 λ 的负指数分布，反之亦然.也就是说，同一随机过程可以从两个不同角度用两种分布来描述.负指数分布的概率密度为：

$$f_T(t) = \begin{cases} \lambda e^{-\lambda t}, & t \geqslant 0, \\ 0, & t < 0. \end{cases}$$

它的分布函数为：

$$F_T(t) = \begin{cases} 1 - e^{-\lambda t}, & t \geqslant 0, \\ 0, & t < 0. \end{cases}$$

间隔时间 T 的数学期望 $E(T) = \frac{1}{\lambda}$，方差 $D(T) = \frac{1}{\lambda^2}$，标准差 $\sigma(T) = \frac{1}{\lambda}$.

负指数分布具有无记忆性或马尔可夫性：若 T 表示排队系统中顾客到达的时间间隔，则 1 位顾客到来所需的时间与过去 1 位顾客到来所需的时间无关，即顾客到达系统是纯随机的.因此，负指数分布通常简记为 M.

2. 系统对顾客服务的概率分布

描述排队系统对顾客服务的概率分布主要是采用系统对顾客服务时间 v 的分布，常见的分布有负指数分布、爱尔朗分布、确定型分布等.下面主要讨论服务时间 v 服从负指数分布和爱尔朗分布的情形.

(1) 负指数分布(Negative exponential distribution)

对 1 位顾客的服务时间也就是在忙期相继离开系统的 2 位顾客的间隔时间.对顾客服务时间常用的概率分布也是负指数分布，概率密度为：

$$f_v(t) = \begin{cases} \mu e^{-\mu t}, & t \geqslant 0, \\ 0, & t < 0, \end{cases}$$

其分布函数为：

$$F_v(t) = \begin{cases} 1 - e^{-\mu t}, & t \geqslant 0, \\ 0, & t < 0, \end{cases}$$

其中，μ 表示单位时间能被服务完成的顾客数，称为平均服务率. $E(v) = 1/\mu$ 表示 1 位顾客的平均服务时间，即服务时间的数学期望值.

(2) 爱尔朗分布

若顾客在系统内所接受的服务可以分为 k 个阶段，每个阶段的服务时间

$T_i(i=1,2,\cdots,k)$为服从同一分布 $f(t)=k\mu e^{-k\mu t}$的 k 个相互独立的随机变量，顾客在接受完全部服务内容并离开系统后，另 1 位顾客才能进入系统接受服务，则顾客在系统内接受服务的时间和 $T=T_1+T_2+\cdots+T_k$服从 k 阶爱尔朗分布 E_k，其概率密度函数为

$$f_k(t)=\frac{(k\mu)^k t^{k-1}}{(k-1)!}e^{-k\mu t},\quad t,k,\mu\geqslant 0,$$

服务时间 T 的数学期望 $E(T)=\frac{1}{\mu}$，方差 $D(T)=\frac{1}{k\mu^2}$.

爱尔朗分布是随 k 变化的一族分布. 当 $k=1$ 时，爱尔朗分布归结为负指数分布；当 $k\to+\infty$时，$D(T)\to 0$，爱尔朗分布归结为确定型分布；当 $1<k<+\infty$ 时，爱尔朗分布是介于纯随机和完全确定之间的中间型分布.

3. 分布律检验

对于一个实际的排队系统，如何检验它的顾客到达是否形成泊松流，或者服务台的服务时间是否服从负指数分布，是一个重要的现实问题. 可以根据数理统计中检验分布律的方法(如 χ^2 检验法)加以解决. 具体步骤如下：

(1) 提出假设 H_0，总体分布 $F(x)=F_0(x)$，其中 $F_0(x)$为某已知分布函数.

(2) 在总体 X 中抽取样本点 $x_i(i=1,2,\cdots,n)$.

(3) 将 x 轴分为 m 个不相交的小区间$(-\infty,t_1]$，$(t_1,t_2]$，$\cdots$，$(t_{m-1},+\infty)$，记落入第 i 个小区间$(t_{i-1},t_i]$中的样本点个数为 f_i.

(4) 计算统计量 $V=\sum\limits_{i=1}^{m}\frac{(f_i-np_i)^2}{np_i}$，其中 $p_i=F_0(t_i)-F_0(t_{i-1})$.

(5) 由 χ^2 表查得临界值 $\chi_\alpha^2(m-r-1)$，其中 r 为 $F_0(x)$中未知参数的个数.

(6) 若 $V<\chi_\alpha^2(m-r-1)$，则假设 H_0 成立，否则不成立.

[例 6-13]　某学校阅览室任意抽查了 100 个工作小时，每小时读者到达数 n 的出现次数如表 6.9 所示，请问每小时读者的到达数是否服从泊松分布？

表 6.9　读者在单位时间内到达阅览室的频数分布

到达数 n	0	1	2	3	4	5	6	$\geqslant 7$
出现次数 f_n	10	28	29	16	10	6	1	0

解：依题意，每小时读者平均到达率为 $\overline{X}=\frac{\sum nf_n}{100}=2.1$(人/小时). 下面采用 χ^2 检验法，检验这个经验分布是否服从 $\lambda=2.1$ 的泊松分布.

假设该经验分布服从 $\lambda=2.1$ 的泊松分布. 根据读者到达的情况，划分为 6 个组：0,1,2,3,4 各为一组，5 以上为一组. 然后，由 $\lambda=2.1$ 的泊松分布查得各组的概率值 p_n，并计算统计量 $V=\sum\frac{(f_n-100p_n)^2}{100p_n}$，结果如表 6.10 所示.

表 6.10 泊松分布的拟合检验

到达数(n)	出现次数 f_n	$p_n=\frac{\lambda^n}{n!}e^{-\lambda}$	理论频数 $100p_n$	$\frac{(f_n-100p_n)^2}{100p_n}$
0	10	0.1224	12.24	0.4099
1	28	0.2571	25.71	0.2039
2	29	0.2700	27.00	0.1481
3	16	0.1890	18.90	0.441
4	10	0.0992	9.92	0.0006
5	6 } 7	0.0416	4.16 } 6.23	0.0952
≥6	1	0.0207	2.07	
$\sum$	100	1.0000	100	1.3026

由于 $F_0(x)$ 中有一个未知参数，故 $r=1$. 取检验水平 $\alpha=0.05$，查 χ^2 表得临界值 $\chi^2_{0.05}(6-1-1)=9.488$. 由于 $V=1.3026<9.488$，因此假设 H_0 成立，即可以认为读者到达阅览室是服从泊松分布的.

6.2.3 单队——单服务台系统模型($M/M/1$ 排队模型)

排队论的主要问题，是运用数学模型反映排队系统的数量指标的变化规律，研究排队系统的状态. 下面，在给定顾客到达和服务分布的条件下，主要讨论单服务台排队系统的数学模型和多服务台排队系统的数学模型.

根据顾客源和系统容量的不同情况，单队——单服务台系统模型($M/M/1$ 模型)主要包括 3 种排队模型：$M/M/1/\infty/\infty$、$M/M/1/N/\infty$、$M/M/1/\infty/m$，下面分别予以介绍.

1. 标准的 $M/M/1$ 模型($M/M/1/\infty/\infty$)

标准的 $M/M/1$ 模型为 $M/M/1/\infty/\infty$ 模型，是指符合下列条件的排队系统：

(1) 输入——顾客源是无限的，顾客单个到达，到达的时间间隔服从负指数分布，令其参数为 λ.

(2) 排队规则——单队，对队长没有限制，先到先服务.

(3) 服务台——单服务台，服务时间服从负指数分布，令参数为 μ，且满足 $\mu>\lambda$.

$M/M/1/\infty/\infty$ 模型的分析步骤如下：

(1) 建立系统的状态概率方程，求系统的状态概率.

(2) 求系统中顾客数的数学期望值(即 λ、μ).

(3) 计算系统的其他数量指标.

系统的状态是指系统中的顾客数量，记为 n. 对于标准的 $M/M/1$ 系统，$n=0,1,2,\cdots$，系统的状态概率记为 P_n，表示系统中有 n 个顾客的概率. 当系统处于稳定状态时，可以通过系统的状态转移关系(见图 6.8)计算 P_n. 图 6.8 中，椭圆圈中的数字表示系统的状态 n(顾客数)，箭头表示从一个状态到另一个状态的转移. 由状态 $n-1$ 转移到状态 n，原因在于又来了一位顾客，而顾客的到达率为 λ，因此在图中表示相邻状态增加的箭线上标上 λ，转移的概率为 λP_{n-1}. 由状态 $n+1$ 转移到状态 n，是由于服务完了一位顾客，而系统的服务率为 μ，因此在图中表示相邻状态减少的箭线上标上 μ，转移的概率为 μP_{n+1}.

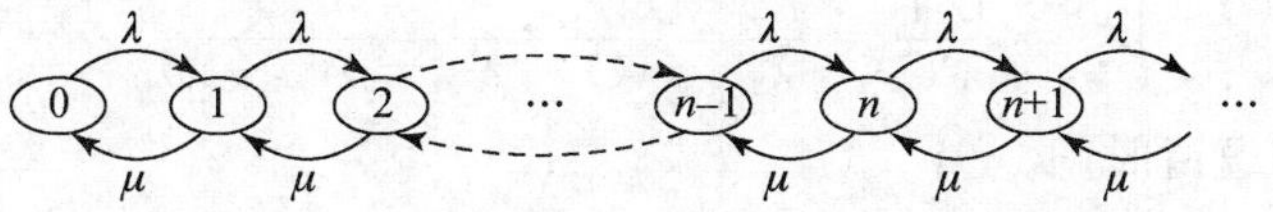

图 6.8　标准 $M/M/1$ 排队系统的状态转移图

对于任意的状态 $n(n=0,1,2\cdots)$，由于排队系统满足统计平衡，当系统处于稳态时，转入率与转出率相等，故有：

$$\lambda P_{n-1}+\mu P_{n+1}=(\lambda+\mu)P_n. \tag{6.19}$$

对于状态 0，应有 $\lambda P_0=\mu P_1$.

将二式联立，得系统的状态方程为：

$$\begin{cases}\lambda P_{n-1}+\mu P_{n+1}=(\lambda+\mu)P_n, & n>0,\\ \lambda P_0=\mu P_1, & n=0.\end{cases} \tag{6.20}$$

解得：

$$P_n=\left(\frac{\lambda}{\mu}\right)^n P_0=\rho^n P_0. \tag{6.21}$$

令 $\rho=\dfrac{\lambda}{\mu}<1$(否则队列将排至无限远)，又根据概率的性质 $\sum\limits_{n=0}^{\infty}P_n=1$，得：

$$1=\sum_{n=0}^{\infty}P_n=P_0\sum_{n=0}^{\infty}\rho^n=\frac{P_0}{1-\rho}. \tag{6.22}$$

由式(6.21)和(6.22)，得系统的状态概率为：

$$\begin{cases}P_0=1-\rho,\\ P_n=(1-\rho)\rho^n.\end{cases} \tag{6.23}$$

其中，ρ 为平均到达率与平均服务率之比，或平均服务时间与平均到达时间间隔之比，反映了系统的繁忙程度和利用率，称为服务强度或服务机构的利用率. P_0 称为系统的空闲率.

在已知系统状态概率的基础上，计算系统运行的基本数量指标.

(1) 平均队长(系统中的平均顾客数)

$$L_s=\sum_{n=1}^{\infty}nP_n=\sum_{n=1}^{\infty}n(1-\rho)\rho^n=\frac{\rho}{1-\rho}=\frac{\lambda}{\mu-\lambda},\quad (0<\rho<1).$$

(2) 平均队列长(队列中等待的平均顾客数)

$$L_q=\sum_{n=1}^{\infty}(n-1)P_n=\sum_{n=1}^{\infty}nP_n-\sum_{n=1}^{\infty}P_n=L_s-\rho=\frac{\rho^2}{1-\rho}=\frac{\lambda^2}{\mu(\mu-\lambda)}.$$

(3) 平均等待时间

在一段时间 T 内,顾客的平均到达数为 λT,队列中的平均顾客数为 L_q,则总的等待时间为 L_qT. 平均等待时间为:

$$W_q=\frac{L_qT}{\lambda T}=\frac{L_q}{\lambda}=\frac{\rho^2}{\lambda(1-\rho)}=\frac{\lambda}{\mu(\mu-\lambda)}.$$

(4) 平均逗留时间

$$W_s=W_q+\frac{1}{\mu}=\frac{\lambda}{\mu(\mu-\lambda)}+\frac{1}{\mu}=\frac{1}{\mu-\lambda}.$$

(5) 服务机构的空闲率

$$P_0=1-\rho.$$

服务机构的利用率为 $\rho=\lambda/\mu$.

任何排队模型,当系统处在稳定状态时,系统内顾客的平均逗留时间 W_s 和顾客等待服务的平均时间 W_q 与平均队长、平均队列长满足 Little 公式(证明略):

$$W_s=\frac{L_s}{\lambda},\quad W_q=\frac{L_q}{\lambda}.$$

综上所述,标准的 $M/M/1$ 模型的主要运行指标如下:

$$\begin{cases}L_s=\dfrac{\lambda}{\mu-\lambda},L_q=\dfrac{\lambda^2}{\mu(\mu-\lambda)},\\ W_s=\dfrac{1}{\mu-\lambda},W_q=\dfrac{\lambda}{\mu(\mu-\lambda)}.\end{cases}\tag{6.24}$$

它们的相互关系为:

$$\begin{cases}L_s=\lambda W_s,L_q=\lambda W_q,\\ W_s=W_q+\dfrac{1}{\mu},L_s=L_q+\dfrac{\lambda}{\mu}.\end{cases}\tag{6.25}$$

[例 6-14] 某学校教材科只有一名教师,购买教材的学生按泊松分布到达,平均每小时 20 人,教师选配教材的时间服从指数分布,平均每人为 2.5 分钟. 试分析该教材科排队系统的状态概率和运行指标.

解: 这是一个标准的 $M/M/1$ 排队系统($M/M/1/\infty/\infty$ 系统). 根据题意,知:

平均到达率为 $\lambda=20$ 人/小时，平均服务率为 $\mu=\frac{60}{2.5}=24$（人/小时）.

利用公式(6.24)及(6.25)计算得：

系统中平均购买教材的人数（平均队长）

$$L_s=\frac{\lambda}{\mu-\lambda}=\frac{20}{24-20}=5(\text{人}).$$

等候购买教材的平均学生数（平均队列长）

$$L_q=\frac{\lambda^2}{\mu(\mu-\lambda)}=\frac{20^2}{24(24-20)}=4.167(\text{人}).$$

等候购买教材的平均时间（平均等待时间）

$$W_q=\frac{L_q}{\lambda}=\frac{4.167}{20}=0.2083(\text{小时})=12.5(\text{分钟}).$$

系统的平均逗留时间

$$W_s=\frac{1}{\mu-\lambda}=\frac{1}{24-20}=0.25(\text{小时})=15(\text{分钟}).$$

教材科的空闲率

$$P_0=1-\rho=1-\frac{\lambda}{\mu}=1-\frac{20}{24}=0.1667=16.67\%.$$

若按每天8小时工作时间算，该教材科每天的空闲时间约有1.33小时.

系统内有 n 个学生购买教材的概率为

$$P_n=(1-\rho)\rho^n=\left(1-\frac{20}{24}\right)\left(\frac{20}{24}\right)^n,\quad n=1,2,3,\cdots$$

如果学校希望有足够的座位给购买教材的学生坐，或者说学生来购买教材时没有座位的概率不超过5%，试问至少应准备多少个座位？

设安排 $n-1$ 个座位数，则系统中不超过 n 个学生的概率应不小于95%，即：

$$\sum_{k=0}^{n}P_k\geqslant 95\%,$$

也就是

$$\sum_{k=0}^{n}(1-\rho)\rho^k=1-\rho^{n+1}\geqslant 95\%.$$

由于 $\rho=\frac{20}{24}=0.833$，代入得 $n\geqslant 15.4\approx 16$. 即应至少准备15个座位（正在购买教材的学生除外）.

2. 系统容量有限的 $M/M/1$ 模型（$M/M/1/N/\infty$）

如果系统的最大容量为 N，对于单服务台情形，队列中顾客数（即排队等待的顾客数）最多为 $N-1$，在某一时刻顾客到达时，如果系统中已有 N 个顾客，则

该顾客将被拒绝进入系统. 因此,$M/M/1/N/\infty$模型与标准的 $M/M/1$ 模型的根本区别在于:

(1) 系统的状态只有 $N+1$ 种,即 $n=0,1,2,\cdots,N$.

(2) 系统中顾客的实际进入率,当 $n<N$ 时为 λ,当 $n=N$ 时为 0,系统的平均有效到达率 λ_e 为:

$$\lambda_e = \lambda(1-P_N)+0\cdot P_N = \lambda(1-P_N).$$

可以验证,$\lambda_e=\mu(1-P_0)$.

系统的状态概率记为 P_n,表示系统中有 n 个顾客的概率. 系统的状态转移图如图 6.9 所示,椭圆圈中的数字表示系统的状态 n(顾客数),箭头表示从一个状态到另一个状态的转移. 由状态 $n-1$ 转移到状态 n,转移的概率为 λP_{n-1};由状态 $n+1$ 转移到状态 n,转移的概率为 μP_{n+1}.

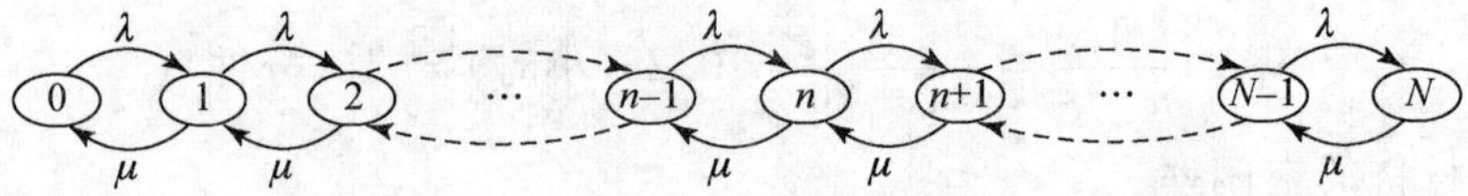

图 6.9　$M/M/1/N/\infty$排队系统的状态转移图

因此,$M/M/1/N/\infty$模型的状态方程为:

$$\begin{cases}\lambda P_0 = \mu P_1,\\ \lambda P_{n-1}+\mu P_{n+1} = (\lambda+\mu)P_n, \quad (n=1,2,\cdots,N-1),\\ \lambda P_{N-1} = \mu P_N.\end{cases} \tag{6.26}$$

由上述方程组,首先可得 $P_n=\frac{\lambda}{\mu}P_{n-1}=\left(\frac{\lambda}{\mu}\right)^n P_0$,记 $\rho=\frac{\lambda}{\mu}$.

当 $\rho\neq1$ 时,有 $\sum_{n=0}^{N}P_n = P_0(1+\rho+\cdots+\rho^N) = P_0\cdot\frac{1-\rho^{N+1}}{1-\rho}=1$,解得

$$\begin{cases}P_0 = \dfrac{1-\rho}{1-\rho^{N+1}},\\ P_n = \rho^n P_0 \quad (n=1,\cdots,N).\end{cases}$$

当 $\rho=1$ 时,由方程组可得 $P_0=P_1=\cdots=P_N=\frac{1}{N+1}$.

其中,ρ 为服务强度或服务机构的利用率,P_0 为系统的空闲率,P_N 为系统满员的概率. 系统的空闲概率 P_0 和系统内有 n 个顾客的概率 P_n 为:

$$P_0=\begin{cases}\dfrac{1-\rho}{1-\rho^{N+1}}, & \rho\neq1,\\ \dfrac{1}{1+N}, & \rho=1,\end{cases} \qquad P_n=\begin{cases}\rho^n P_0, & \rho\neq1,\\ P_0, & \rho=1.\end{cases} \tag{6.27}$$

系统运行的基本数量指标如下.

(1) 平均队长(系统中的平均顾客数)

当 $\rho\neq 1$ 时,有

$$L_s=\sum_{n=0}^{N}nP_n=P_0\sum_{n=0}^{N}n\rho^n=P_0\rho\frac{\mathrm{d}}{\mathrm{d}\rho}\left(\sum_{n=0}^{N}\rho^n\right)=P_0\rho\frac{\mathrm{d}}{\mathrm{d}\rho}\left(\frac{1-\rho^{N+1}}{1-\rho}\right)$$

$$=P_0\rho\frac{1-(N+1)\rho^N+N\rho^{N+1}}{(1-\rho)^2}=\frac{\rho[1-(N+1)\rho^N+N\rho^{N+1}]}{(1-\rho)(1-\rho^{N+1})}.$$

当 $\rho=1$ 时,有

$$L_s=\sum_{n=0}^{N}nP_n=\frac{1}{N+1}(1+2+\cdots+N)=\frac{N}{2}.$$

(2) 平均队列长(队列中等待的平均顾客数)

$$L_q=\sum_{n=1}^{N}(n-1)P_n=\sum_{n=1}^{N}nP_n-\sum_{n=1}^{N}P_n=L_s-(1-P_0).$$

在确定平均等待时间和平均逗留时间时,由于系统容量有限,顾客到达已满员的系统时,均不能进入系统.因此只考虑实际进入系统的顾客数的有效到达率 $\lambda_e=\lambda(1-P_N)=\mu(1-P_0)$,其中,$P_N$ 为系统满员的概率(也称为顾客损失的概率).

(3) 平均等待时间

$$W_q=\frac{L_q}{\lambda_e}=\frac{L_q}{\lambda(1-P_N)}.$$

(4) 平均逗留时间

$$W_s=\frac{L_s}{\lambda_e}=\frac{L_s}{\lambda(1-P_N)}.$$

综上所述,$M/M/1/N/\infty$ 模型的主要运行指标如下:

$$\begin{cases}L_s=\begin{cases}\dfrac{\rho[1-(N+1)\rho^N+N\rho^{N+1}]}{(1-\rho)(1-\rho^{N+1})}, & (\rho\neq 1),\\ \dfrac{N}{2}, & (\rho=1),\end{cases}\\ L_q=L_s-(1-P_0),\\ W_s=\dfrac{L_s}{\lambda(1-P_N)},\\ W_q=\dfrac{L_q}{\lambda(1-P_N)}.\end{cases}\tag{6.28}$$

[例 6-15]　某学校培训中心配备一间微格教学教室,一般安置 3 个座位供试讲者等候,一旦满座则后来者不再进屋等候,已知试讲者到达微格教学教室的时间间隔和诊断时间均为负指数分布,平均到达时间间隔为 50 分钟,平均试讲

时间为 40 分钟. 试分析该微格教学教室试讲系统的状态概率和运行指标.

解: 这是一个 $M/M/1/4/\infty$ 排队系统. 根据题意,知:

平均到达率为 $\lambda=\frac{60}{50}=1.2$(人/小时),平均服务率为 $\mu=\frac{60}{40}=1.5$(人/小时),$\rho=\frac{\lambda}{\mu}=0.8$,$N=4$.

系统空闲率,即某试讲者已到达就能试讲的概率为

$$P_0=\frac{1-\rho}{1-\rho^{N+1}}=\frac{1-0.8}{1-0.8^5}=0.2975.$$

平均队长,需要试讲的人数

$$L_s=\frac{\rho[1-(N+1)\rho^N+N\rho^{N+1}]}{(1-\rho)(1-\rho^{N+1})}$$

$$=\frac{0.8\times[1-(4+1)\times 0.8^4+4\times 0.8^5]}{(1-0.8)\times(1-0.8^5)}=1.56(\text{人}).$$

平均队列长,等候试讲的平均人数

$$L_q=L_s-(1-P_0)=1.56-(1-0.2975)=0.8575(\text{人}).$$

有效到达率

$$\lambda_e=\mu(1-P_0)=1.5\times(1-0.2975)=1.054(\text{人}/\text{小时}).$$

平均等待时间

$$W_q=\frac{L_q}{\lambda_e}=\frac{0.8575}{1.054}=0.81(\text{小时}).$$

平均逗留时间

$$W_s=\frac{L_s}{\lambda_e}=\frac{1.56}{1.054}=1.48(\text{小时}).$$

顾客损失率,即试讲者不等待就离开的概率为

$$P_4=\rho^4P_0=0.8^4\cdot 0.2975=12.2\%.$$

3. *顾客源有限的 $M/M/1$ 模型($M/M/1/\infty/m$)*

$M/M/1/\infty/m$ 模型的条件为: 顾客总体是有限的,设为 m. 如: m 台机器故障等待修理,m 个研究生共用一台打印机,m 个分析员共用一个系统终端等. 每位顾客到来并经过服务之后仍回到原来总体,还有可能再来,其他条件如标准的 $M/M/1$ 模型. 因此,$M/M/1/\infty/m$ 模型与标准的 $M/M/1$ 模型的根本区别在于:

(1) 系统的状态只有 $m+1$ 种,即 $n=0,1,2,\cdots,m$.

(2) 在无限源时,平均到达率 λ 表示全体顾客的平均到达率(即单位时间平均到达 λ 人);而在有限源时,平均到达率 λ 表示每个顾客的平均到达率(即单位时间每人到达 λ 次).

(3) 系统中顾客的实际进入率，当 $n<m$ 时为 $(m-n)\lambda$，当 $n=m$ 时为 0，系统的平均有效到达率 λ_e 为：

$$\lambda_e = E[(m-n)\lambda] = E(m\lambda) - E(n\lambda) = m\lambda - \lambda E(n) = m\lambda - \lambda L_s = (m-L_s)\lambda.$$

可以验证，$\lambda_e = \mu(1-P_0)$.

$M/M/1/\infty/m$ 排队系统的状态概率记为 P_n，表示系统中有 n 个顾客的概率. 其状态转移图如图 6.10 所示，椭圆圈中的数字表示系统的状态 n(顾客数)，箭头表示从一个状态到另一个状态的转移. 由状态 $n-1$ 转移到状态 n，转移的概率为 $(m-n+1)\lambda P_{n-1}$；由状态 $n+1$ 转移到状态 n，转移的概率为 μP_{n+1}.

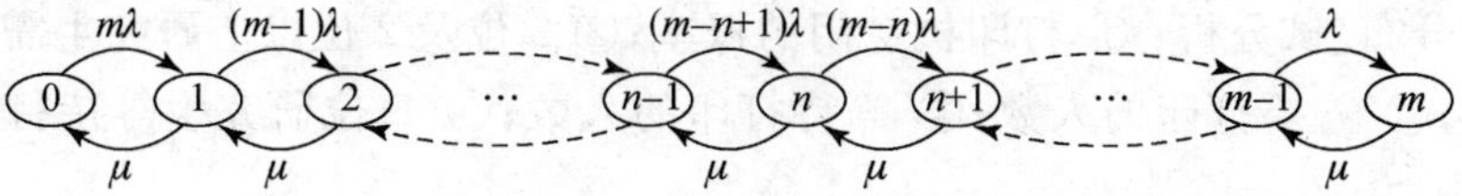

图 6.10　$M/M/1/\infty/m$ 排队系统的状态转移图

因此，$M/M/1/\infty/m$ 模型的状态方程为：

$$\begin{cases} m\lambda P_0 = \mu P_1, \\ (m-n+1)\lambda P_{n-1} + \mu P_{n+1} = [(m-n)\lambda + \mu]P_n, \quad (n=1,2,\cdots,m-1), \\ \lambda P_{m-1} = \mu P_m. \end{cases} \tag{6.29}$$

由上述方程组，首先可得

$$\begin{aligned} P_n &= m(m-1)(m-2)\cdots(m-n+1)\left(\frac{\lambda}{\mu}\right)^n P_0 \\ &= \frac{m!}{(m-n)!}\left(\frac{\lambda}{\mu}\right)^n P_0, \quad (n=1,2,\cdots,m). \end{aligned}$$

由概率的性质 $\sum_{n=0}^{m} P_n = \sum_{n=0}^{m}\left[\frac{m!}{(m-n)!}\left(\frac{\lambda}{\mu}\right)^n P_0\right] = 1$，解得

$$P_0 = \frac{1}{\sum_{n=0}^{m}\left[\frac{m!}{(m-n)!}\left(\frac{\lambda}{\mu}\right)^n\right]}.$$

因此，系统的空闲概率 P_0 和系统内有 n 个顾客的概率 P_n 为：

$$\begin{cases} P_0 = \dfrac{1}{\sum_{n=0}^{m}\left[\frac{m!}{(m-n)!}\left(\frac{\lambda}{\mu}\right)^n\right]}, \\ P_n = \dfrac{m!}{(m-n)!}\left(\dfrac{\lambda}{\mu}\right)^n P_0, \quad (n=1,2,\cdots,m). \end{cases} \tag{6.30}$$

最后，给出顾客源有限的单队-单服务台系统的各项数量指标的计算公式：

$$\begin{cases} L_s = m - \dfrac{\mu}{\lambda}(1-P_0), \\ L_q = L_s - (1-P_0), \\ W_s = \dfrac{L_s}{\lambda_e}, \\ W_q = \dfrac{L_q}{\lambda_e}. \end{cases} \tag{6.31}$$

[例 6-16] 一个教研室的 6 位研究生共用一台打印机,每位研究生一小时内平均打印 5 次,每次打印时间平均为 4 分钟,打印的时间间隔和打印时间服从负指数分布. 试分析:① 打印机空闲的概率;② 2 位及 2 位以上研究生需要打印的概率;③ 需要打印的人数;④ 等待打印的人数;⑤ 每位研究生等待打印的平均时间.

解: 这是一个 $M/M/1/\infty/6$ 排队系统. 根据题意,知:

平均到达率 $\lambda=5\ \dfrac{次}{小时}$,平均服务率 $\mu=\dfrac{60}{4}=15\ \dfrac{次}{小时}$,$\rho=\dfrac{\lambda}{\mu}=\dfrac{1}{3}$.

① 打印机空闲的概率

$$P_0=\frac{1}{\sum_{n=0}^{m}\left[\frac{m!}{(m-n)!}\left(\frac{\lambda}{\mu}\right)^n\right]}=\frac{1}{\sum_{n=0}^{6}\left[\frac{6!}{(6-n)!}\left(\frac{1}{3}\right)^n\right]}$$

$$=(19.16)^{-1}\approx 0.0522=5.22\%.$$

② 2 位及 2 位以上研究生需要打印的概率

$$P_1=\frac{m!}{(m-1)!}\frac{\lambda}{\mu}P_0=\frac{6!}{5!}\times\frac{1}{3}\times\frac{1}{19.16}\approx 0.1044=10.44\%.$$

$$\sum_{n=2}^{6}P_n=1-P_0-P_1=1-0.0522-0.1044=0.8434=84.34\%.$$

③ 需要打印的人数

$$L_s=m-\frac{\mu}{\lambda}(1-P_0)=6-\frac{15}{5}\times(1-0.0522)\approx 3.16(人).$$

④ 等待打印的人数

$$L_q=L_s-(1-P_0)=3.16-(1-0.0522)\approx 2.21(人).$$

有效到达率

$$\lambda_e=\mu(1-P_0)=15\times(1-0.0522)=14.217.$$

⑤ 每位研究生等待打印的平均时间

$$W_q=\frac{L_q}{\lambda_e}=\frac{2.21}{14.217}\approx 0.1554\ 小时=9(分钟).$$

每位研究生打印的平均逗留时间

$$W_s = \frac{L_s}{\lambda_e} = \frac{3.16}{14.217} \approx 0.2222(\text{小时}) = 13(\text{分钟}).$$

结果显示，研究生每次打印时间平均为4分钟，而等待打印的平均时间却要9分钟；打印期间打印机能随时服务的可能性只有5.22%；系统内通常约有2位及2位以上的研究生在等待打印.因此，根据这些情况，建议应考虑增加一台打印机.

6.2.4　多服务台系统模型(*M/M/C* 排队模型)

M/M/C 排队模型是指顾客的到达为最简单流，即顾客到达间隔时间和服务时间均服从负指数分布的多服务台排队系统，各服务台工作相互独立，单队列.根据顾客源和系统容量的不同情况，多服务台系统模型（*M/M/C* 模型）主要包括3种排队模型：$M/M/C/\infty/\infty$，$M/M/C/N/\infty$，$M/M/C/\infty/m$，下面分别予以介绍.

1. 标准的 *M/M/C* 模型（$M/M/C/\infty/\infty$）

标准的 *M/M/C* 模型为 $M/M/C/\infty/\infty$ 模型，是指符合下列条件的排队系统：

(1) 输入——顾客源是无限的，顾客单个到达，到达的时间间隔服从负指数分布，令其参数为 λ，即顾客平均到达率为 λ.

(2) 排队规则——单队，对队长没有限制，先到先服务.

(3) 服务台——并列的 C 个服务台，各服务台的工作相互独立，服务时间服从参数为 μ 的负指数分布，且满足 $\mu>\lambda$.

模型如图6.5所示.标准的 *M/M/C* 模型与标准的 *M/M/1* 模型的主要区别为：

(1) *M/M/1* 模型的服务率 μ 与系统的状态无关，而 *M/M/C* 模型的服务率与系统的状态有关.当 $0<n<C$ 时，*M/M/C* 模型的服务率为 $n\mu$；当 $n\geqslant C$ 时，*M/M/C* 模型的服务率为 $C\mu$.

(2) *M/M/1* 模型的服务强度为 $\rho=\frac{\lambda}{\mu}$，而 *M/M/C* 模型的服务强度为 $\rho=\frac{\lambda}{C\mu}$（设满足 $\rho<1$），表示服务机构的利用率或服务台单位时间的平均负荷.

首先建立系统的状态方程

$$\begin{cases}\lambda P_0 = \mu P_1, \\ \lambda P_{n-1} + (n+1)\mu P_{n+1} = (\lambda + n\mu)P_n, & (0 < n < C), \\ \lambda P_{n-1} + C\mu P_{n+1} = (\lambda + C\mu)P_n, & (n \geqslant C).\end{cases} \tag{6.32}$$

然后计算系统的状态概率.由系统的状态方程解得

$$P_n = \begin{cases}\frac{1}{n!}\left(\frac{\lambda}{\mu}\right)^n P_0, & (0 \leqslant n \leqslant C), \\ \frac{1}{C!C^{n-C}} \cdot \left(\frac{\lambda}{\mu}\right)^n P_0, & (n > C).\end{cases} \tag{6.33}$$

由于顾客到达后必须等待(即系统中至少有 C 个顾客)的概率为

$$\begin{aligned}P(n \geqslant C) &= \sum_{n=C}^{\infty} P_n = \sum_{n=C}^{\infty} \frac{1}{C!C^{n-C}} \cdot \left(\frac{\lambda}{\mu}\right)^n P_0 \\ &= \frac{P_0}{C!}\left[\left(\frac{\lambda}{\mu}\right)^C + \frac{1}{C}\left(\frac{\lambda}{\mu}\right)^{C+1} + \frac{1}{C^2}\left(\frac{\lambda}{\mu}\right)^{C+2} + \cdots\right] \\ &= \frac{P_0}{C!}\left(\frac{\lambda}{\mu}\right)^C\left[1 + \frac{\lambda}{C\mu} + \left(\frac{\lambda}{C\mu}\right)^2 + \cdots\right] \\ &= \frac{\left(\frac{\lambda}{\mu}\right)^C P_0}{C!\left(1 - \frac{\lambda}{C\mu}\right)}.\end{aligned} \tag{6.34}$$

根据概率的性质 $\sum_{n=0}^{\infty} P_n = 1$,得

$$1 = \sum_{n=0}^{\infty} P_n = \sum_{n=0}^{C-1} P_n + \sum_{n=C}^{\infty} P_n = \sum_{n=0}^{C-1} \frac{1}{n!}\left(\frac{\lambda}{\mu}\right)^n P_0 + \frac{\left(\frac{\lambda}{\mu}\right)^C P_0}{C!\left(1 - \frac{\lambda}{C\mu}\right)}. \tag{6.35}$$

因此,求得系统的空闲概率 P_0 为

$$P_0 = \left[\sum_{n=0}^{C-1} \frac{1}{n!}\left(\frac{\lambda}{\mu}\right)^n + \frac{1}{C!} \cdot \frac{1}{1-\rho} \cdot \left(\frac{\lambda}{\mu}\right)^C\right]^{-1}. \tag{6.36}$$

因此,系统的状态概率,即系统的空闲概率 P_0 和系统内有 n 个顾客的概率 P_n 为:

$$P_0 = \left[\sum_{n=0}^{C-1} \frac{1}{n!}\left(\frac{\lambda}{\mu}\right)^n + \frac{1}{C!} \cdot \frac{1}{1-\rho} \cdot \left(\frac{\lambda}{\mu}\right)^C\right]^{-1},$$

$$P_n = \begin{cases} \dfrac{1}{n!}\left(\dfrac{\lambda}{\mu}\right)^n P_0, & (0 \leqslant n \leqslant C), \\ \dfrac{1}{C!C^{n-C}} \cdot \left(\dfrac{\lambda}{\mu}\right)^n P_0, & (n > C). \end{cases} \tag{6.37}$$

该系统的运行指标计算如下:

(1) 平均队长

$$\begin{aligned}L_s &= \sum_{n=0}^{\infty} nP_n = \sum_{n=0}^{\infty} (n-C)P_n + C\sum_{n=0}^{\infty} P_n \\ &= \sum_{n=0}^{C} (n-C)P_n + \sum_{n=C+1}^{\infty} (n-C)P_n + C\sum_{n=0}^{\infty} P_n \\ &= L_q + C - \sum_{n=0}^{C} (C-n)P_n,\end{aligned}$$

其中,$C - \sum_{n=0}^{C}(C-n)P_n$ 的直观含义是平均忙着的服务台数,而每个服务台

的平均服务率为 μ，因此系统的平均服务率为 $\mu\left[C-\sum_{n=0}^{C}(C-n)P_n\right]$. 由统计平衡知，它应该等于顾客的平均到达率 λ，即

$$\lambda=\mu\left[C-\sum_{n=0}^{C}(C-n)P_n\right].$$

从而得

$$L_s=L_q+\frac{\lambda}{\mu}.$$

（2）平均队列长

$$\begin{aligned}L_q&=\sum_{n=C}^{\infty}(n-C)P_n=\sum_{n=C}^{\infty}\frac{(n-C)}{C!C^{n-C}}\left(\frac{\lambda}{\mu}\right)^n P_0\\&=\frac{P_0}{C!}\left[\frac{\left(\frac{\lambda}{\mu}\right)^{C+1}}{C}+\frac{2\left(\frac{\lambda}{\mu}\right)^{C+2}}{C^2}+\frac{3\left(\frac{\lambda}{\mu}\right)^{C+3}}{C^3}+\cdots\right]\\&=\frac{P_0}{C!}\cdot\frac{\left(\frac{\lambda}{\mu}\right)^{C+1}}{C}\cdot\left[1+2\left(\frac{\lambda}{C\mu}\right)+3\left(\frac{\lambda}{C\mu}\right)^2+\cdots\right]\\&=\frac{P_0}{C!}\cdot\left[\left(\frac{\lambda}{\mu}\right)^C\left(\frac{\lambda}{C\mu}\right)\right]\frac{1}{\left(1-\frac{\lambda}{C\mu}\right)^2}.\end{aligned}$$

令 $\rho=\frac{\lambda}{C\mu}<1$，则平均队列长可表示为

$$L_q=\frac{(C\rho)^C\rho}{C!(1-\rho)^2}P_0.$$

（3）平均逗留时间

$$W_s=\frac{L_s}{\lambda}=W_q+\frac{1}{\mu}.$$

（4）平均等待时间

$$W_q=\frac{L_q}{\lambda}.$$

综上所述，标准的 $M/M/C$ 模型的主要运行指标如下：

$$\begin{cases}L_s=L_q+\dfrac{\lambda}{\mu},\\L_q=\dfrac{(C\rho)^C\rho}{C!(1-\rho)^2}P_0,\\W_s=\dfrac{L_s}{\lambda}=W_q+\dfrac{1}{\mu},\\W_q=\dfrac{L_q}{\lambda}.\end{cases}\tag{6.38}$$

[**例 6-17**] 某学校校园卡充值处有三个窗口,顾客到达服从泊松流,平均到达率为每分钟 0.9 人,充值服务时间服从负指数分布,平均服务率为每分钟 0.4 人.如果排队方式为顾客到达后排成一队,依次从空闲的窗口充值,试分析① 充值窗口空闲的概率;② 充值系统的平均顾客数和排队等待的平均顾客数;③ 顾客为充值所需的平均消耗时间和平均排队等待时间;④ 顾客到达后必须排队等待的概率.

解:这是一个 $M/M/3/\infty/\infty$ 排队系统.由题意知:

$$C=3, \lambda=0.9\text{ 人 / 分钟}, \mu=0.4\text{ 人 / 分钟}, \rho=\frac{\lambda}{3\mu}=0.75, \frac{\lambda}{\mu}=2.25.$$

① 充值窗口空闲的概率

$$P_0=\left[1+\frac{2.25}{1!}+\frac{(2.25)^2}{2!}+\frac{(2.25)^3}{3!\times(1-0.75)}\right]^{-1}=0.0748=7.48\%.$$

② 充值系统中排队等待的平均顾客数

$$L_q=\frac{(3\times0.75)^3\times0.75}{3!\times(1-0.75)^2}\times0.0748=1.70(\text{人}).$$

充值系统中的平均顾客数

$$L_s=1.70+2.25=3.95(\text{人}).$$

③ 顾客为充值所需的平均消耗时间

$$W_s=\frac{L_s}{\lambda}=\frac{3.95}{0.9}=4.39(\text{分钟}).$$

平均排队等待时间

$$W_q=\frac{L_q}{\lambda}=\frac{1.70}{0.9}=1.89(\text{分钟}).$$

④ 顾客到达后必须排队等待的概率

$$\begin{aligned}P(n\geqslant3)&=1-P_0-P_1-P_2\\&=1-0.0748-2.25\times0.0748-\frac{1}{2}\times(2.25)^2\times0.0748\\&=0.57=57\%.\end{aligned}$$

本例中,如果顾客排队方式变为到达充值处后可到任一窗口排队,而且规定入队后不再更换队列,即可形成 3 个并行的队列.因此,原来的 $M/M/3/\infty/\infty$ 排队系统实际上变成了由 3 个 $M/M/1/\infty/\infty$ 子系统组成的排队系统,此时每个子系统的平均到达率为

$$\lambda_1=\lambda_2=\lambda_3=\frac{0.9}{3}=0.3(\text{人 / 分钟}).$$

按照 $M/M/1/\infty/\infty$ 模型重新求解,并与 $M/M/3/\infty/\infty$ 模型的求解结果进行比较,如表 6.11 所示.不难看出,多个并列服务台的排队系统,排成单队比排成并

列多队的方式具有显著的优越性；即在服务台数目和服务率不变的前提下，联合服务(单队排队方式——$M/M/C$)要比分散服务(多队排队方式——C 个 $M/M/1$)更为优越.

表 6.11　$M/M/3/\infty/\infty$ 与 $M/M/1/\infty/\infty$ 的求解结果比较

指标 \ 模型	$M/M/3/\infty/\infty$	$M/M/1/\infty/\infty$
系统的空闲概率 P_0	0.0748	0.25(每个子系统)
顾客到达后必须排队等待的概率	0.57	0.75
平均队长 L_s	3.95	9(整个系统)
平均队列长 L_q	1.70	2.25(每个子系统)
平均逗留时间 W_s	4.39	10
平均等待时间 W_q	1.89	7.5

[例 6-18]　某高校数学系有 4 位教师负责本科新生的报到接待工作，新生的到达服从泊松分布，平均每小时到达 12 人，每人报到的时间服从指数分布，每位教师每小时平均服务 4 人，新生到达后排成一列，依次报到. 试分析：① 4 位教师同时空闲的概率；② 计算系统的 L_s,L_q,W_s,W_q；③ 新生到达后必须等待的概率.

解：该排队系统是 $M/M/4/\infty/\infty$ 模型，依题意：

$$C=4,\lambda=12,\mu=4,\rho=\frac{\lambda}{C\mu}=\frac{3}{4}.$$

① 4 位教师同时空闲的概率

$$P_0=\left[\frac{1}{0!}\cdot(3)^0+\frac{1}{1!}\cdot(3)^1+\frac{1}{2!}\cdot(3)^2+\frac{1}{3!}\cdot(3)^3+\frac{1}{4!}\cdot\frac{1}{1-3/4}(3)^4\right]^{-1}$$
$$\approx 0.0377=3.77\%.$$

② 分别计算 L_s,L_q,W_s,W_q：

$$L_s=1.53+4\times\frac{3}{4}=4.53(\text{人}).$$

$$L_q=\frac{\left(4\times\frac{3}{4}\right)^4\times\frac{3}{4}}{4!(1-34)^2}\times 0.0377\approx 1.53(\text{人}).$$

$$W_s=\frac{1}{12}\times 4.53=0.3775\ \text{小时}\approx 23(\text{分钟}).$$

$$W_q=\frac{1}{12}\times 1.53=0.1275\ \text{小时}\approx 8(\text{分钟}).$$

③ 新生到达后必须等待的概率

$$P(n\geqslant 4)=1-P(n\leqslant 3)=1-(P_0+P_1+P_2+P_3)$$
$$=1-\left(P_0+3P_0+\frac{9}{2}P_0+\frac{9}{2}P_0\right)$$

$$\approx 0.5094 = 50.94\%.$$

2. 系统容量有限的 $M/M/C$ 模型($M/M/C/N/\infty$)

设系统容量的最大限制为 $N(N \geqslant C)$,当队列中顾客数(即排队等待的顾客数)最多为 $N-1$,在某一时刻顾客到达时,如果系统中已有 N 个顾客,则该顾客将被拒绝进入系统,其他条件与标准的 $M/M/C$ 模型相同.

系统的状态概率,即系统的空闲概率 P_0、系统内有 n 个顾客的概率 P_n 以及利用率 ρ 分别为:

$$P_0 = \left[\sum_{n=0}^{C} \frac{(C\rho)^n}{n!} + \frac{C^c}{C!} \cdot \frac{\rho(\rho^C - \rho^N)}{1-\rho}\right]^{-1},$$

$$P_n = \begin{cases} \dfrac{(C\rho)^n}{n!} P_0, & (0 \leqslant n \leqslant C), \\ \dfrac{C^C}{C!} \rho^n P_0, & (C < n \leqslant N), \end{cases} \tag{6.39}$$

$$\rho = \frac{\lambda}{C\mu}.$$

系统的主要运行指标如下:

$$\begin{cases} L_s = L_q + C\rho(1 - P_N), \\ L_q = \dfrac{(C\rho)^C \rho}{C!(1-\rho)^2}[1 - \rho^{N-C} - (N-C)(1-\rho)\rho^{N-C}]P_0, \\ W_s = \dfrac{L_s}{\lambda_e} = W_q + \dfrac{1}{\mu}, \\ W_q = \dfrac{L_q}{\lambda(1-P_N)}. \end{cases} \tag{6.40}$$

特别地,当 $N=C$(即时制)时,例如停车场不允许排队等待空位、电话呼叫系统等情况下,系统的状态概率和运行指标如下:

$$P_0 = \left[\sum_{K=0}^{C} \frac{(C\rho)^K}{K!}\right]^{-1},$$

$$P_n = \frac{(C\rho)^n}{n!} P_0, \quad (0 \leqslant n \leqslant C),$$

$$\rho = \frac{\lambda}{C\mu}. \tag{6.41}$$

$$\begin{cases} L_s = C\rho(1 - P_N), \\ L_q = 0, \\ W_s = \dfrac{1}{\mu}, \\ W_q = 0. \end{cases} \tag{6.42}$$

［例 6-19］ 为满足研究生现场报名的需求，某高校设置了 4 个研究生报名现场咨询台，每个咨询台前都配备了 1 把椅子，另外还有 16 把椅子供等候报名的人员使用，报名者按泊松流到达，平均每小时 25 人，当所有椅子都坐满时新来的报名人员将限制进入，每名报名者的咨询时间服从负指数分布，平均时间为 11.5 分钟. 试求：① 报名人员一到达就能立即咨询的概率；② 等待咨询的报名人员平均数；③ 报名人员从进入咨询处到咨询完毕的平均时间；④ 若要求平均有效到达率不低于 20.8 人/小时，咨询处至少应增加多少把供报名人员等待用的椅子.

解：该排队系统是 $M/M/4/20/\infty$ 模型，依题意：

$$C = 4, N = 20, \lambda = 25 \text{ 人 / 小时}.$$

由 $\frac{1}{\mu}$=11.5 分钟/人，求得 μ=5.2174 人/小时.

① 报名人员一到达就能立即咨询的概率

$$\begin{aligned} P(n < 4) &= P_0 + P_1 + P_2 + P_3 \\ &= 0.00043 + 0.00207 + 0.00496 + 0.00792 \\ &= 0.01538 = 1.538\%. \end{aligned}$$

② 等待咨询的报名人员平均数

$$L_q = 11.5939 \text{ 人}.$$

③ 报名人员从进入咨询处到咨询完毕的平均时间

$$W_s = 0.750808 \text{ 小时} = 45.0485 \text{ 分钟}.$$

④ 平均到达有效率的计算公式为

$$\lambda_e = \lambda(1 - P_N).$$

当系统容量 N 的取值分别为 20，21，22，…时，得到平均到达有效率的计算结果，如表 6.12 所示.

表 6.12　平均到达有效率的计算结果

系统容量	20	21	22	23	24	25
平均到达有效率	20.7351	20.7579	20.7768	20.7924	20.8054	20.8161

由表 6.12 可知，当 $N \geqslant 24$ 时，平均到达有效率 λ_e 才能超过 20.8 人/小时，因此咨询处至少应增加 4 把供报名人员等待用的椅子.

3. *顾客源有限的* $M/M/C$ *模型*（$M/M/C/\infty/m$）

系统顾客源为有限值 m，且 $m > C$，即一旦系统中已有 m 个顾客，就不会再有新的顾客到达，除非系统中的顾客得到服务后又返回顾客源，系统才可能有顾客继续到来. 每个服务台在单位时间内服务的平均顾客数（即平均服务率）为 μ，每个顾客在单位时间内需要服务的平均次数（即顾客到达率）为 λ，顾客的到达时间间隔和服务时间均服从负指数分布.

系统的状态概率,即系统的空闲概率 P_0 和系统内有 n 个顾客的概率 P_n 分别为:

$$P_0 = \frac{1}{m!}\Big[\sum_{n=0}^{C}\frac{1}{n!(m-n)!}\Big(\frac{\lambda}{\mu}\Big)^n + \frac{C^c}{C!}\sum_{n=C+1}^{m}\frac{1}{(m-n)!}\Big(\frac{\lambda}{(C\mu)}\Big)^n\Big]^{-1},$$

$$P_n = \begin{cases}\dfrac{m!}{(m-n)!n!}\Big(\dfrac{\lambda}{\mu}\Big)^n P_0, & (0 < n \leqslant C),\\[2ex] \dfrac{m!}{(m-n)!C!C^{n-C}}\Big(\dfrac{\lambda}{\mu}\Big)^n P_0, & (C+1 \leqslant n \leqslant m).\end{cases} \tag{6.43}$$

系统的主要运行指标如下

$$\begin{cases}L_s = \sum\limits_{n=0}^{m} np_n,\\ L_q = \sum\limits_{n=C+1}^{m}(n-C)P_n = L_s - \dfrac{\lambda}{\mu}(m-L_s),\\ W_s = \dfrac{L_s}{\lambda_e},\\ W_q = \dfrac{L_q}{\lambda_e},\\ \lambda_e = \lambda(m-L_s).\end{cases} \tag{6.44}$$

其中,λ_e为有效到达率.

[例 6-20] 某学校后勤集团有 4 位修理工,共同负责维修全校 10 台同类设备,每台设备平均每月维修一次(每月按 30 天计),每个修理工每次维修一台设备平均需要 10 天,若设备的正常工作时间和维修时间均服从负指数分布,试求设备发生故障不能马上得到修理的概率以及系统运行数量指标.

解: 系统为 $M/M/4/\infty/10$ 模型,由题意知:

$$C = 4,\ m = 10,\ \lambda = \frac{1}{30}\text{台/天},\ \mu = \frac{1}{10}\text{台/天},\ \frac{\lambda}{\mu} = \frac{1}{3}.$$

① 系统空闲的概率

$$P_0 = \frac{1}{10!}\Big[\sum_{n=0}^{4}\frac{1}{n!(10-n)!}\Big(\frac{1}{3}\Big)^n + \frac{4^4}{4!}\sum_{n=5}^{10}\frac{1}{(10-n)!}\Big(\frac{1}{12}\Big)^n\Big]^{-1}$$

$$\approx 0.0542 = 5.42\%.$$

② 设备发生故障而不能马上得到修理的概率

$$\begin{aligned}P(n \geqslant 4) &= 1 - P(n \leqslant 3) = 1 - P_0 - P_1 - P_2 - P_3\\ &= 1 - 0.0542 - 0.1808 - 0.2712 - 0.2410\\ &= 0.2528 = 25.28\%.\end{aligned}$$

③ 系统的运行指标

$$L_s = \sum_{n=0}^{10} nP_n = 0\times 0.0542 + 1\times 0.1808 + 2\times 0.2712 + \cdots + 10\times 0.0000 \approx 2.63(\text{台}).$$

$$L_q = 2.63 - \frac{1}{3}(10-2.63) \approx 0.17(\text{台}).$$

$$\lambda_e = \frac{1}{30}(10-2.63) \approx 0.2457.$$

$$W_s = \frac{2.63}{0.2457} \approx 10.70(\text{天}).$$

$$W_q = \frac{0.17}{0.2457} \approx 0.69(\text{天}).$$

6.2.5 非负指数分布的排队系统模型

1. $M/G/1$ 排队模型

对一般具有非负指数分布的排队系统的分析，通常是非常困难的，已经超出了本书的范围. 下面仅介绍比较常见的 $M/G/1$ 排队模型和 $M/E_k/1$ 排队模型.

$M/G/1$ 排队模型是单服务台的等待制系统，到达系统的顾客数服从泊松分布，单位时间平均到达率为 λ，各位顾客的服务时间是相互独立且具有相同分布的随机变量 T，服务时间的期望值 $\mathrm{E}(T)=1/\mu$（即 μ 为平均服务率）、方差 $D(T)=\sigma^2$，系统容量无限，顾客源无限. 记 $\rho=\lambda/\mu$，为了使系统能达到稳态，必须设 $\rho<1$.

下面给出排队论中著名的勃拉彻-金勤(P-K)公式：

$$P_0 = 1-\rho,$$

$$L_s = \rho + \frac{\rho^2+\lambda^2\sigma^2}{2(1-\rho)}. \tag{6.45}$$

由此可见，只要知道 λ，$\mathrm{E}(T)$和 $D(T)$，无论 T 服从什么类型的分布，都可以求出 L_s，然后通过 Little 公式即可求得系统的其他运行指标.

$$\begin{cases} L_q = L_s - \rho = \dfrac{\rho^2+\lambda^2\sigma^2}{2(1-\rho)}, \\ W_q = \dfrac{L_q}{\lambda}, \\ W_s = \dfrac{L_s}{\lambda}. \end{cases} \tag{6.46}$$

从(P-K)公式可以发现，当平均服务率 μ 给定后，可以通过减少方差 σ^2 来缩短 L_s，L_q，W_s，W_q. 当且仅当 $\sigma^2=0$ 时，上述各指标减到最低水平.

［例 6-21］ 某教研室有一台复印机供研究生使用，学生的复印请求服从泊松分布，平均每小时 2 人，每位学生使用复印机的平均时间为 20 分钟，标准差为 15 分钟. 学生反映等候复印的时间较长，而管理人员认为是设备的利用率不高，试对双方所提问题进行简要分析.

解：由题意知，学生的服务时间是相互独立且具有相同分布的随机变量，学生单位时间的平均到达率 $\lambda=2$ 人/小时，平均服务率 $\mu=3$ 人/小时，服务时间的期望值 $\frac{1}{\mu}=\frac{20}{60}$ 小时，标准差 $\sigma=\frac{15}{60}=0.25$ 小时，$\rho=\frac{2}{3}$.

① 设备的空闲率

$$P_0=1-\rho=\frac{1}{3}=33.33\%,$$

② 等待队长

$$L_q=\frac{\left(\frac{2}{3}\right)^2+2^2\cdot(0.25)^2}{2\left(1-\frac{2}{3}\right)}=1.04(\text{人}),$$

③ 等候复印的时间

$$W_q=\frac{1}{\lambda}L_q=\frac{1.04}{2}\approx 0.52(\text{小时})\approx 31(\text{分钟}).$$

由此得出结论：设备的空闲率为 33.33%，若按每天工作 8 小时计，几乎有 2.67 个小时是空闲的；学生等候复印的时间平均为 31 分钟（比平均服务时间要长），因此双方所提问题基本存在.

2. $M/D/1$ 排队模型

作为 $M/G/1$ 排队模型的一种特殊情形，$M/D/1$ 排队模型表示泊松输入、定长服务时间以及系统容量和顾客源均无限制的单服务台排队系统. 设系统对顾客服务时间为确定常数 ν，即 $E(T)=1/\mu=\nu$，$D(T)=0$，其他条件与 $M/G/1$ 排队模型相同. 因此，由（P-K）公式求得系统中的各项运行指标.

$$\begin{cases} L_s=\rho+\dfrac{\rho^2}{2(1-\rho)}, \\ L_q=L_s-\rho=\dfrac{\rho^2}{2(1-\rho)}, \\ W_s=\dfrac{L_s}{\lambda}, \\ W_q=\dfrac{L_q}{\lambda}. \end{cases} \tag{6.47}$$

［例 6-22］ 某实验室有一台自动检验机器性能的仪器，要求检验机器的顾客按泊松过程到达，平均每小时 4 位顾客，检验每台机器需要 6 分钟. 试分析：

① 检验室内的平均机器台数;② 等待检验的平均机器台数;③ 每台机器在室内的平均消耗时间;④ 每台机器平均等待检验的时间.

解: 系统为 $M/D/1$ 模型,由题意知:

$$\lambda = 4 \text{ 个 / 小时}, \mu = 10 \text{ 个 / 小时}, E(T) = \frac{1}{10} \text{ 小时}, D(T) = 0, \rho = \frac{4}{10}.$$

① 检验室内的平均机器台数

$$L_s = 0.4 + \frac{(0.4)^2}{2(1-0.4)} = 0.533(\text{台}).$$

② 等待检验的平均机器台数

$$L_q = L_s - \rho = 0.533 - 0.4 = 0.133(\text{台}).$$

③ 每台机器在室内的平均消耗时间

$$W_s = \frac{0.533}{4} = 0.133(\text{小时}) = 8(\text{分钟}).$$

④ 每台机器平均等待检验的时间

$$W_q = \frac{0.133}{4} = 0.033(\text{小时}) = 2(\text{分钟}).$$

3. $M/E_k/1$ 排队模型

$M/E_k/1$ 排队模型也是 $M/G/1$ 排队模型的一种特殊情形,服务时间服从 k 阶爱尔朗分布,服务机构由 k 个串联的服务台组成,为接受服务顾客必须经过全部 k 个服务台,每个服务台的服务时间 T_i 相互独立并服从参数为 $k\mu$ 的负指数分布,则总服务时间 $T = \sum_{i=1}^{k} T_i$ 服从 k 阶爱尔朗分布,且满足

$$\mathrm{E}(T_i) = \frac{1}{k\mu}, \quad D(T_i) = \frac{1}{k^2\mu^2}.$$

$$\mathrm{E}(T) = \frac{1}{\mu}, \quad D(T) = \frac{1}{k\mu^2}.$$

由(P-K)公式求得系统中的各项运行指标.

$$\begin{cases} L_s = \rho + \dfrac{\lambda^2\left(\dfrac{1}{\mu^2} + \dfrac{1}{k\mu^2}\right)}{2(1-\rho)} = \rho + \dfrac{(k+1)\rho^2}{2k(1-\rho)}, \\ L_q = L_s - \rho = \dfrac{(k+1)\rho^2}{2k(1-\rho)}, \\ W_s = \dfrac{L_s}{\lambda}, \\ W_q = \dfrac{L_q}{\lambda}. \end{cases} \tag{6.48}$$

[例 6-23] 某实验教师自制某电子线路实验模块,每套需要经过 4 个不同

的工序,4 个工序都完成后才能开始做另一套,完成每一工序的时间服从负指数分布,平均为 2 小时,需要实验模块的学生按泊松过程到达,平均每周 5.5 套(设一周工作 6 天,每天 8 小时). 请问学生为等到做好一套实验模块平均需要多长时间?

解: 此系统为 $M/E_k/1$ 排队模型,由题意知:

$$\lambda = 5.5\text{ 套 / 周},\frac{1}{4\mu} = 2\text{ 小时},\mu = \frac{1}{8}\,\frac{\text{套}}{\text{小时}} = 6\text{ 套 / 周},\rho = \frac{5.5}{6}.$$

由(P-K)公式求得

$$L_s = \left[\frac{5.5}{6} + \frac{(4+1)\left(\frac{5.5}{6}\right)^2}{2\times 4\times\left(1-\frac{5.5}{6}\right)}\right] = 7.2188(\text{套}).$$

学生为等到做好一套实验模块的平均时间为

$$W_s = \frac{L_s}{\lambda} = \frac{7.2188}{5.5} = 1.3(\text{周}).$$

在 $M/E_k/1$ 排队模型中,当 $k=1$ 时为标准的 $M/M/1$ 排队模型,当 $k\to\infty$ 时为 $M/D/1$ 排队模型.

6.2.6 排队论应用案例

学校教务员的岗位职责主要是安排教学、日常教学管理、维持教学秩序和核对登记成绩等,其工作具有明显的周期性,每年的学期初和学期末都格外繁忙,尤其在学期末,大量的理论教学和实践教学成绩往往在半个月左右的时间内陆续评定完毕,教务员将进入异常的工作繁忙期. 某高校软件学院,每学期都有超过 100 人上课,期末有近 500 份成绩上报,根据教务员平时的工作状态和教学运行的实际情况,特别以学期末的工作状态为考察对象,从而决定教务员的合理人数.

根据统计观察,在相对比较紧凑的半个月时间内,软件学院的教师相继到达的时间间隔服从负指数分布. 已知平均到达率为 $\lambda=6$ 人/小时.

$$a(t) = \begin{cases}\lambda e^{-\lambda t}, & t \geqslant 0,\\ 0, & t < 0,\end{cases}$$

其中,平均到达率为 $\lambda=6$.

另外,平均每 10 分钟有一位教师到达,相当于平均每 10 分钟收到一份成绩单,教务员处理每份成绩单的时间服从负指数分布

$$b(t) = \begin{cases}\mu e^{-\mu t}, & t \geqslant 0,\\ 0, & t < 0,\end{cases}$$

其中,平均服务率为 $\mu=4$ 份/小时.

现在软件学院已有教务员 2 名，请问是否需要再增加教务员，增加几名合适？

此问题可以看做一个典型的 $M/M/C$ 排队模型，其中

$$\lambda = 6 \text{人} / \text{小时}, \mu = 4 \text{份} / \text{小时}, \rho = \frac{6}{4} = 1.5.$$

首先，考虑是否需要增加教务员.

由题意知：成绩单到达的时间间隔为 10 分钟/份，而每份成绩单的平均处理时间为 $T = \frac{1}{\mu} = 15$ 分钟，远远大于成绩单到达的时间间隔. 在现有情况下，如果不增加工作人员，即使教务员一刻不停地工作，成绩单也会以每小时 2 份的速度递增，因此，必须增加教务员.

然后，考虑增加的人数. 根据本章介绍的多服务台排队系统模型，选择教务员为 2 人和 3 人，即 $C=2$ 和 $C=3$，分别计算相关结果并列入表 6.13 中.

表 6.13　成绩单排队系统的计算结果

指标 \ 教务员人数 C	$C=2$	$C=3$
系统的空闲概率 P_0	0.1429	0.2105
有 1 份成绩单的概率 P_1	0.2133	0.3175
有 2 份成绩单的概率 P_2	0.1628	0.2368
有 3 份以上成绩单的概率 $P(n \geqslant 3)$	0.4819	0.2370
平均成绩单数 L_s	3.4300	1.7368
平均等待成绩单数 L_q	1.9300	0.2368
成绩单平均逗留时间 W_s	34.300	17.400
成绩单平均等待时间 W_q	19.300	2.4000
新送交的成绩单需要等待的概率 P	0.9650	0.2368

由表 6.13 可知，当 $C=2$ 即有 2 名教务员时，全部空闲的概率为 0.1429，教务员始终处于忙碌状态. 在单位时间内，至少有 3 份以上成绩单没有登记完成，新送交的成绩单需要等待的概率为 0.965，无法立即登记成绩.

当 $C=3$ 即有 3 名教务员时，全部空闲的概率为 0.2105，教务员的工作强度略有降低. 在单位时间内，没有登记完成的成绩单不足 2 份，新送交的成绩单需要等待的概率降低为 0.2368.

因此，从提高工作效率、减少成绩单积压时间、为学生提供及时服务，并适当降低教务员的工作强度来看，2 名教务员是不够的，设置 3 名教务员较为合理.

参 考 文 献

[1] 运筹学编写组.运筹学[M].修订版.北京：清华大学出版社，1990.

[2] 焦宝聪，陈兰平.运筹学的思想方法及应用[M].北京：清华大学出版社，2008.

[3] Lawrence L. Lapin. Quantitative methods for Business Decisions[M]. Sixth Edition. Duxbury Press，1994.

[4] Wayne L. Winsyon.运筹学决策方法[M].第3版.北京：清华大学出版社，2004.

[5] Wayne. L. Winston.运筹学：数学规划[M].第3版.北京：清华大学出版社，2004.

[6] 弗里德里克等.运筹学导论[M].英文第6版.北京：机械工业出版社，1999.

[7] 钟彼德(加).管理科学(运筹学)：战略角度的审视[M].中文版.北京：机械工业出版社，2001.

[8] 许国志.系统科学[M].上海：上海科技教育出版社，2000.

[9] 陈庆华.装备运筹学[M].北京：国防工业出版社，2005.

[10] 许国志.系统研究[M].杭州：浙江教育出版社，1993.

[11] 胡运权.运筹学教程[M].第3版.北京：清华大学出版社，2003.

[12] 吴祈宗.运筹学与最优化方法[M].北京：机械工业出版社，2003.

[13] 熊伟.运筹学[M].北京：机械工业出版社，2005.

[14] 邱菀华.运筹学教程[M].北京：机械工业出版社，2004.

[15] 张先迪，李正良.图论及其应用[M].北京：高等教育出版社，2005.

[16] 吴祈宗.运筹学[M].北京：机械工业出版社，2004.

[17] 陈宏民.系统工程导论[M].北京：高等教育出版社，2006.

[18] 汪应洛.运筹学与系统工程[M].北京：机械工业出版社，1999.

[19] 何坚勇.运筹学基础[M].北京：清华大学出版社，2000.

[20] 钱颂迪等.运筹学[M].修订版.北京：清华大学出版社，2000.

[21] 程理民，吴江，张玉林.运筹学模型与方法教程[M].北京：清华大学出版社，2000.

[22] 张莹.运筹学基础[M].北京：清华大学出版社，1999.

[23] 马振华等.现代应用数学手册——运筹学与最优化理论[M].北京：清华大学出版社，1998.

[24] 王永县.运筹学——规划论及网络[M].北京：清华大学出版社，1998.

[25] 陶谦坎.运筹学应用案例[M].北京：机械工业出版社，1998.